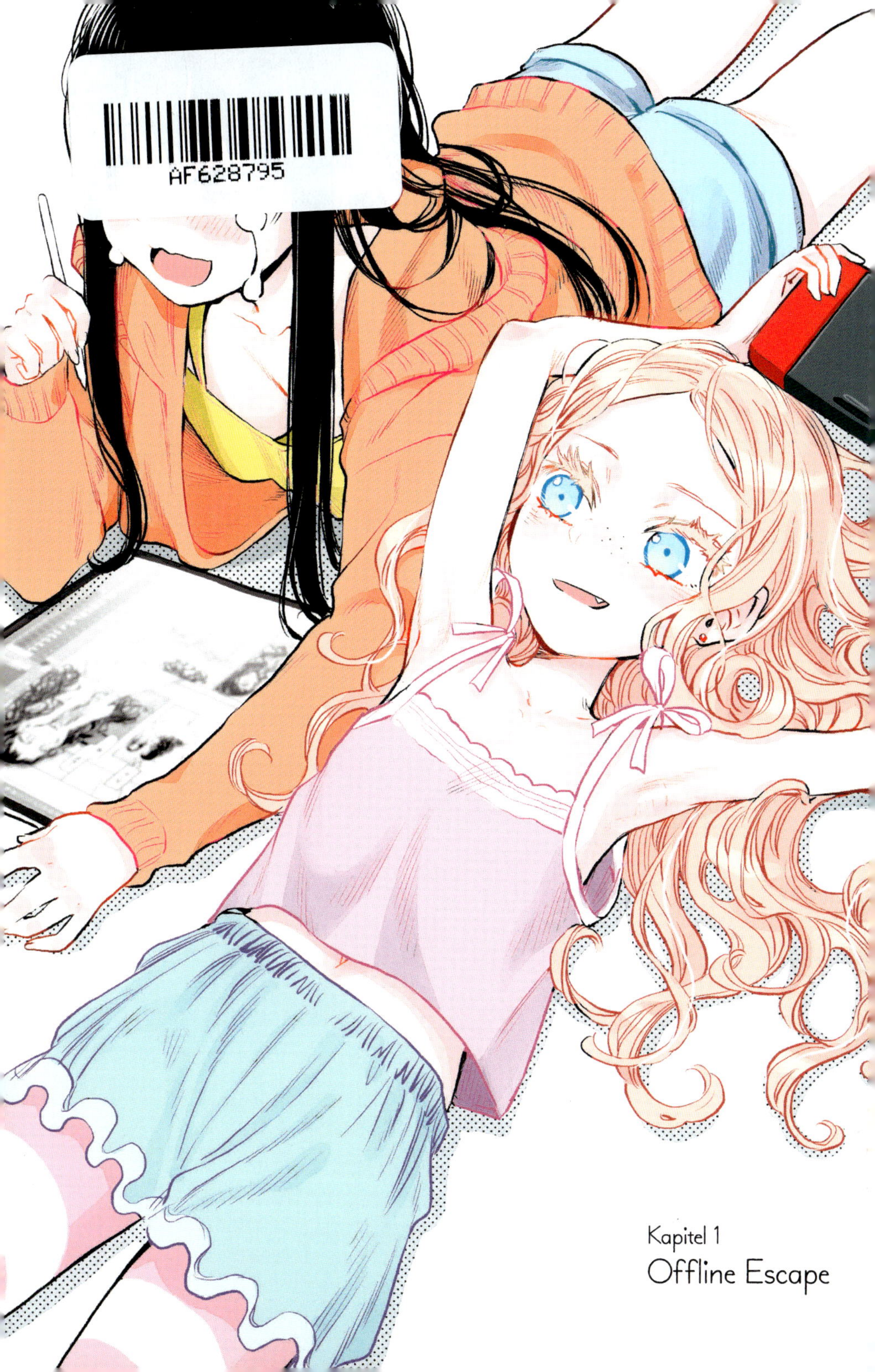

Kapitel 1
Offline Escape

CONTENTS

Everyday Escape 1

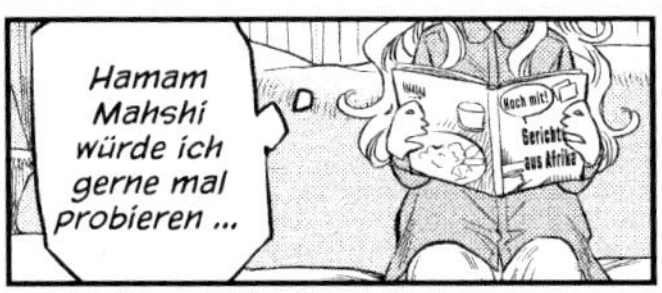

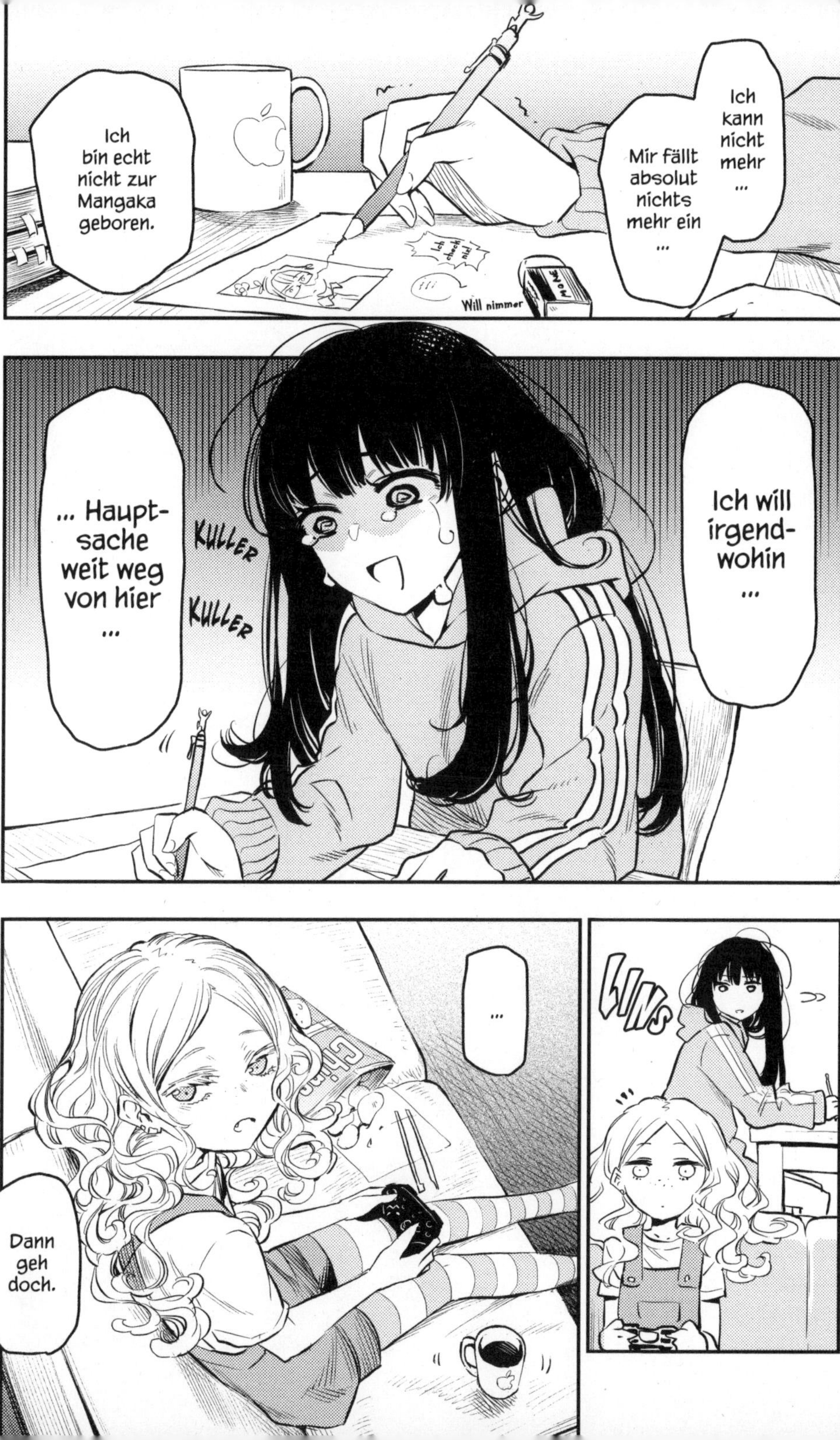
Ich kann nicht mehr ...
Mir fällt absolut nichts mehr ein ...
Ich bin echt nicht zur Mangaka geboren.
Ich check nix!
Will nimmer
MONE
Ich will irgend-wohin ...
KULLER
KULLER
... Haupt-sache weit weg von hier ...
LINS
...
Dann geh doch.

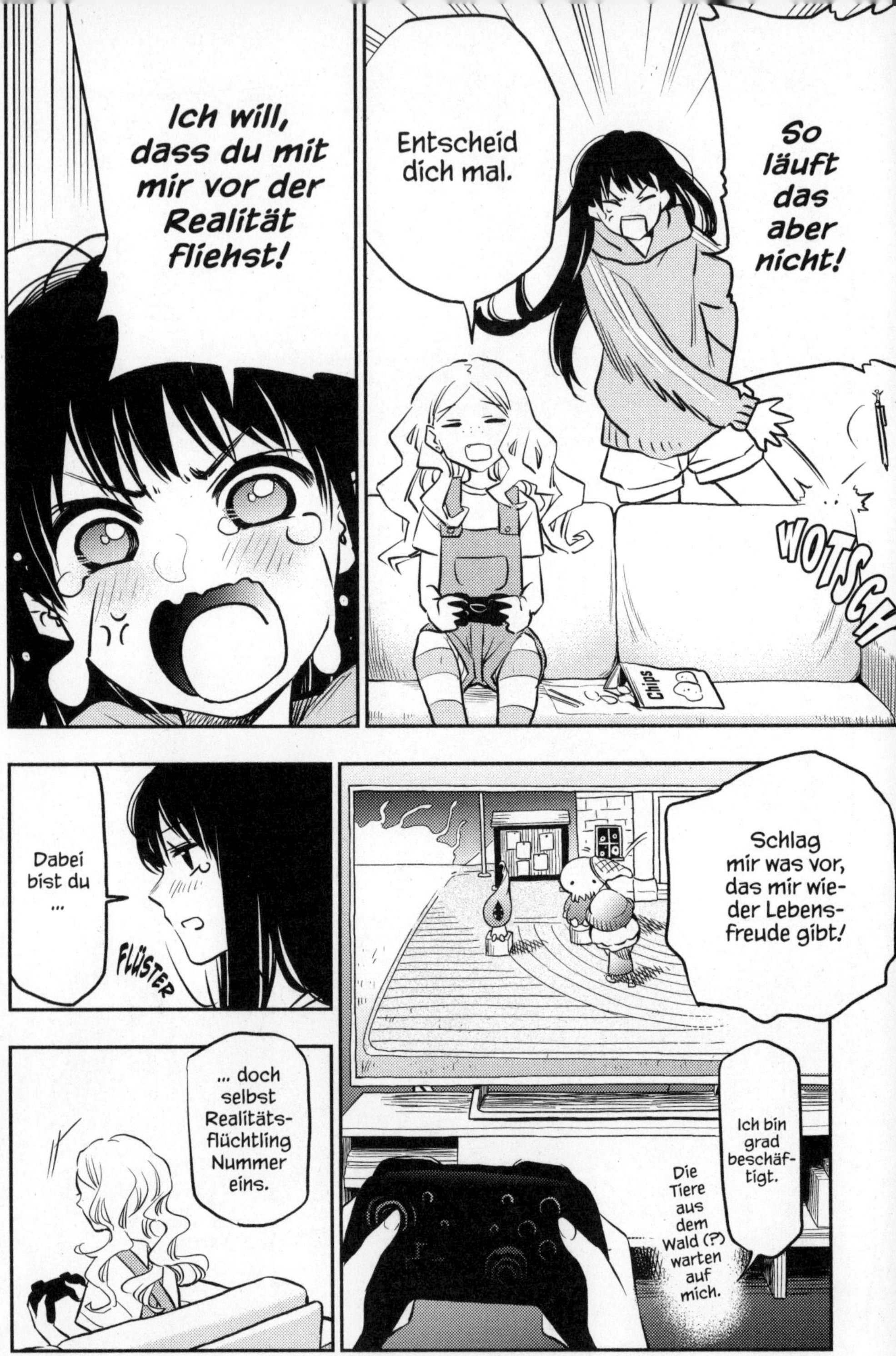
So läuft das aber nicht!
Entscheid dich mal.
WOTSCH
Chips
Ich will, dass du mit mir vor der Realität fliehst!
Schlag mir was vor, das mir wieder Lebensfreude gibt!
Ich bin grad beschäftigt.
Die Tiere aus dem Wald (?) warten auf mich.
Dabei bist du …
FLÜSTER
… doch selbst Realitätsflüchtling Nummer eins.

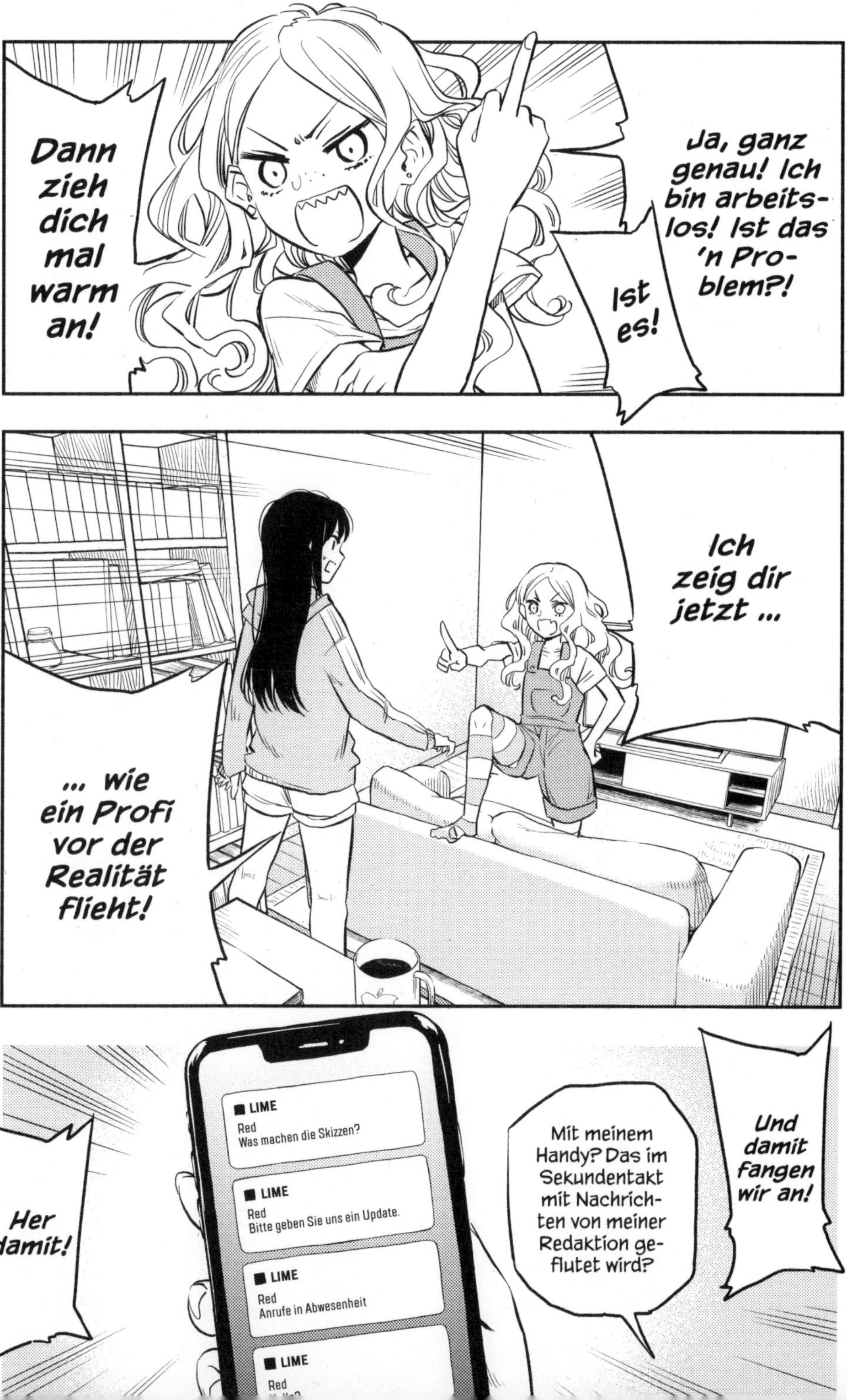
Ja, ganz genau! Ich bin arbeitslos! Ist das 'n Problem?!
Ist es!
Dann zieh dich mal warm an!
Ich zeig dir jetzt ...
... wie ein Profi vor der Realität flieht!
Und damit fangen wir an!
Mit meinem Handy? Das im Sekundentakt mit Nachrichten von meiner Redaktion geflutet wird?
Her damit!
LIME
Red
Was machen die Skizzen?
LIME
Red
Bitte geben Sie uns ein Update.
LIME
Red
Anrufe in Abwesenheit
LIME
Red

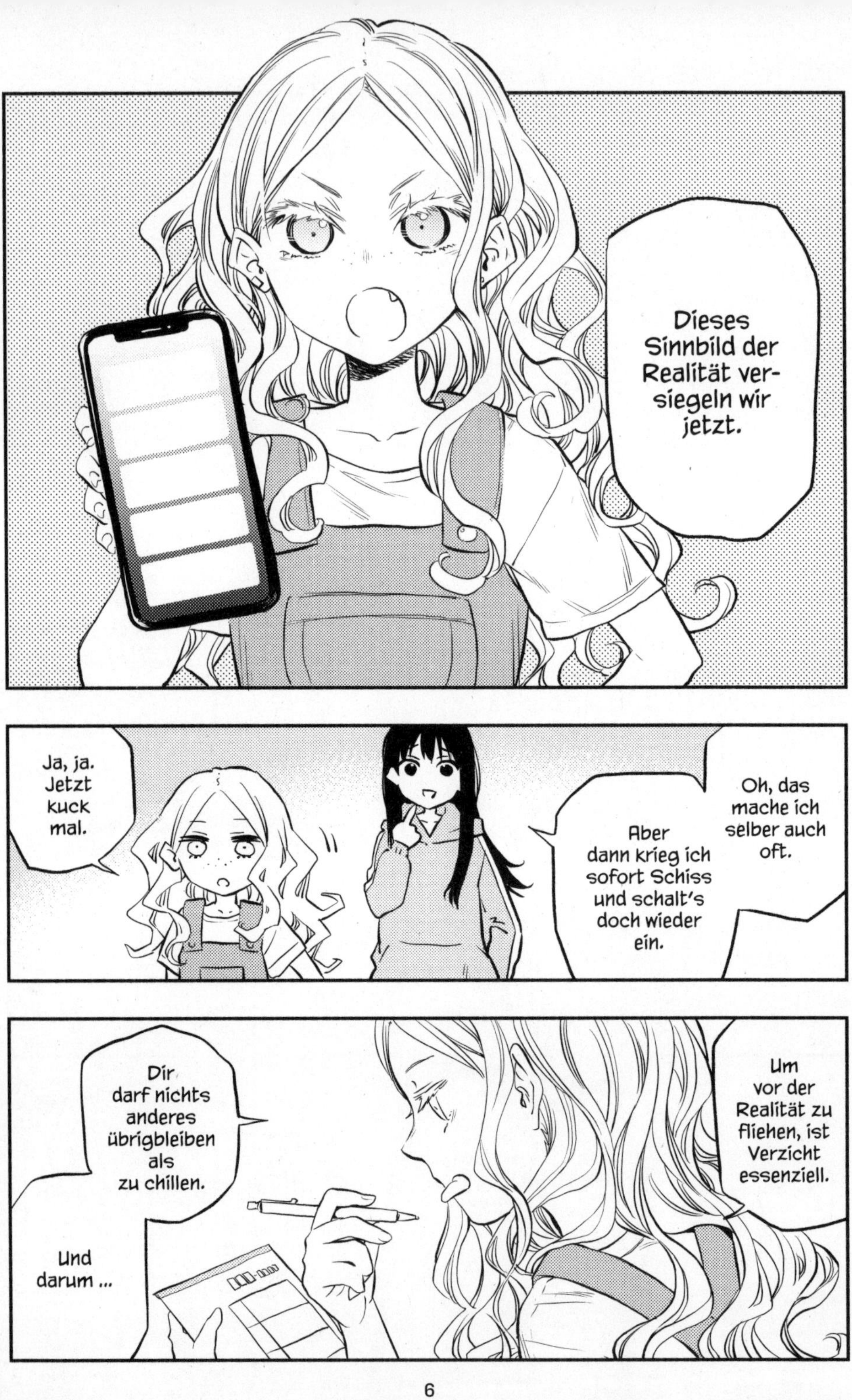

Dieses Sinnbild der Realität versiegeln wir jetzt.
Oh, das mache ich selber auch oft.
Aber dann krieg ich sofort Schiss und schalt's doch wieder ein.
Ja, ja. Jetzt kuck mal.
Um vor der Realität zu fliehen, ist Verzicht essenziell.
Dir darf nichts anderes übrigbleiben als zu chillen.
Und darum ...

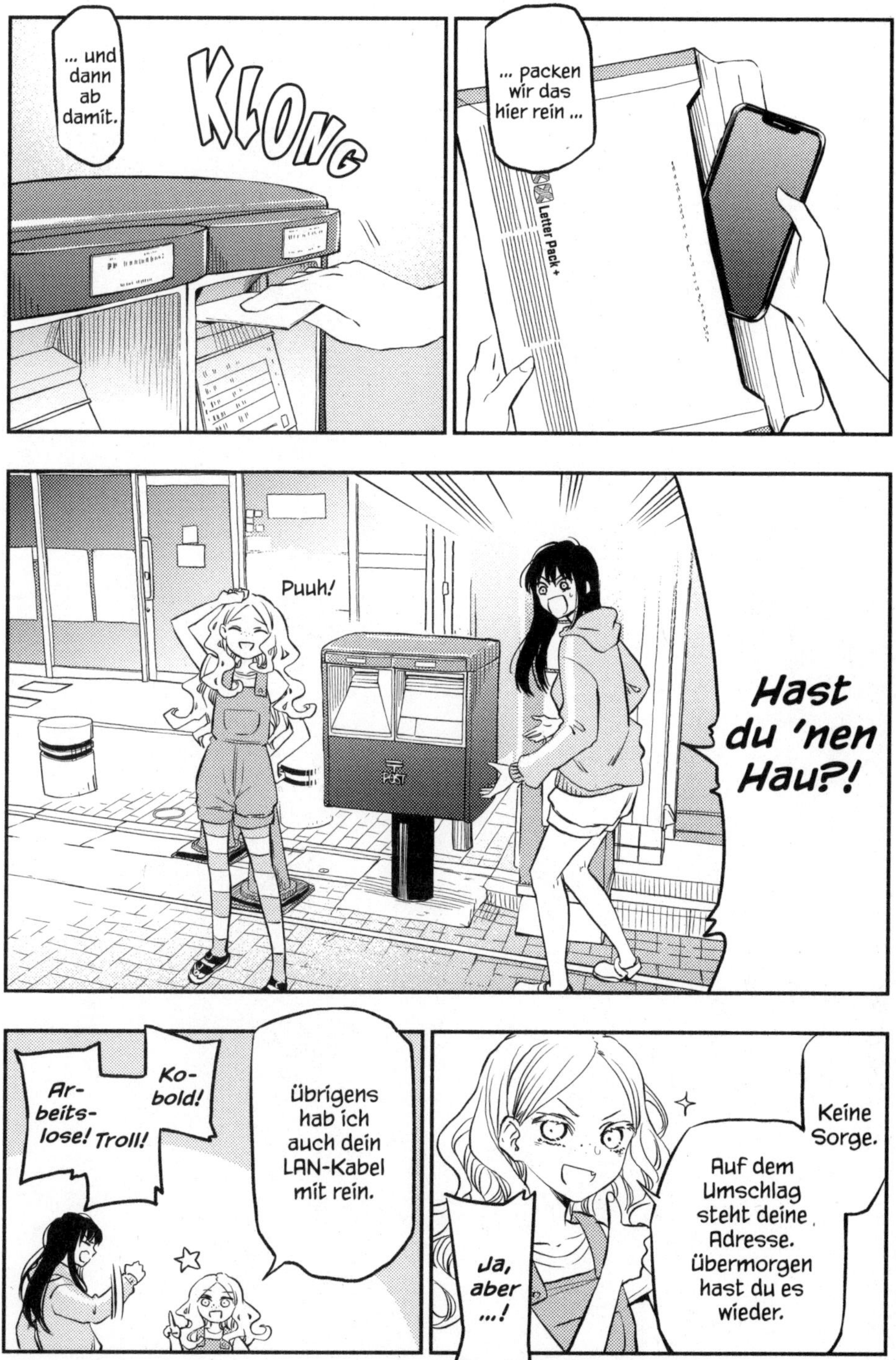
... packen wir das hier rein ...
Letter Pack+
... und dann ab damit.
KLONG
Puuh!
POST
Hast du 'nen Hau?!
Keine Sorge.
Auf dem Umschlag steht deine Adresse. Übermorgen hast du es wieder.
Ja, aber ...!
übrigens hab ich auch dein LAN-Kabel mit rein.
Ko-bold!
Ar-beits-lose! Troll!

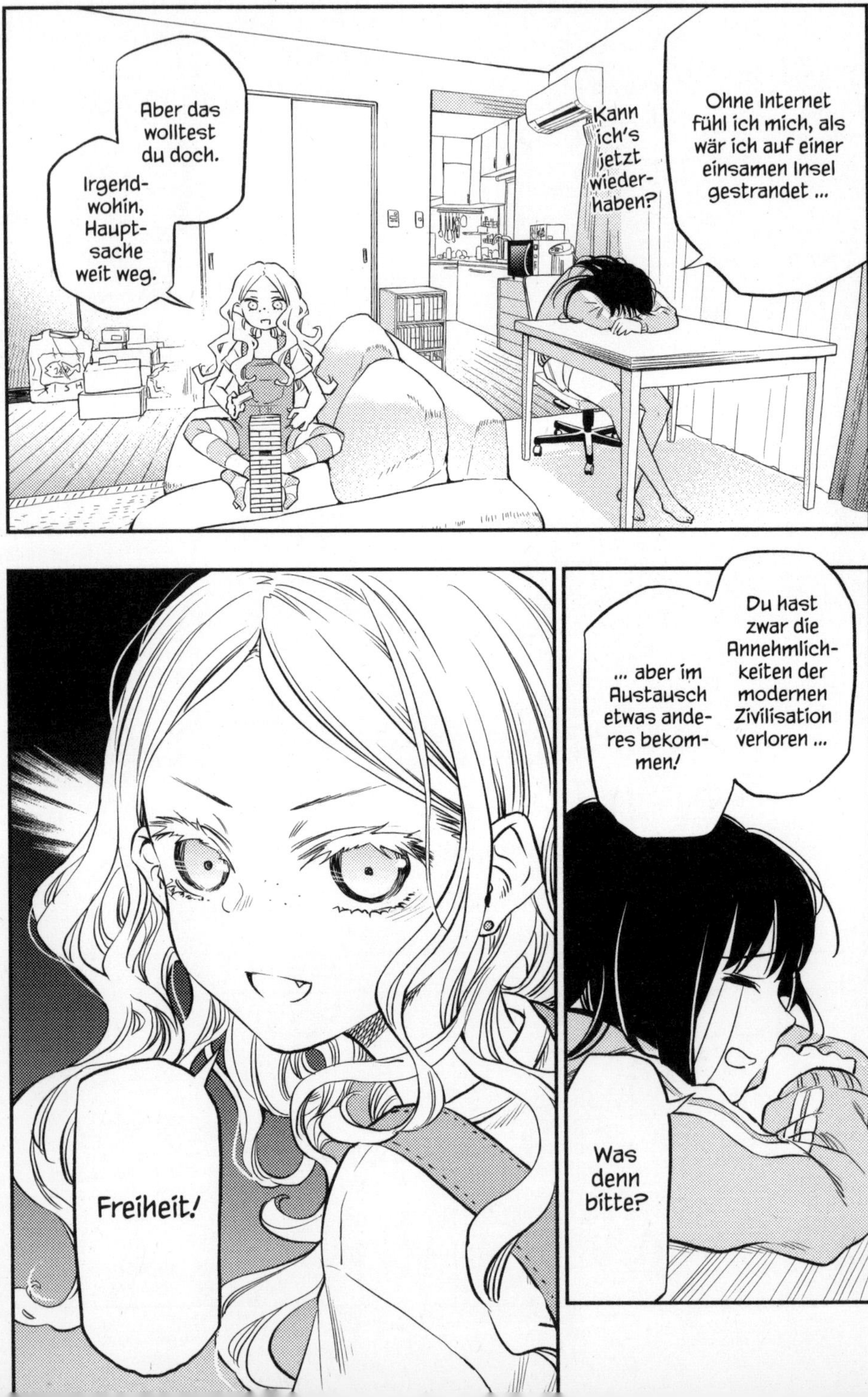
Ohne Internet fühl ich mich, als wär ich auf einer einsamen Insel gestrandet ...
Kann ich's jetzt wieder-haben?
Aber das wolltest du doch.
Irgend-wohin, Haupt-sache weit weg.
Du hast zwar die Annehmlich-keiten der modernen Zivilisation verloren ...
... aber im Austausch etwas ande-res bekom-men!
Was denn bitte?
Freiheit!

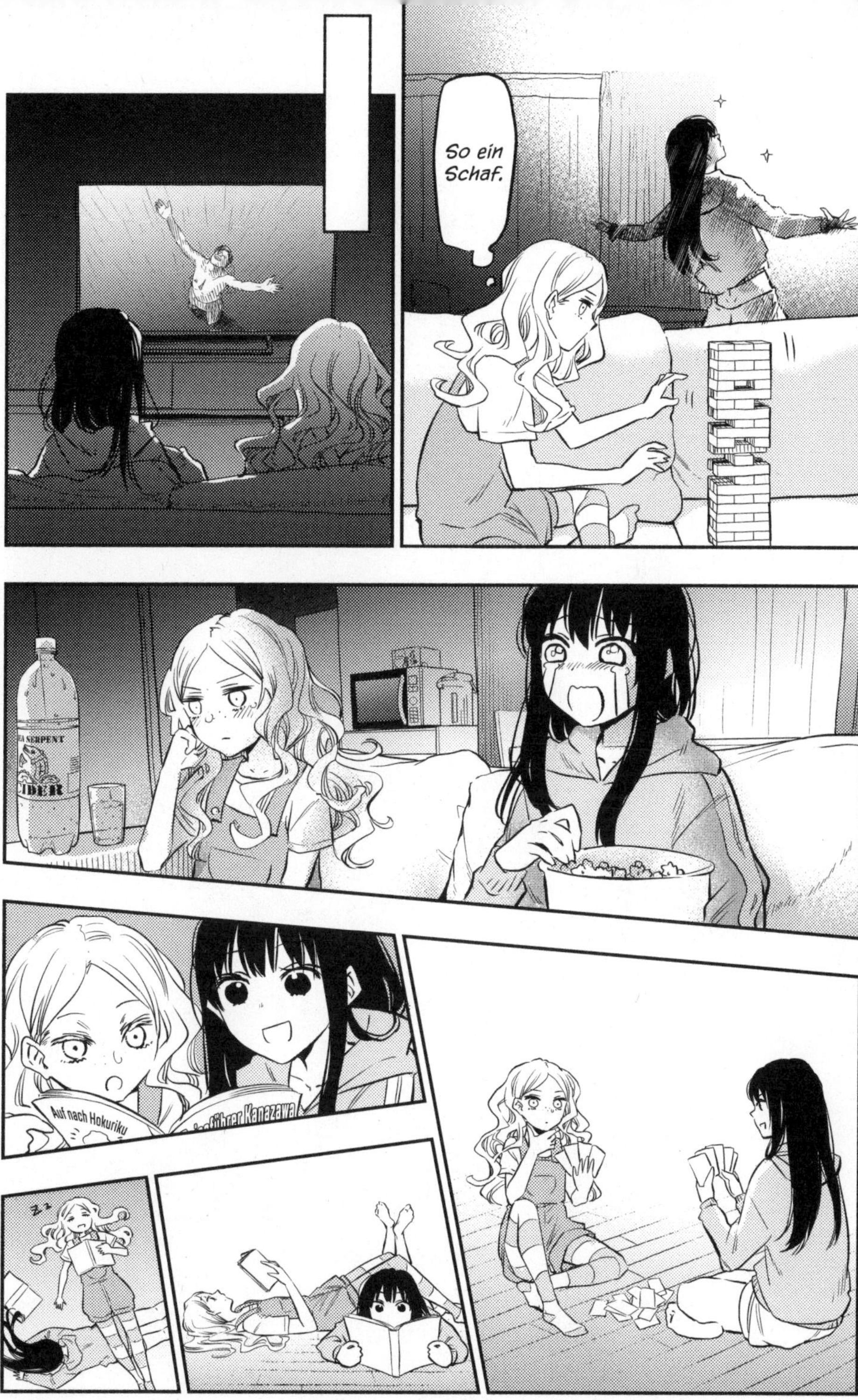
So ein Schaf.
Auf nach Hokuriku

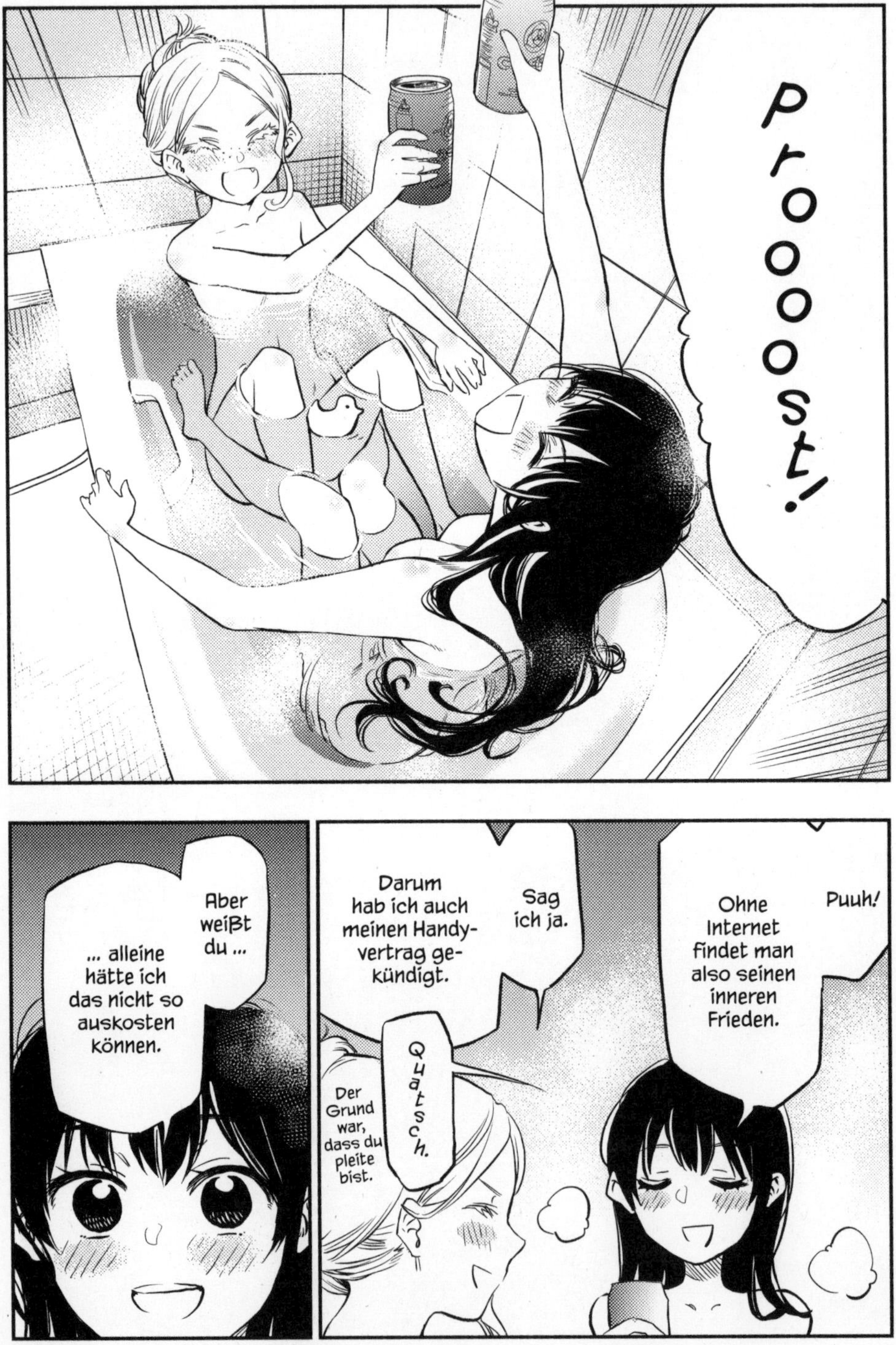
Prooooost!
Puuh!
Ohne Internet findet man also seinen inneren Frieden.
Sag ich ja.
Darum hab ich auch meinen Handyvertrag gekündigt.
Quatsch.
Der Grund war, dass du pleite bist.
Aber weißt du ...
... alleine hätte ich das nicht so auskosten können.

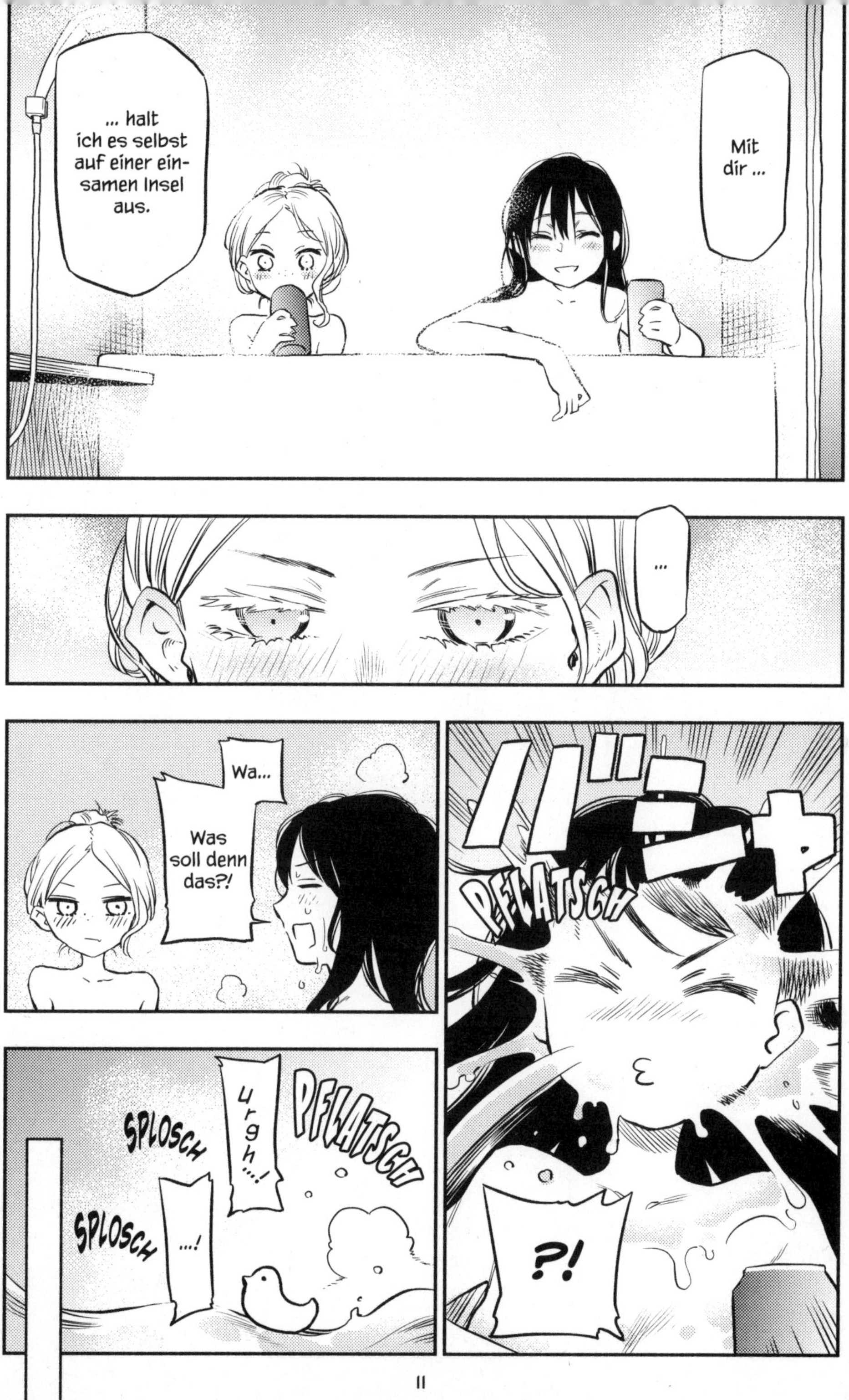
Mit dir ...
... halt ich es selbst auf einer ein-samen Insel aus.
...
PFLATSCH
?!
Wa...
Was soll denn das?!
PFLATSCH
urgh...!
SPLOSCH
SPLOSCH
...!

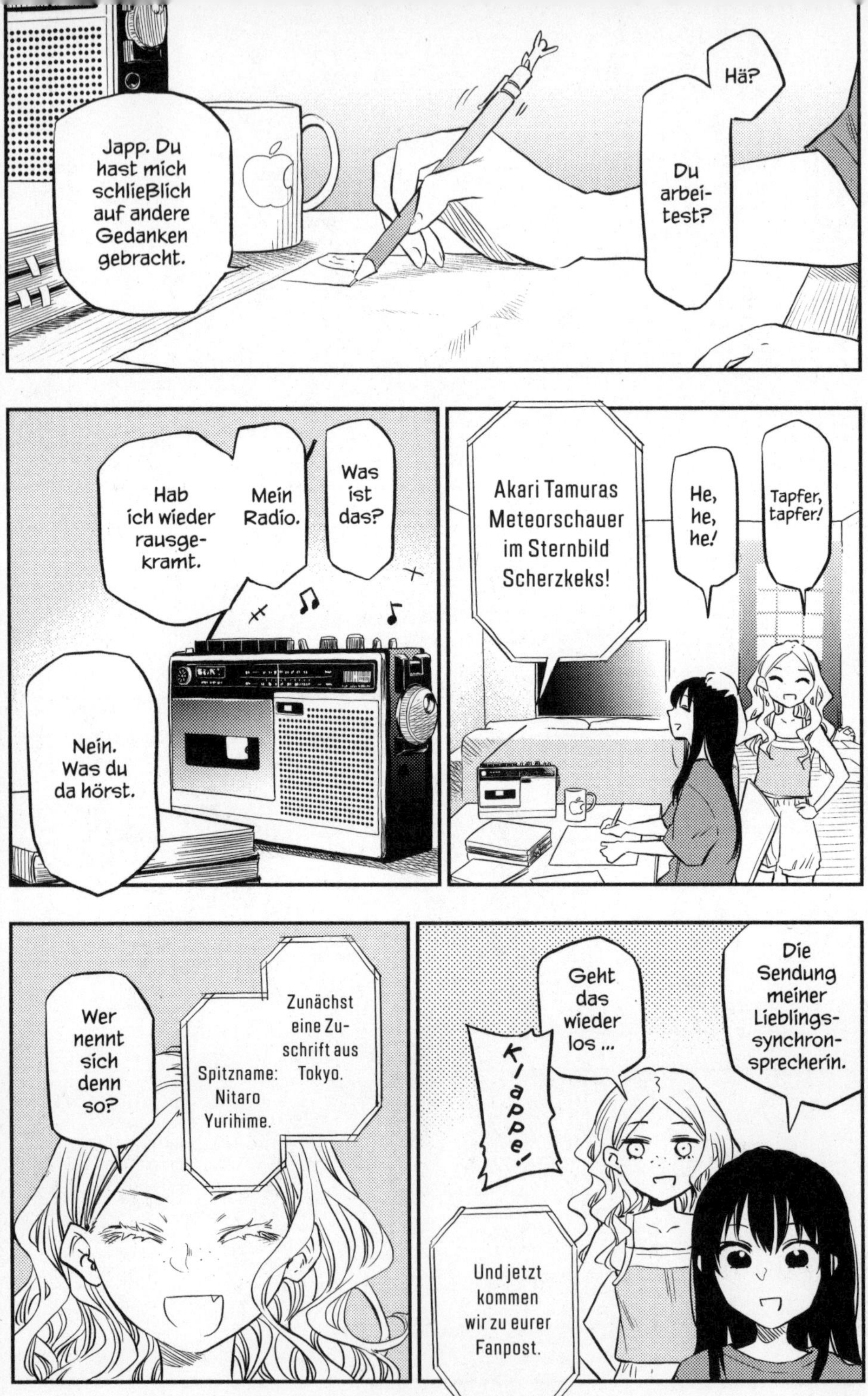
Hä?
Du arbei-test?
Japp. Du hast mich schließlich auf andere Gedanken gebracht.
Tapfer, tapfer!
He, he, he!
Akari Tamuras Meteorschauer im Sternbild Scherzkeks!
Was ist das?
Mein Radio.
Hab ich wieder rausge-kramt.
Nein. Was du da hörst.
Die Sendung meiner Lieblings-synchron-sprecherin.
Geht das wieder los ...
Klappe!
Und jetzt kommen wir zu eurer Fanpost.
Zunächst eine Zu-schrift aus Tokyo.
Spitzname: Nitaro Yurihime.
Wer nennt sich denn so?

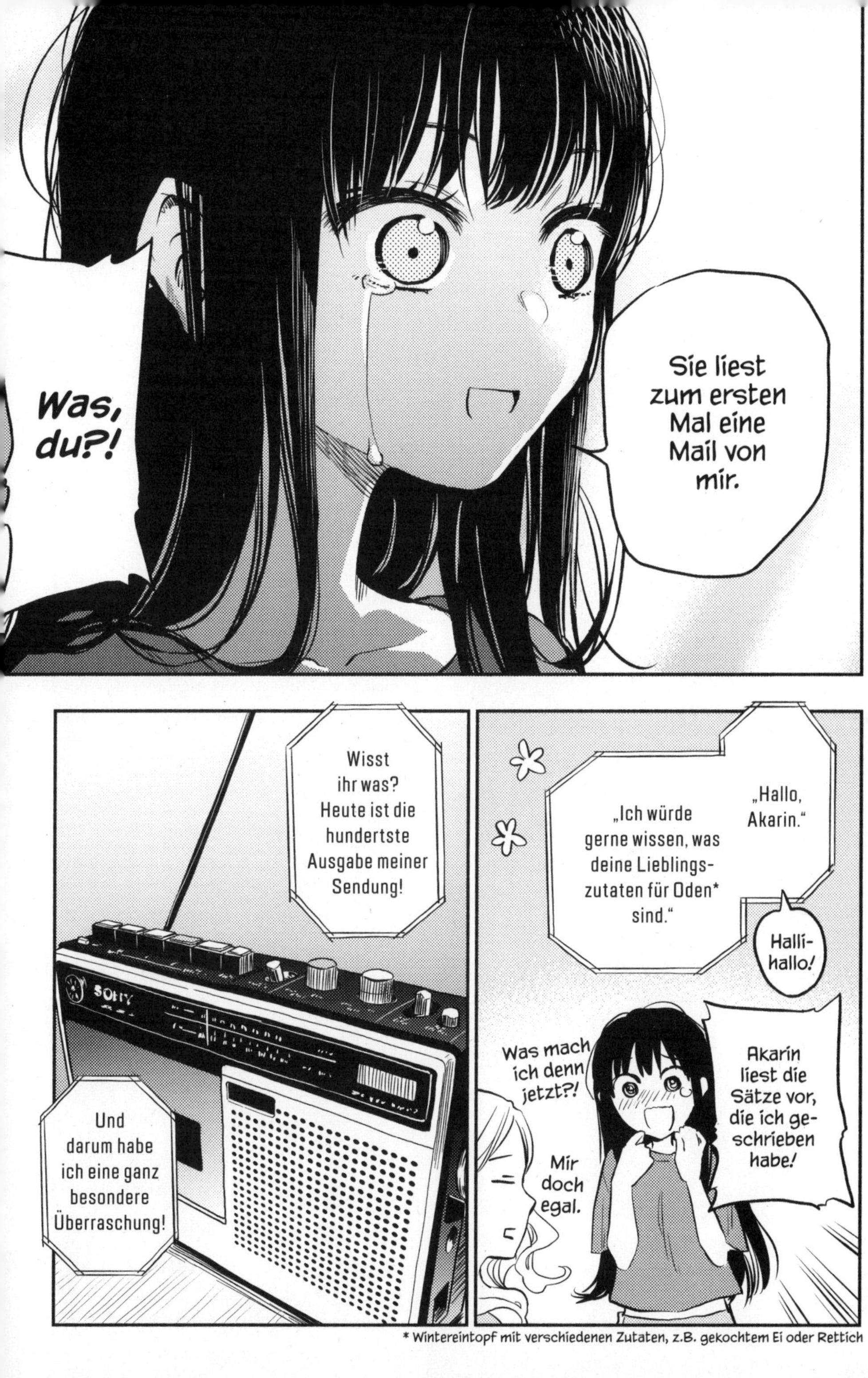

* Wintereintopf mit verschiedenen Zutaten, z.B. gekochtem Ei oder Rettich

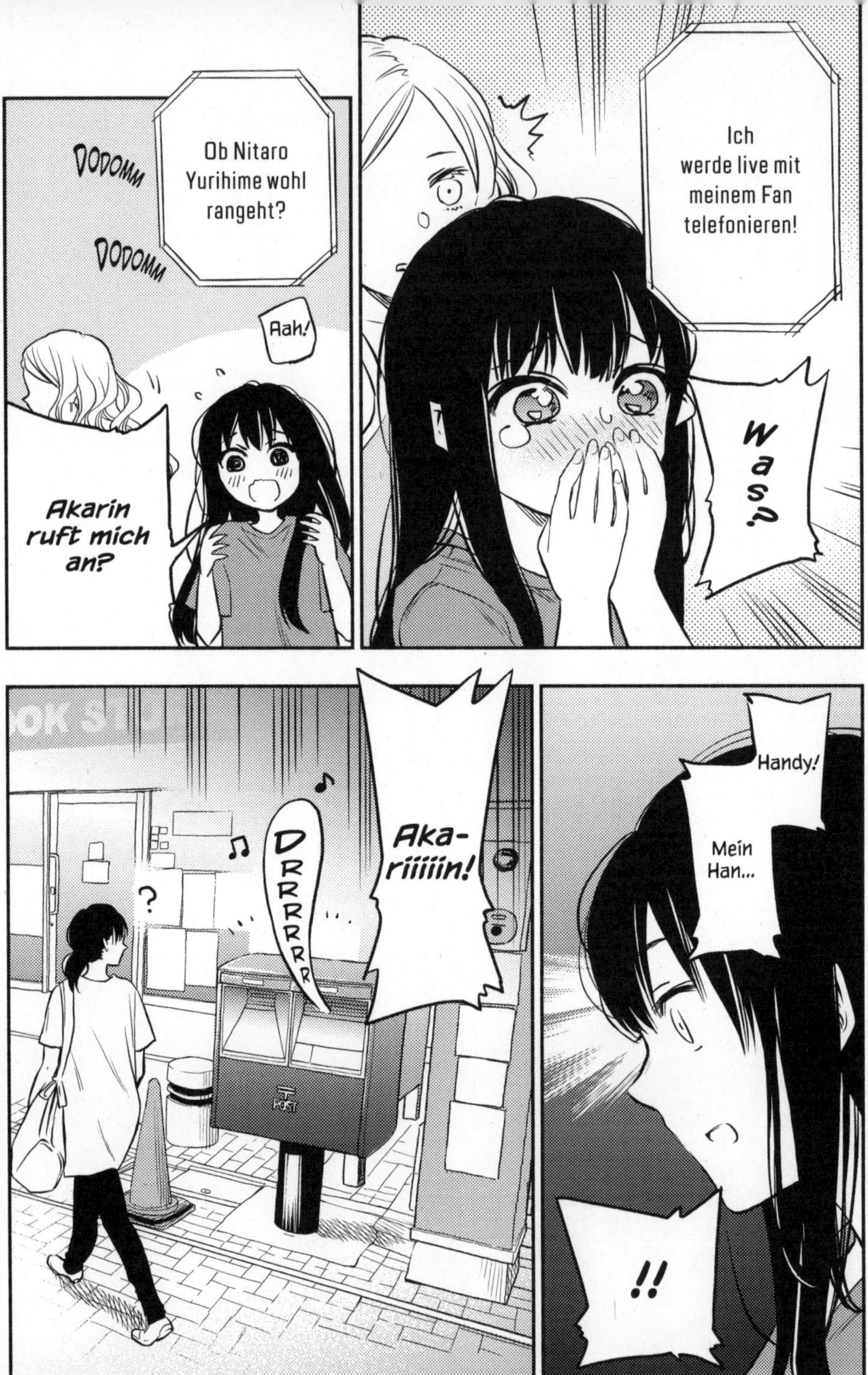

Ich werde live mit meinem Fan telefonieren!
Was?
Ob Nitaro Yurihime wohl rangeht?
DODOMM
DODOMM
Aah!
Akarin ruft mich an?
Handy!
Mein Han...
!!
Aka-riiiiin!
DRRRRRR
?

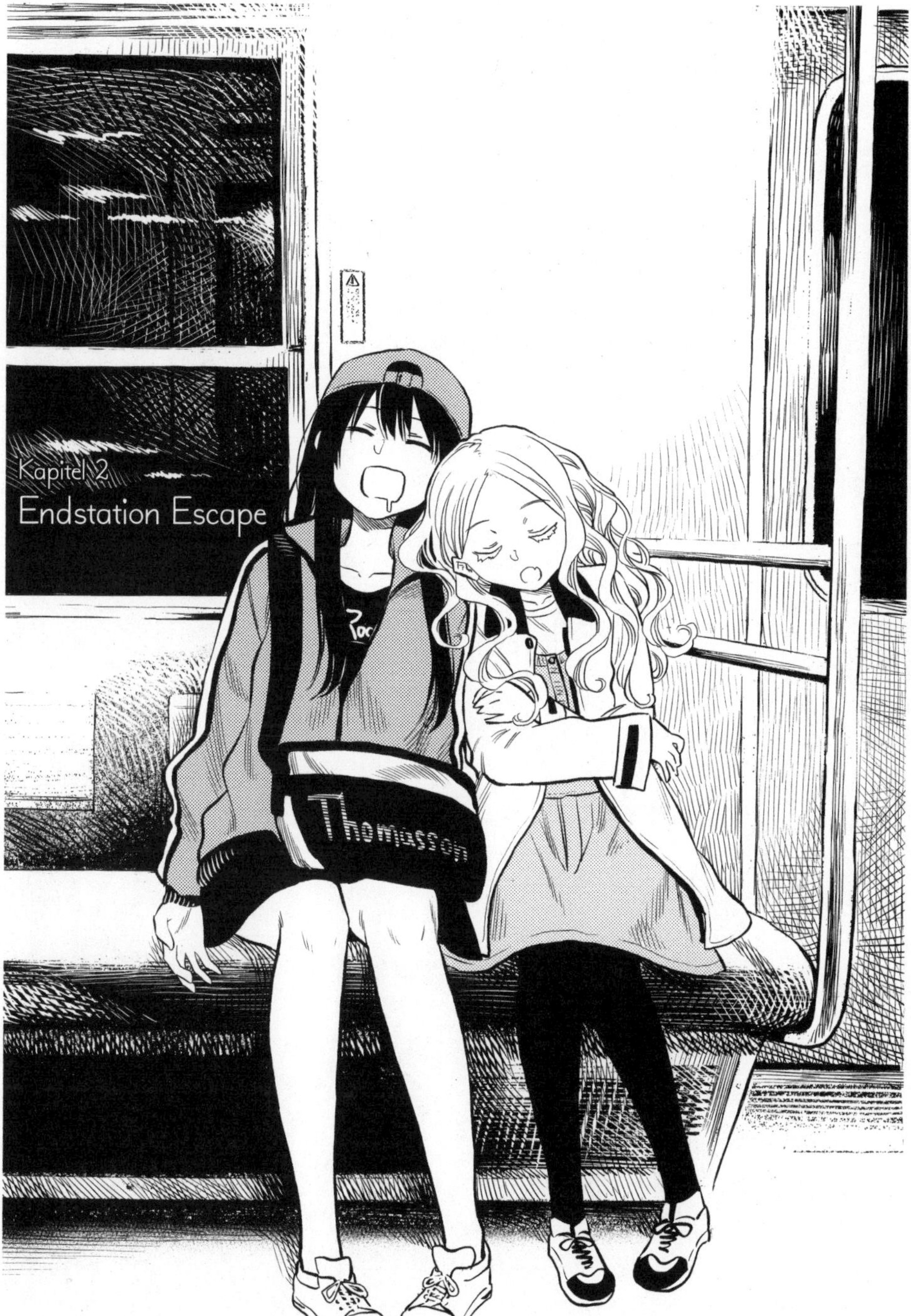
Kapitel 2
Endstation Escape
Thomasson

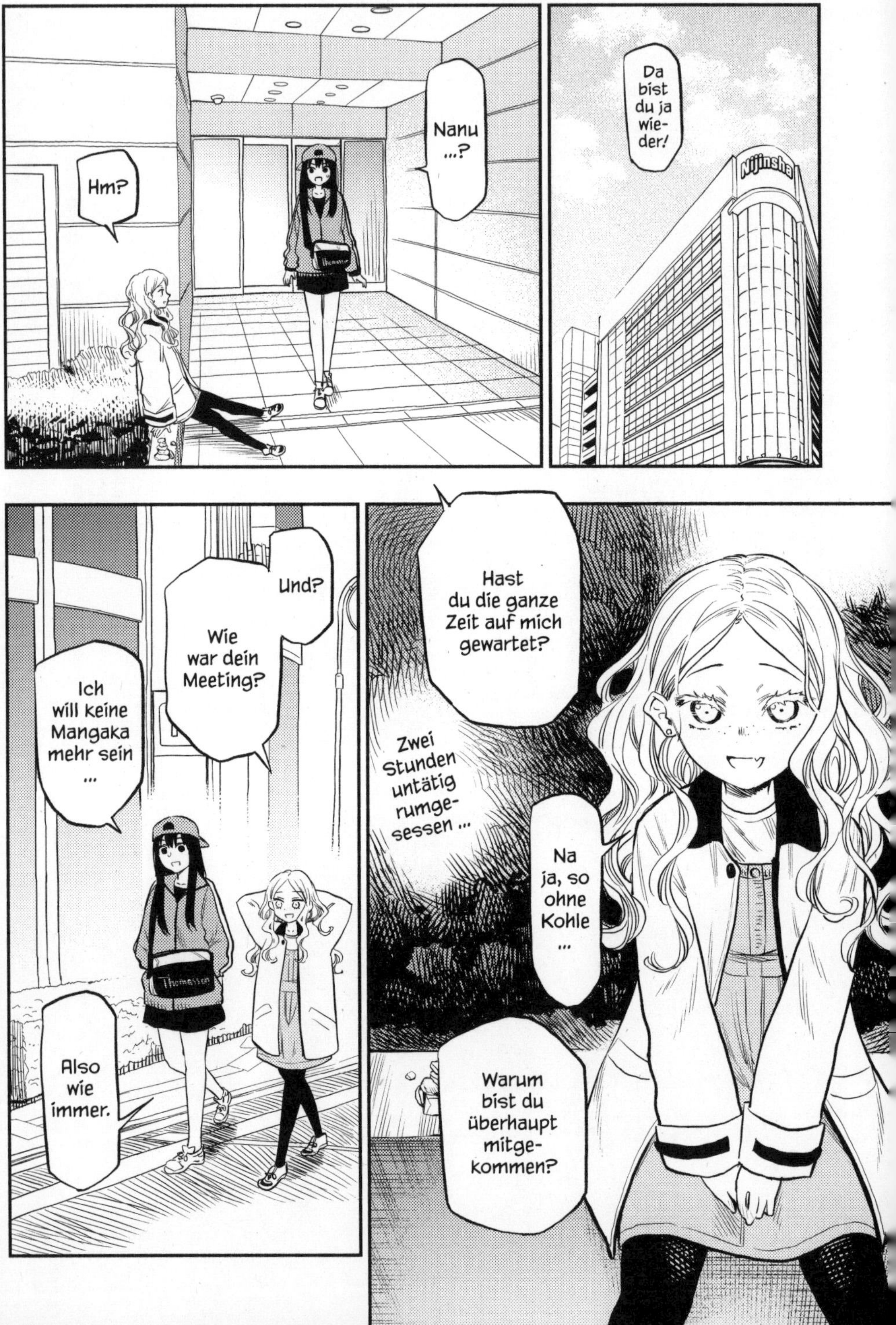
Da bist du ja wieder!
Nijinsha
Nanu ...?
Hm?
Hast du die ganze Zeit auf mich gewartet?
Zwei Stunden untätig rumgesessen ...
Na ja, so ohne Kohle ...
Warum bist du überhaupt mitgekommen?
Und?
Wie war dein Meeting?
Ich will keine Mangaka mehr sein ...
Thomasson
Also wie immer.

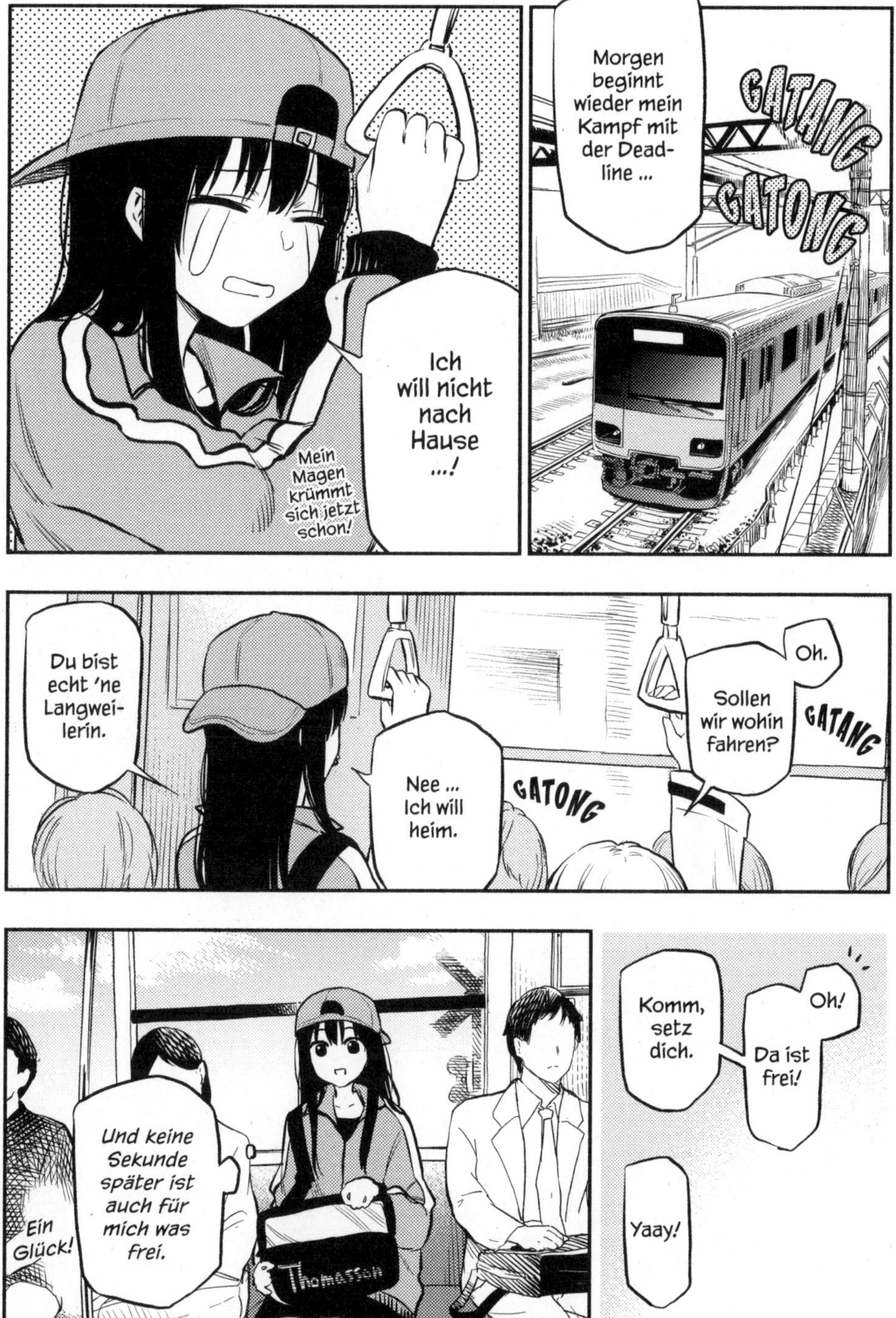
Morgen beginnt wieder mein Kampf mit der Deadline ...
GATANG GATONG
Ich will nicht nach Hause ...!
Mein Magen krümmt sich jetzt schon!
Oh.
Sollen wir wohin fahren?
GATANG
GATONG
Nee ... Ich will heim.
Du bist echt 'ne Langweilerin.
Oh!
Da ist frei!
Komm, setz dich.
Yaay!
Und keine Sekunde später ist auch für mich was frei.
Ein Glück!
Thomasson

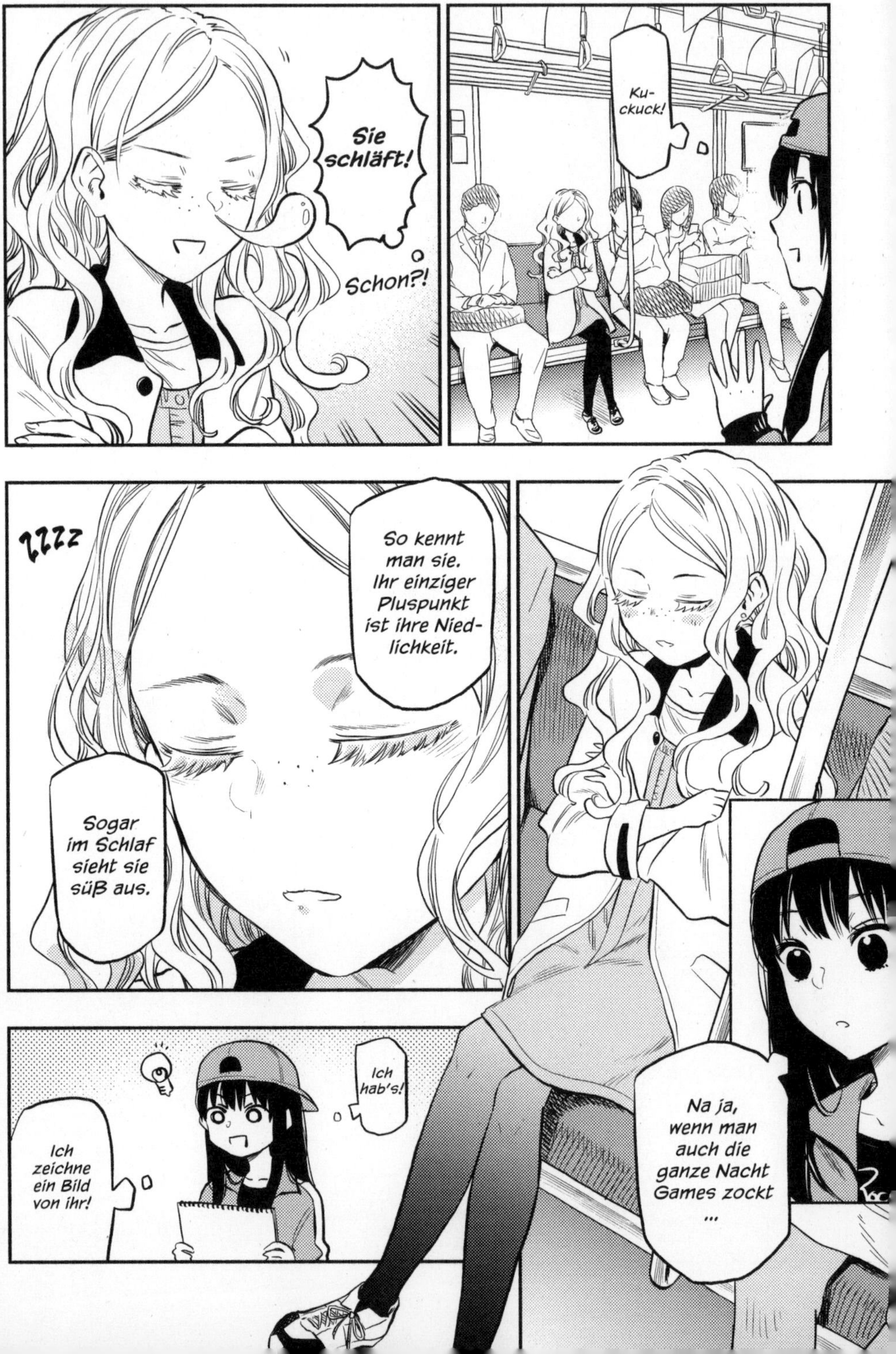
Ku-
ckuck!
Sie schläft!
Schon?!
So kennt man sie. Ihr einziger Pluspunkt ist ihre Niedlichkeit.
ZZZZ
Sogar im Schlaf sieht sie süß aus.
Na ja, wenn man auch die ganze Nacht Games zockt ...
Ich hab's!
Ich zeichne ein Bild von ihr!

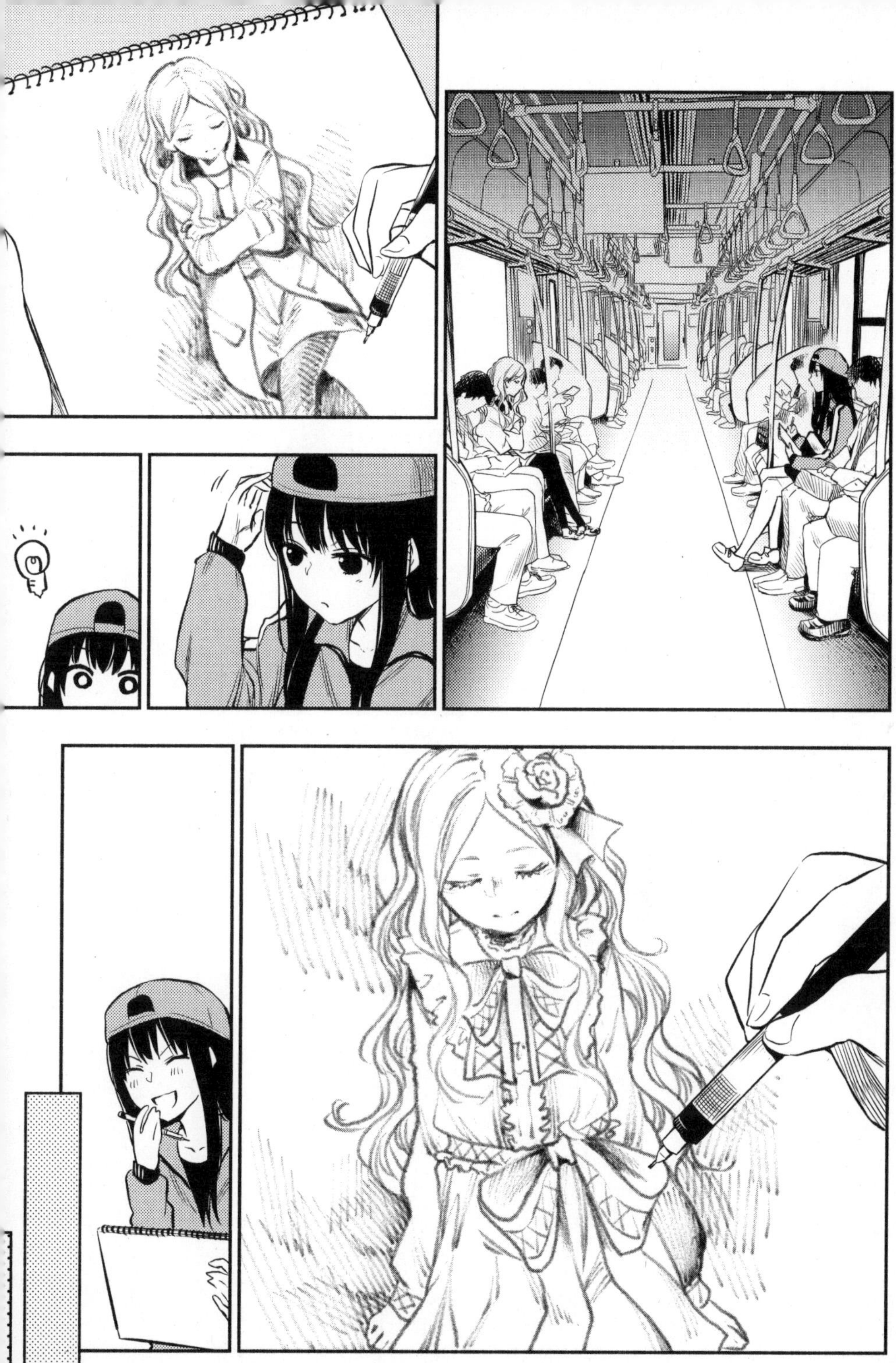

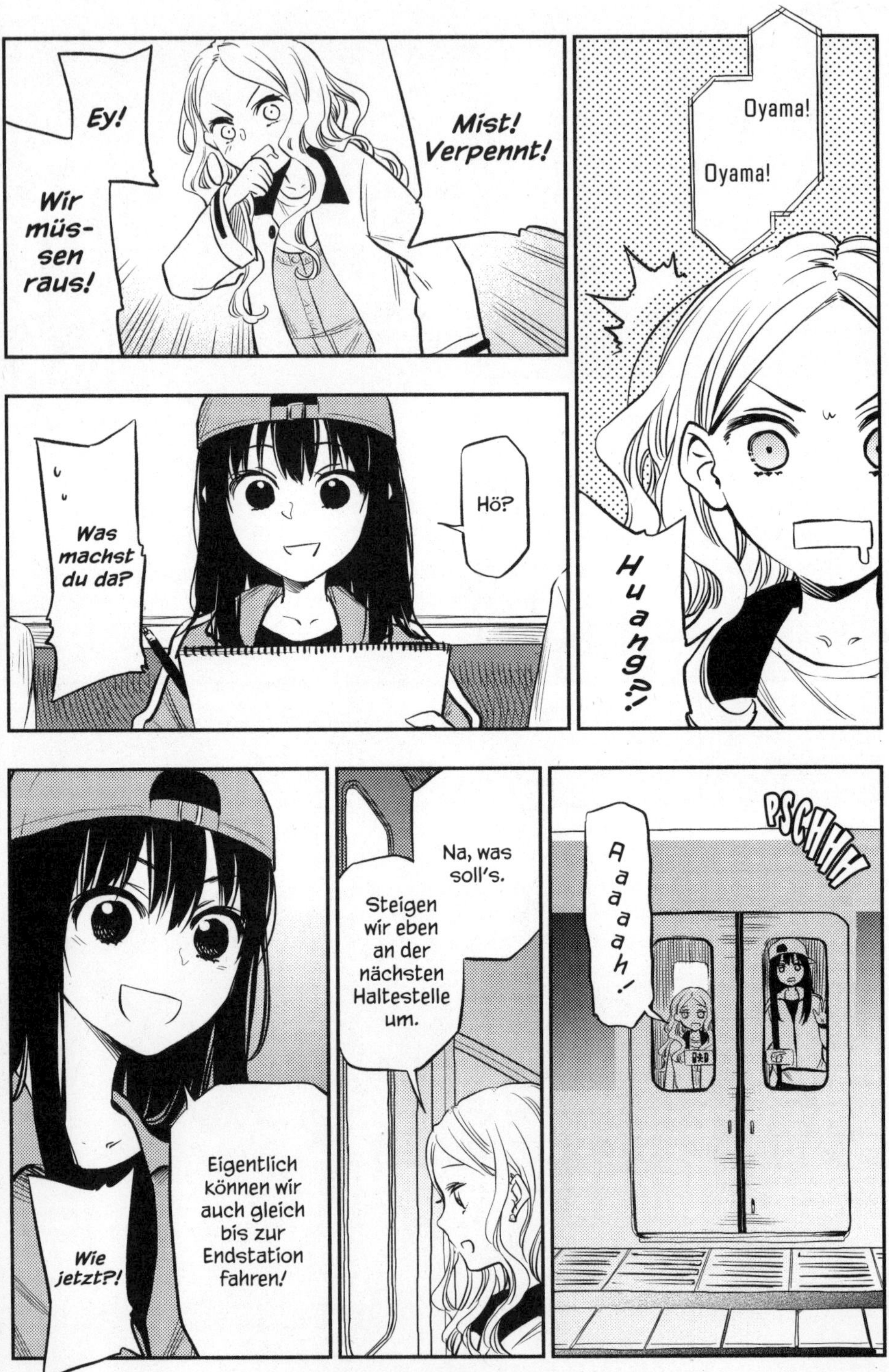
Oyama!
Oyama!
Huang?!
Mist! Verpennt!
Ey!
Wir müssen raus!
Hö?
Was machst du da?
PSCHHH
Aaaaah!
Na, was soll's.
Steigen wir eben an der nächsten Haltestelle um.
Eigentlich können wir auch gleich bis zur Endstation fahren!
Wie jetzt?!

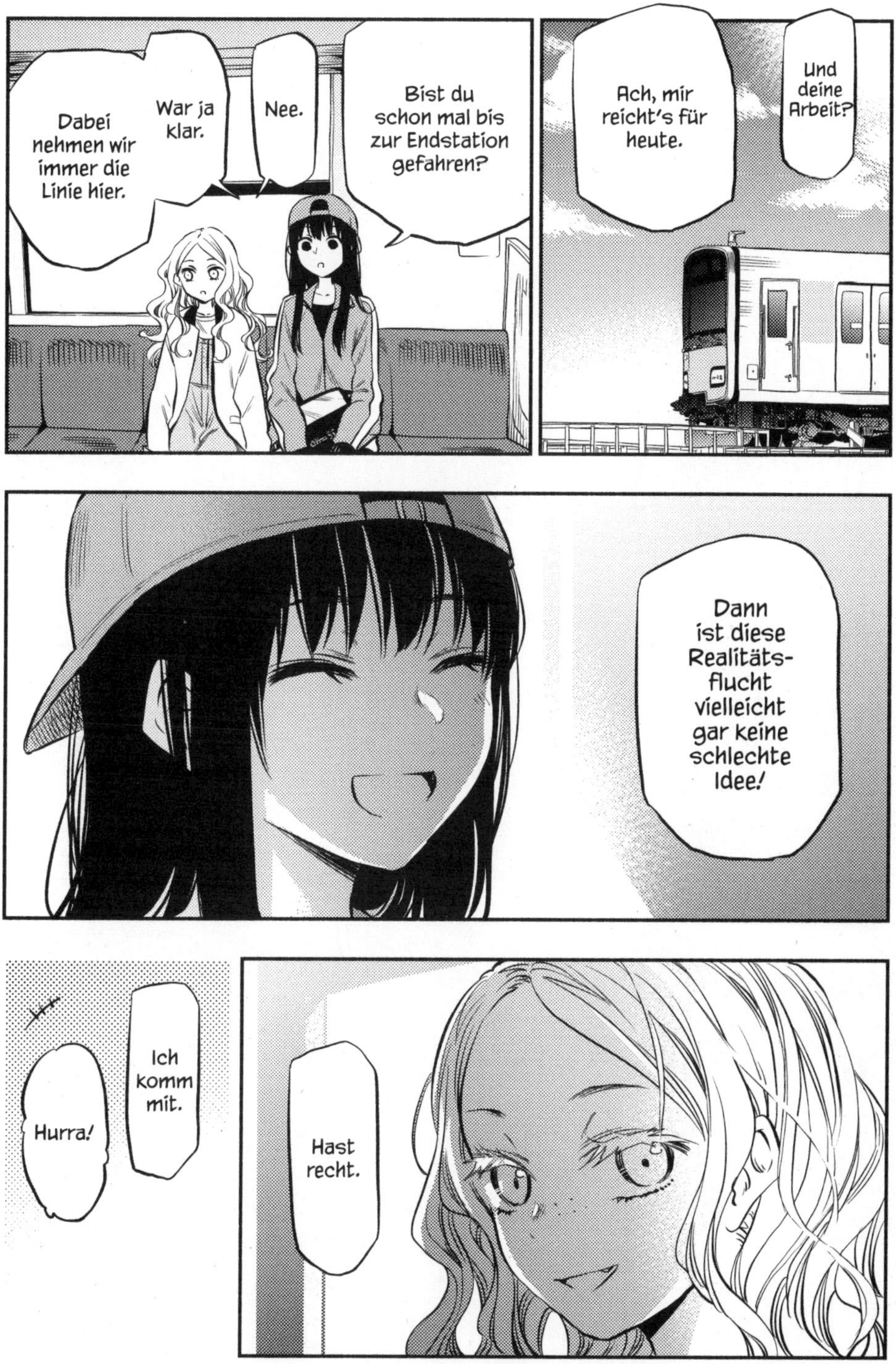
Und deine Arbeit?
Ach, mir reicht's für heute.
Bist du schon mal bis zur Endstation gefahren?
Nee.
War ja klar.
Dabei nehmen wir immer die Linie hier.
Dann ist diese Realitäts-flucht vielleicht gar keine schlechte Idee!
Hast recht.
Ich komm mit.
Hurra!

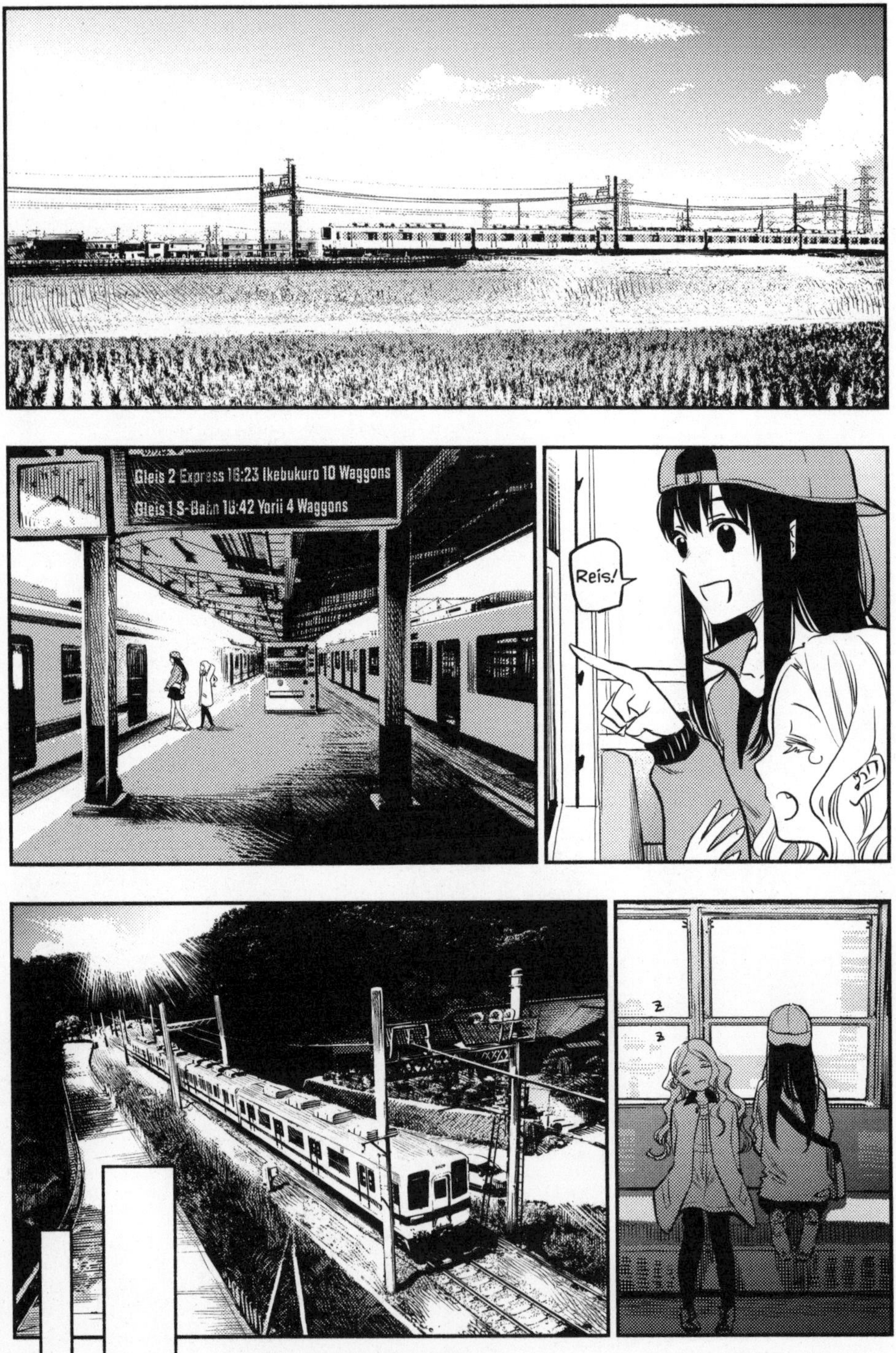
Gleis 2 Express 16:23 Ikebukuro 10 Waggons
Gleis 1 S-Bahn 16:42 Yorii 4 Waggons
Reis!
Z
Z

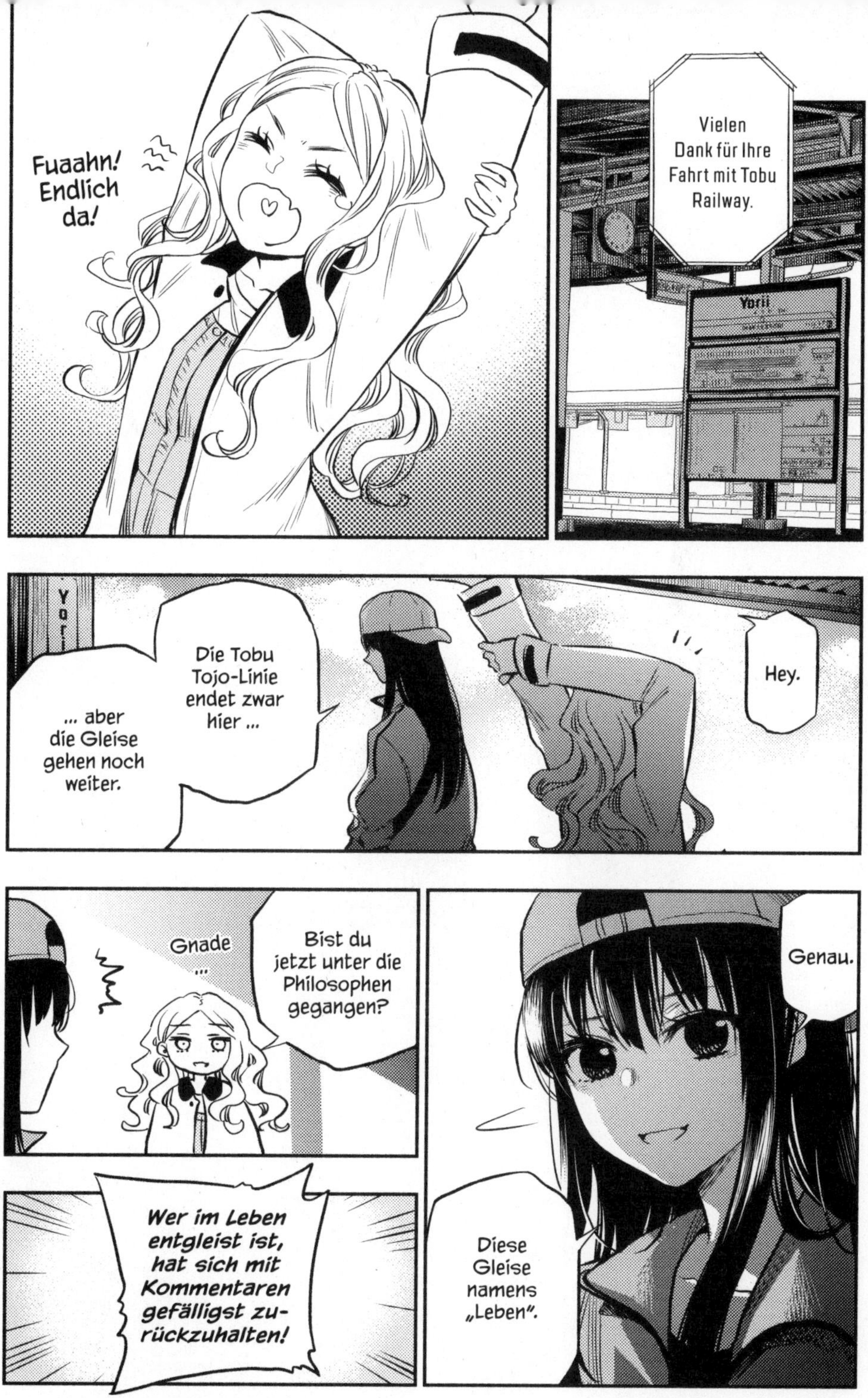
Vielen Dank für Ihre Fahrt mit Tobu Railway.
Yorii
Fuaahn! Endlich da!
Hey.
Die Tobu Tojo-Linie endet zwar hier ...
... aber die Gleise gehen noch weiter.
Genau.
Diese Gleise namens „Leben".
Bist du jetzt unter die Philosophen gegangen?
Gnade ...
Wer im Leben entgleist ist, hat sich mit Kommentaren gefälligst zurückzuhalten!

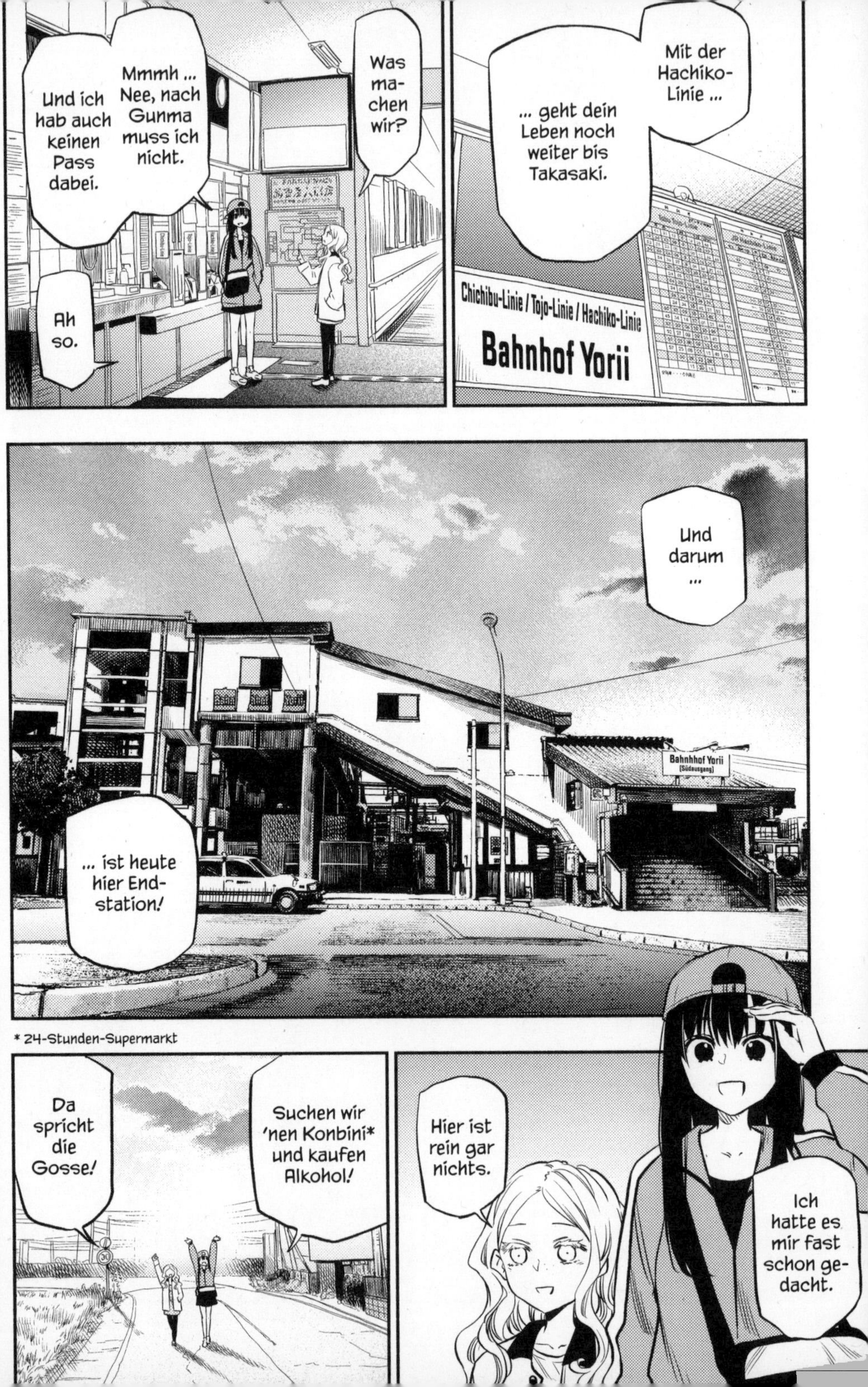

* 24-Stunden-Supermarkt

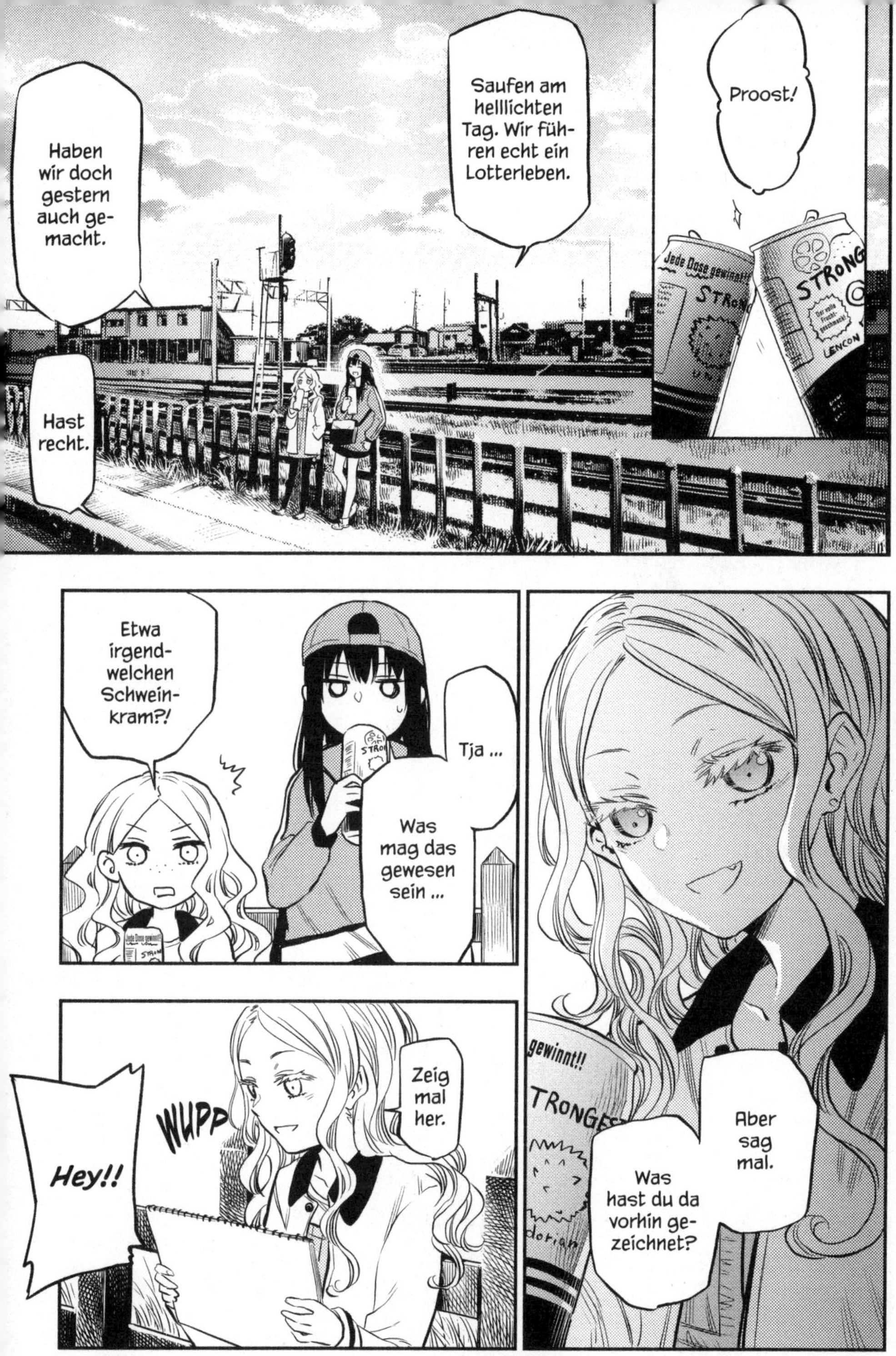
Proost!
Saufen am helllichten Tag. Wir führen echt ein Lotterleben.
Haben wir doch gestern auch gemacht.
Hast recht.
Aber sag mal.
Was hast du da vorhin gezeichnet?
Tja ...
Was mag das gewesen sein ...
Etwa irgendwelchen Schweinkram?!
Zeig mal her.
WUPP
Hey!!

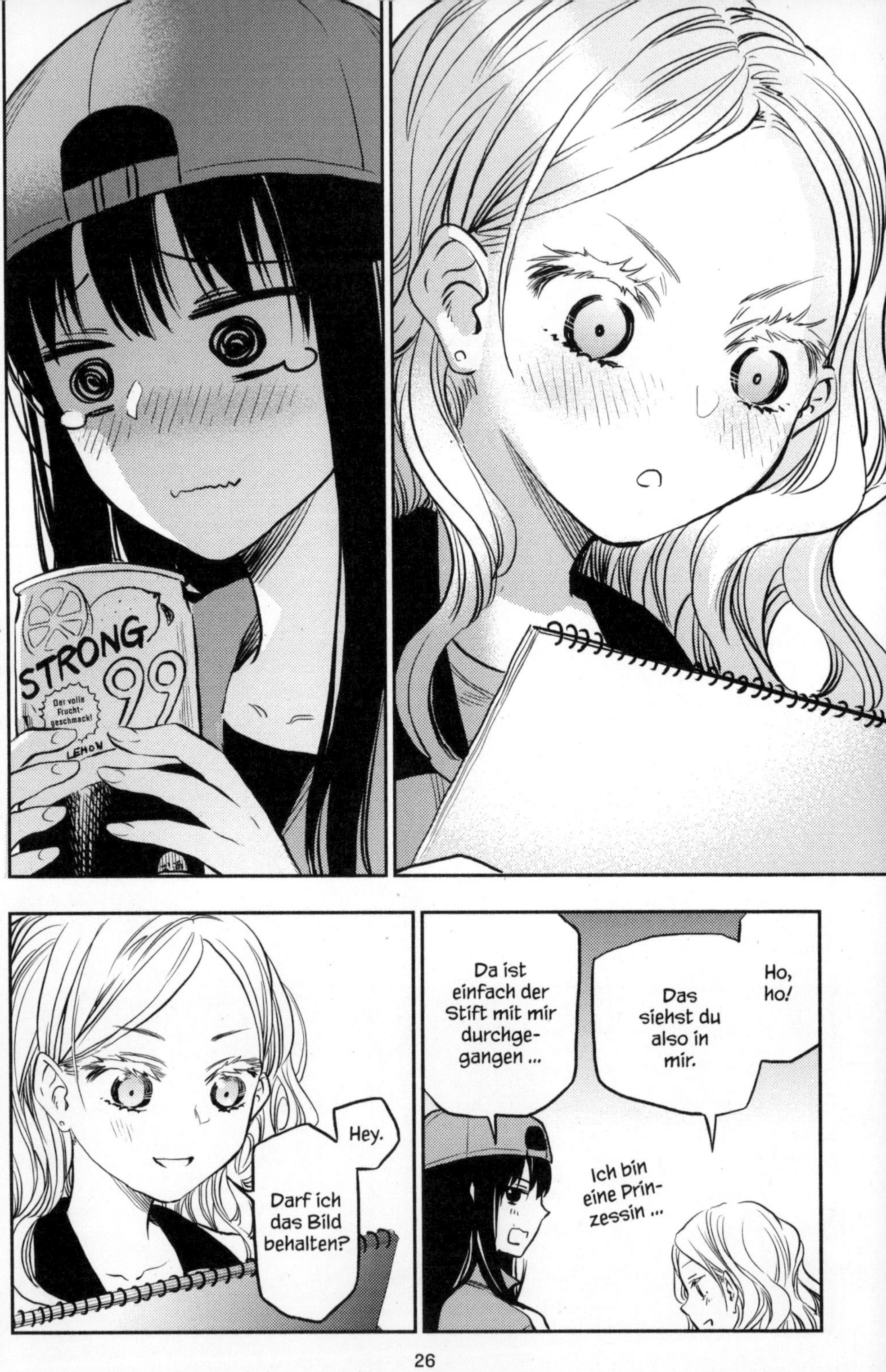
STRONG 99
Der volle Fruchtgeschmack!
LEMON
Ho, ho!
Das siehst du also in mir.
Da ist einfach der Stift mit mir durchgegangen ...
Ich bin eine Prinzessin ...
Hey.
Darf ich das Bild behalten?

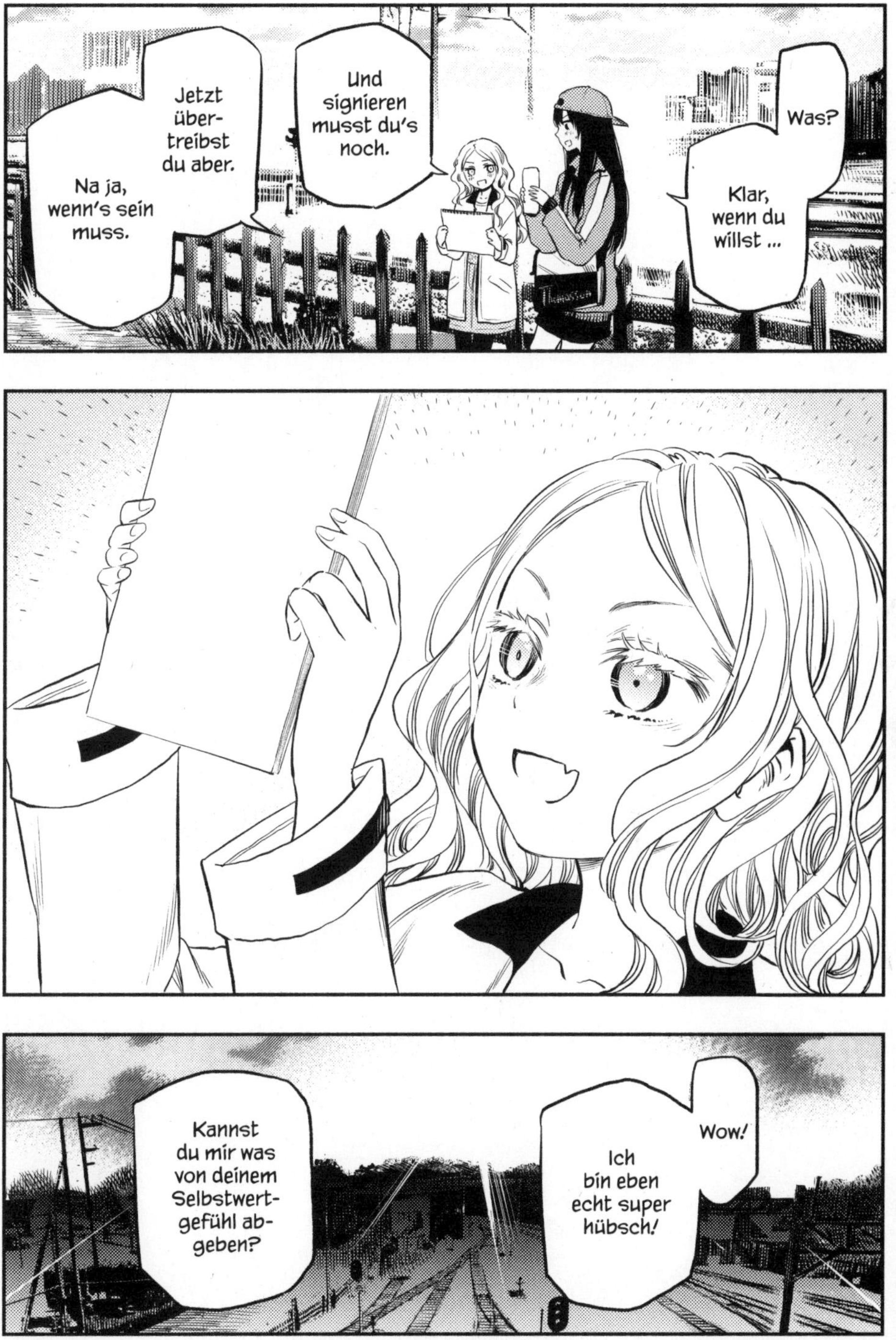

Was?
Klar, wenn du willst ...
Und signieren musst du's noch.
Jetzt übertreibst du aber.
Na ja, wenn's sein muss.
Wow!
Ich bin eben echt super hübsch!
Kannst du mir was von deinem Selbstwertgefühl abgeben?

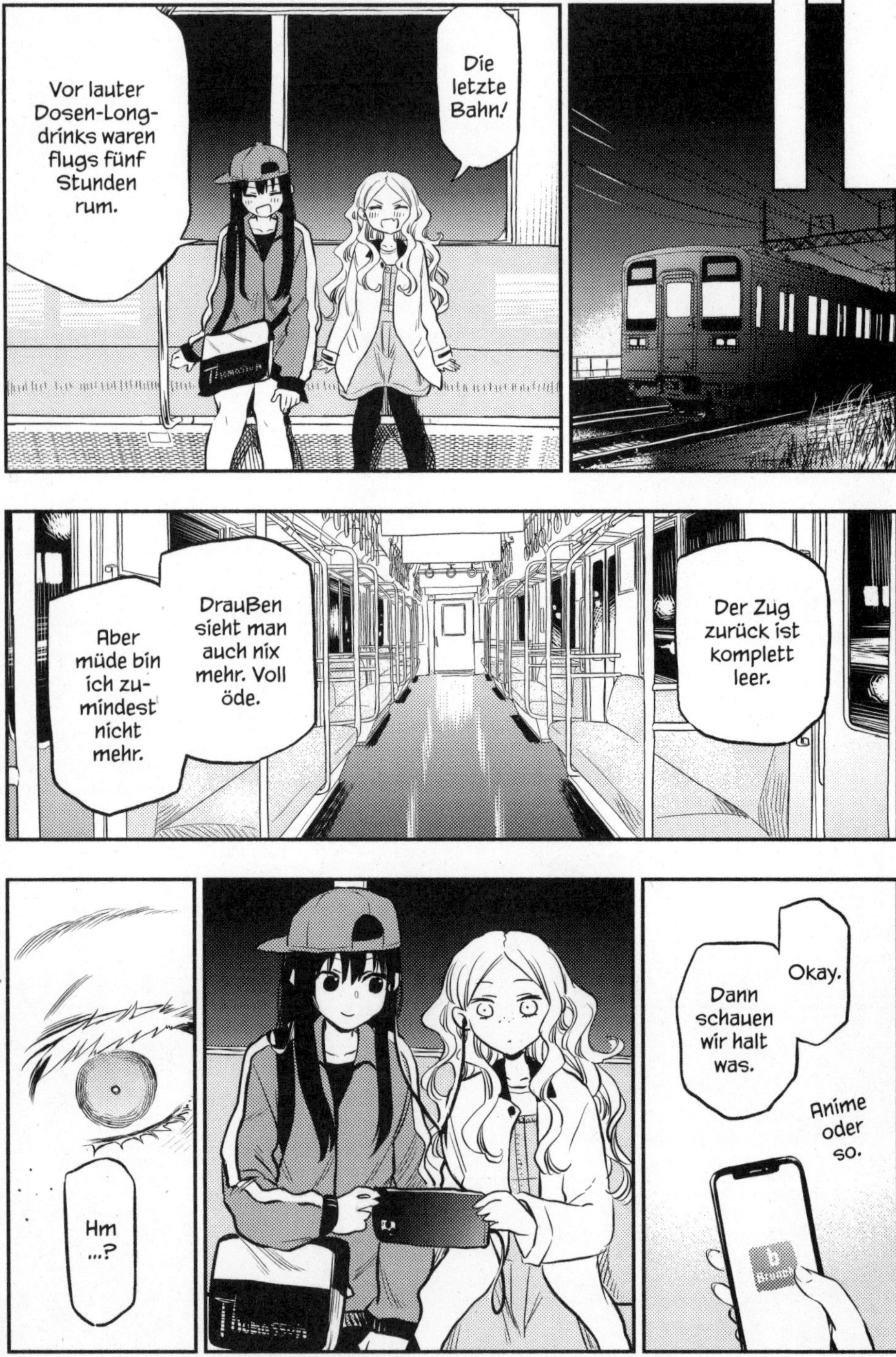
Die letzte Bahn!
Vor lauter Dosen-Longdrinks waren flugs fünf Stunden rum.
Der Zug zurück ist komplett leer.
Draußen sieht man auch nix mehr. Voll öde.
Aber müde bin ich zumindest nicht mehr.
Okay.
Dann schauen wir halt was.
Anime oder so.
Hm ...?

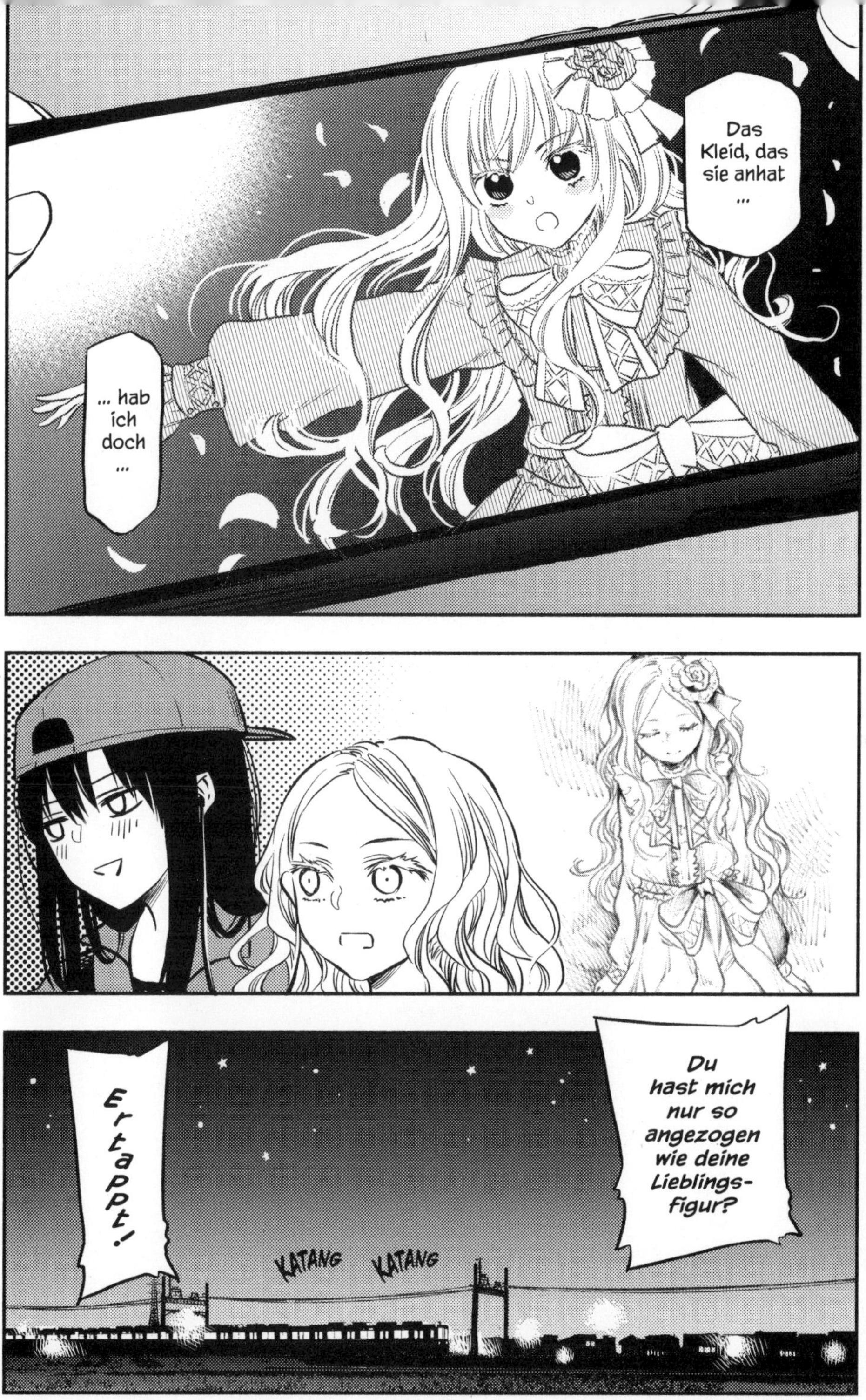

Das Kleid, das sie anhat ...
... hab ich doch ...
Du hast mich nur so angezogen wie deine Lieblings-figur?
Ertappt!
KATANG
KATANG

Everyday Escape

Shouichi Taguchi

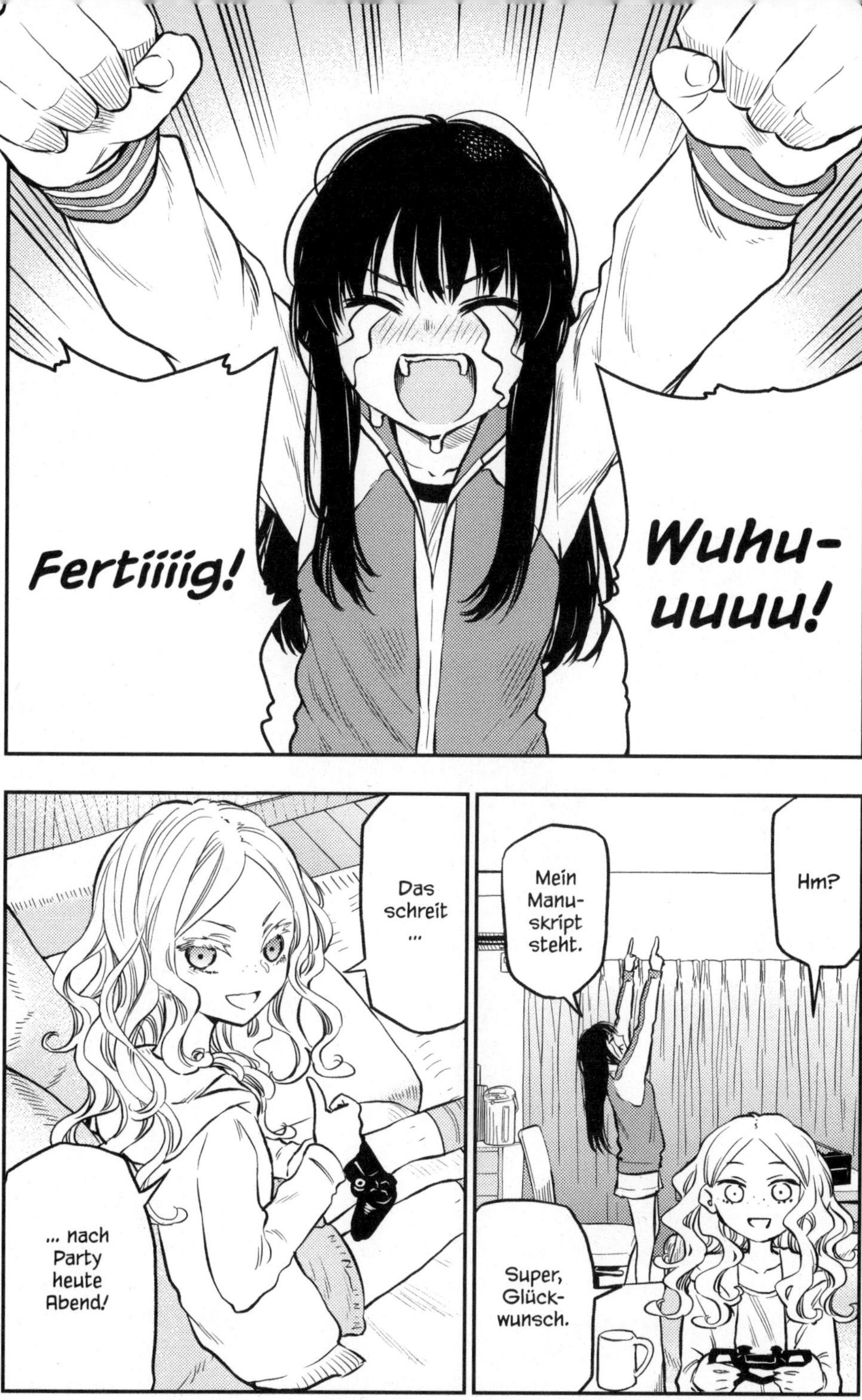
Wuhu-
uuuu!
Fertiiiig!
Hm?
Mein Manu-
skript steht.
Super, Glück-
wunsch.
Das schreit ...
... nach Party heute Abend!

Kapitel 3

Schlemmer Escape

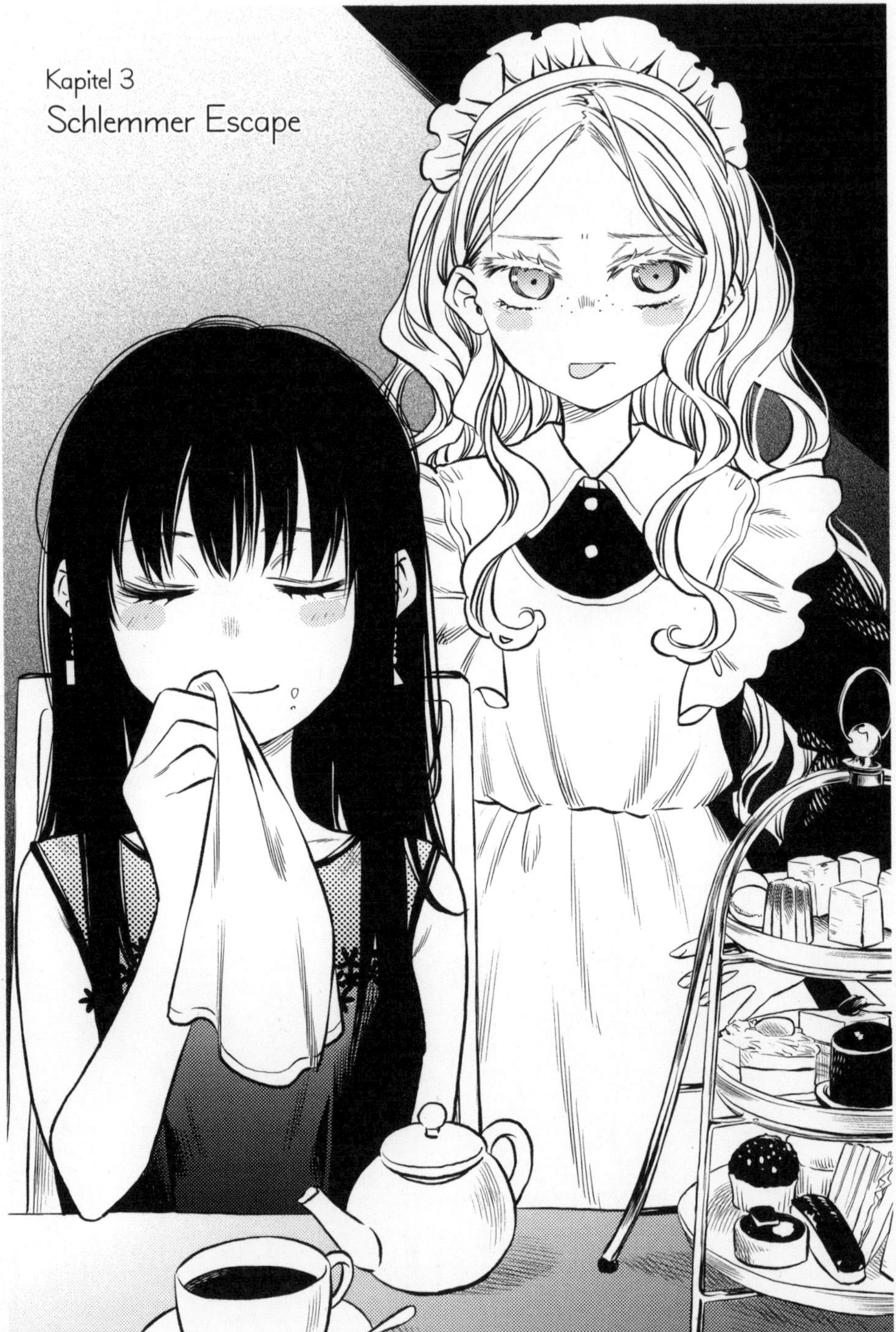

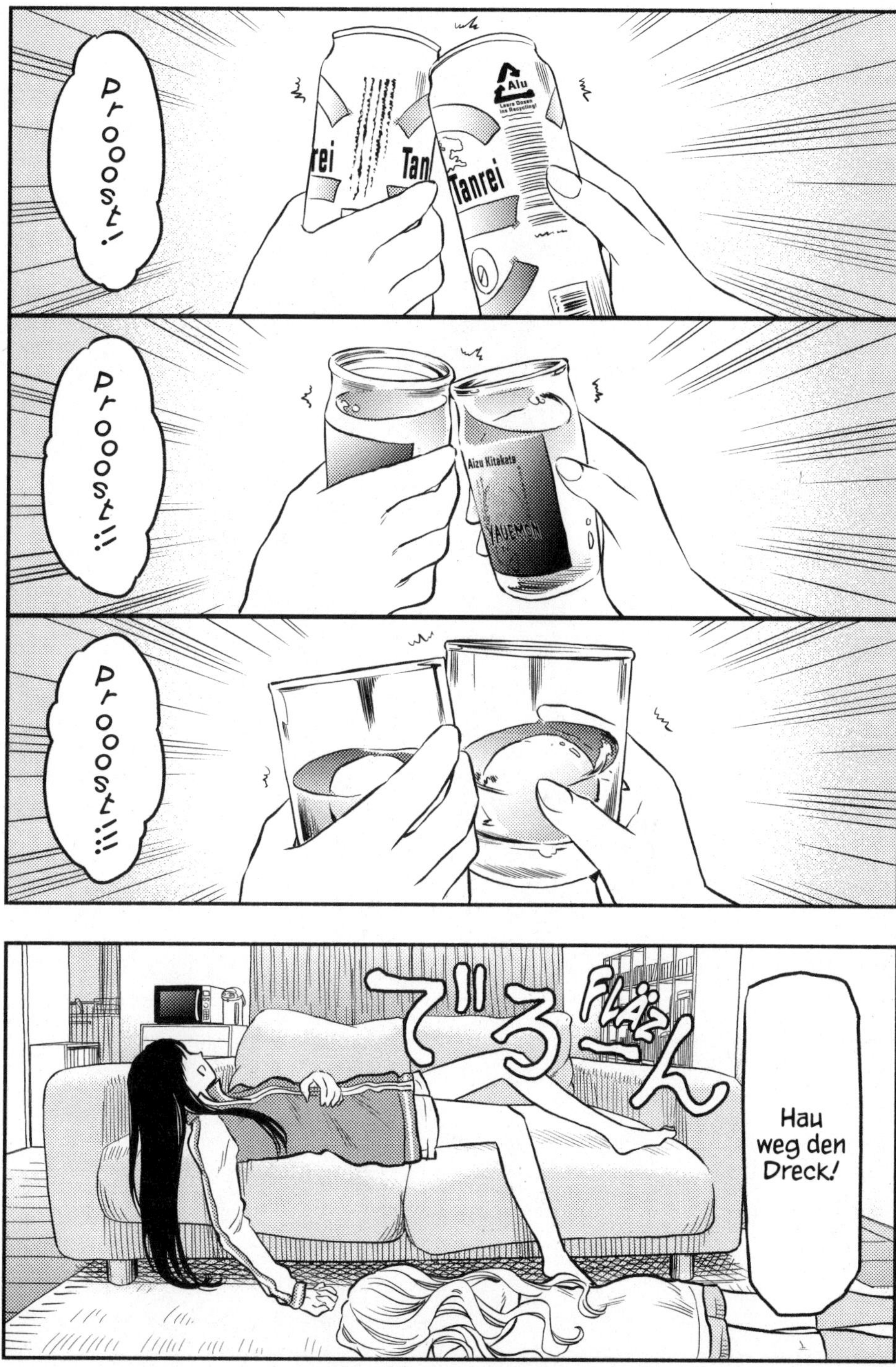
Proooost!
Tanrei
Tanrei
Alu
Prooooost!!
Aizu Kitakata
YAUEMON
Proooost!!!
でろーん
FLÄZ
Hau weg den Dreck!

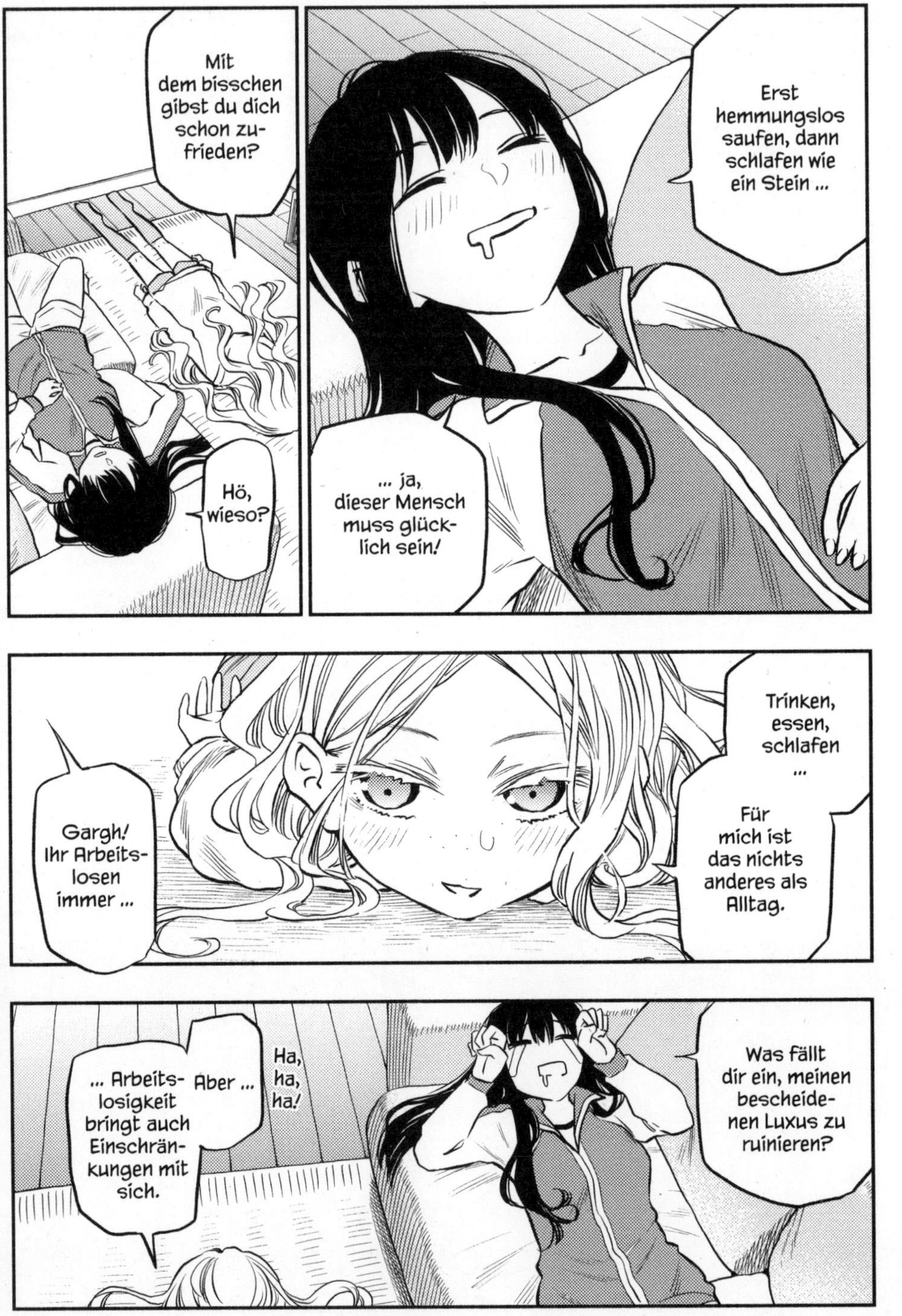
Erst hemmungslos saufen, dann schlafen wie ein Stein ...
... ja, dieser Mensch muss glücklich sein!
Mit dem bisschen gibst du dich schon zufrieden?
Hö, wieso?
Trinken, essen, schlafen ...
Für mich ist das nichts anderes als Alltag.
Gargh! Ihr Arbeitslosen immer ...
Was fällt dir ein, meinen bescheidenen Luxus zu ruinieren?
Ha, ha, ha!
Aber ...
... Arbeitslosigkeit bringt auch Einschränkungen mit sich.

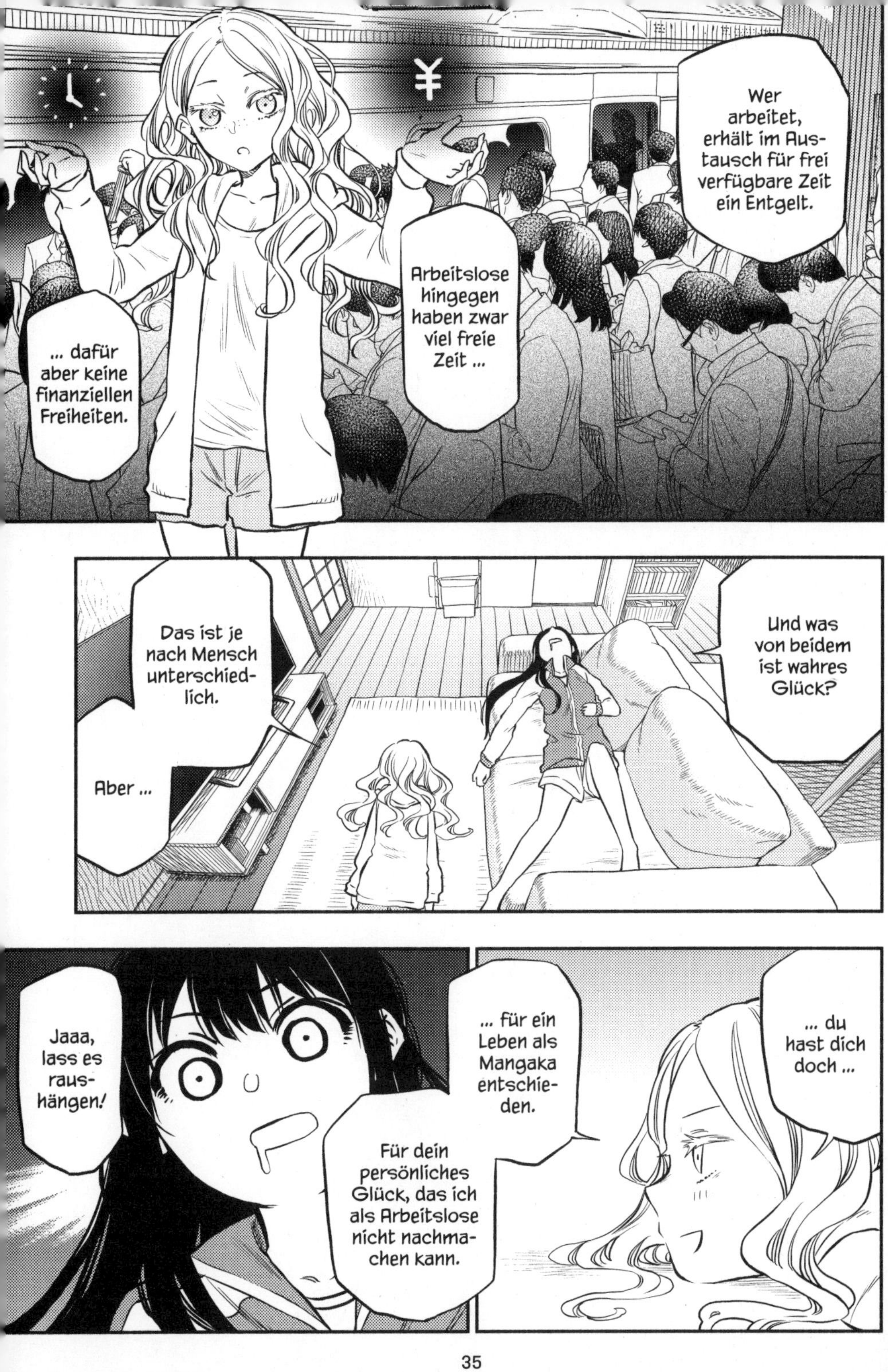
Wer arbeitet, erhält im Austausch für frei verfügbare Zeit ein Entgelt.
Arbeitslose hingegen haben zwar viel freie Zeit ...
... dafür aber keine finanziellen Freiheiten.
Und was von beidem ist wahres Glück?
Das ist je nach Mensch unterschiedlich.
Aber ...
... du hast dich doch ...
... für ein Leben als Mangaka entschieden.
Für dein persönliches Glück, das ich als Arbeitslose nicht nachmachen kann.
Jaaa, lass es raushängen!

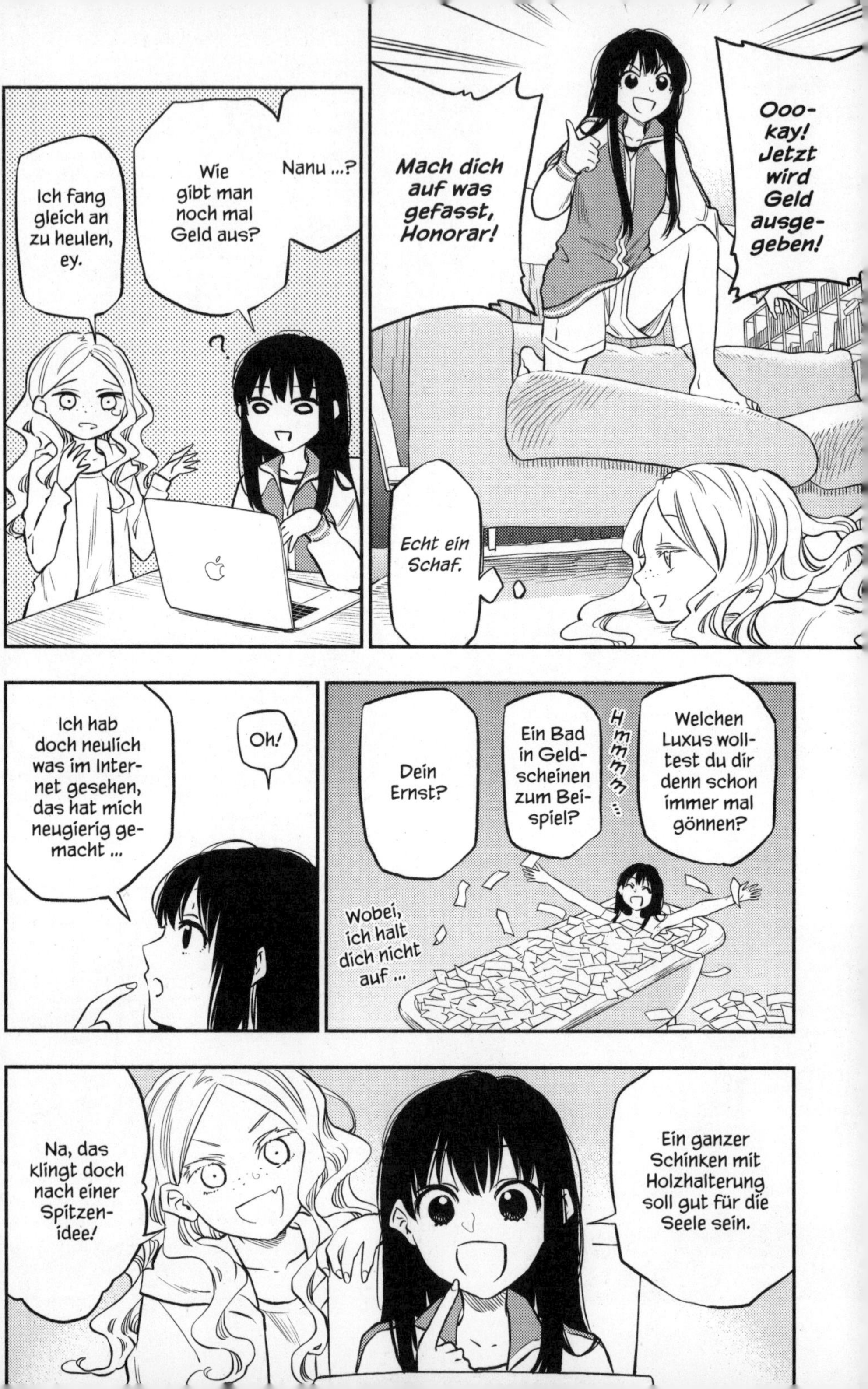

Ooo-kay! Jetzt wird Geld ausgegeben!
Mach dich auf was gefasst, Honorar!
Echt ein Schaf.
Nanu ...?
Wie gibt man noch mal Geld aus?
Ich fang gleich an zu heulen, ey.
Welchen Luxus wolltest du dir denn schon immer mal gönnen?
Hmmmm ...
Ein Bad in Geldscheinen zum Beispiel?
Dein Ernst?
Wobei, ich halt dich nicht auf ...
Oh!
Ich hab doch neulich was im Internet gesehen, das hat mich neugierig gemacht ...
Ein ganzer Schinken mit Holzhalterung soll gut für die Seele sein.
Na, das klingt doch nach einer Spitzenidee!

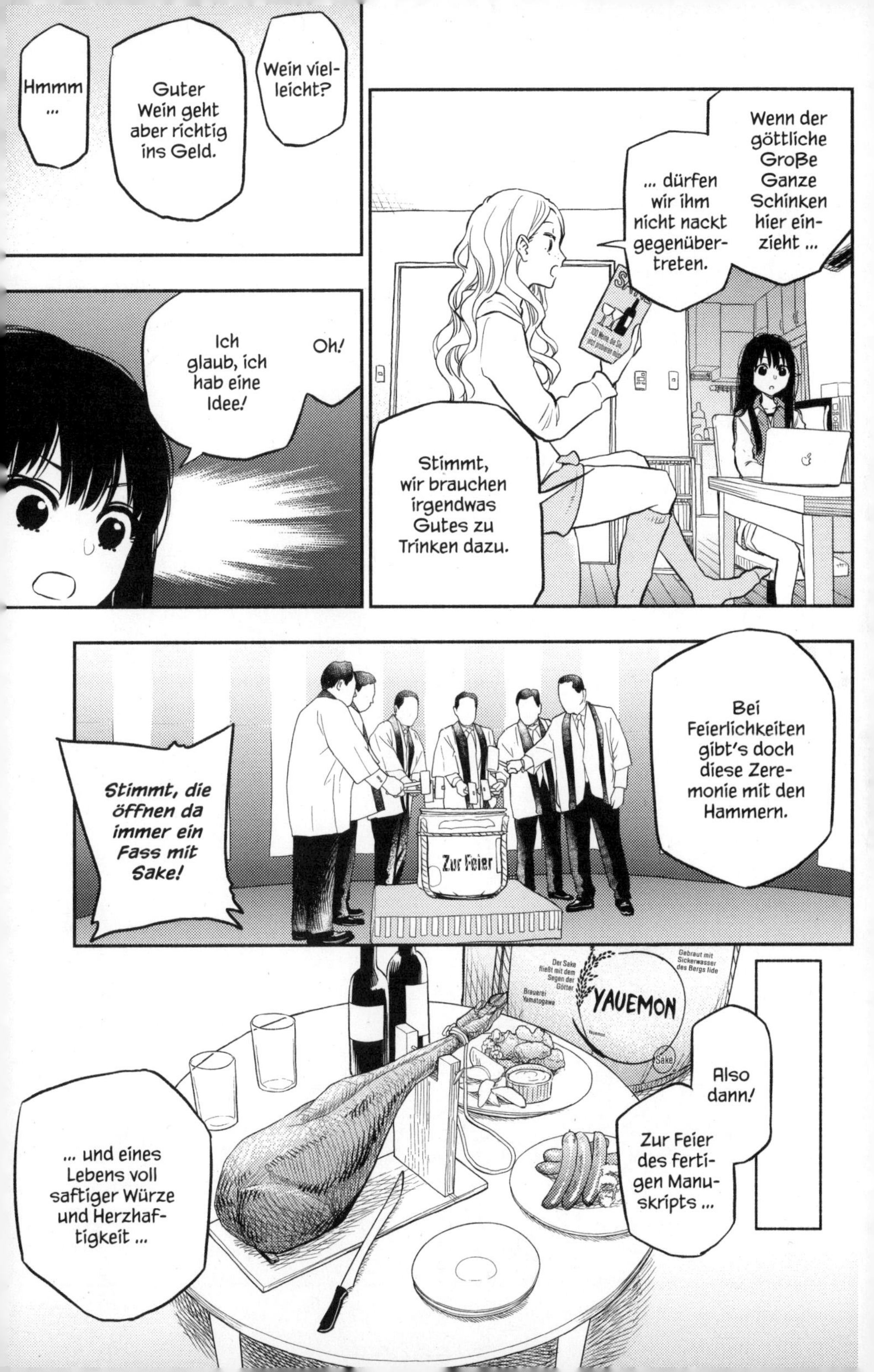
Wenn der göttliche Große Ganze Schinken hier einzieht ...
... dürfen wir ihm nicht nackt gegenübertreten.
Stimmt, wir brauchen irgendwas Gutes zu Trinken dazu.
Wein vielleicht?
Guter Wein geht aber richtig ins Geld.
Hmmm ...
Oh!
Ich glaub, ich hab eine Idee!
Bei Feierlichkeiten gibt's doch diese Zeremonie mit den Hammern.
Zur Feier
Stimmt, die öffnen da immer ein Fass mit Sake!
Gebraut mit Sickerwasser des Bergs Iide
Der Sake fließt mit dem Segen der Götter
Brauerei Yamatogawa
YAUEMON
Sake
Also dann!
Zur Feier des fertigen Manuskripts ...
... und eines Lebens voll saftiger Würze und Herzhaftigkeit ...

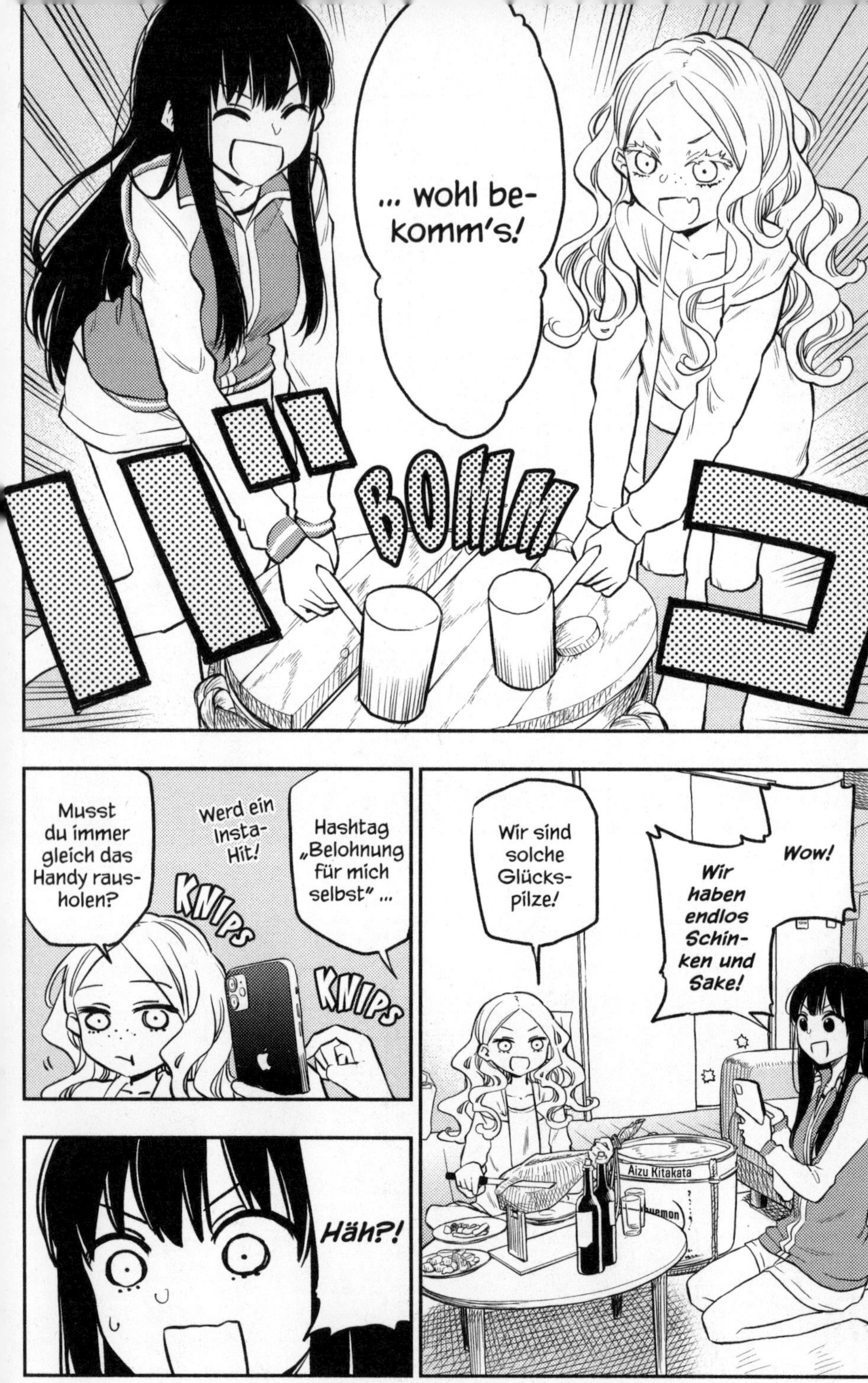
... wohl bekomm's!
BOMM
Wow!
Wir haben endlos Schinken und Sake!
Wir sind solche Glückspilze!
Aizu Kitakata
Hashtag „Belohnung für mich selbst" ...
Werd ein Insta-Hit!
KNIPS
KNIPS
Musst du immer gleich das Handy rausholen?
Häh?!

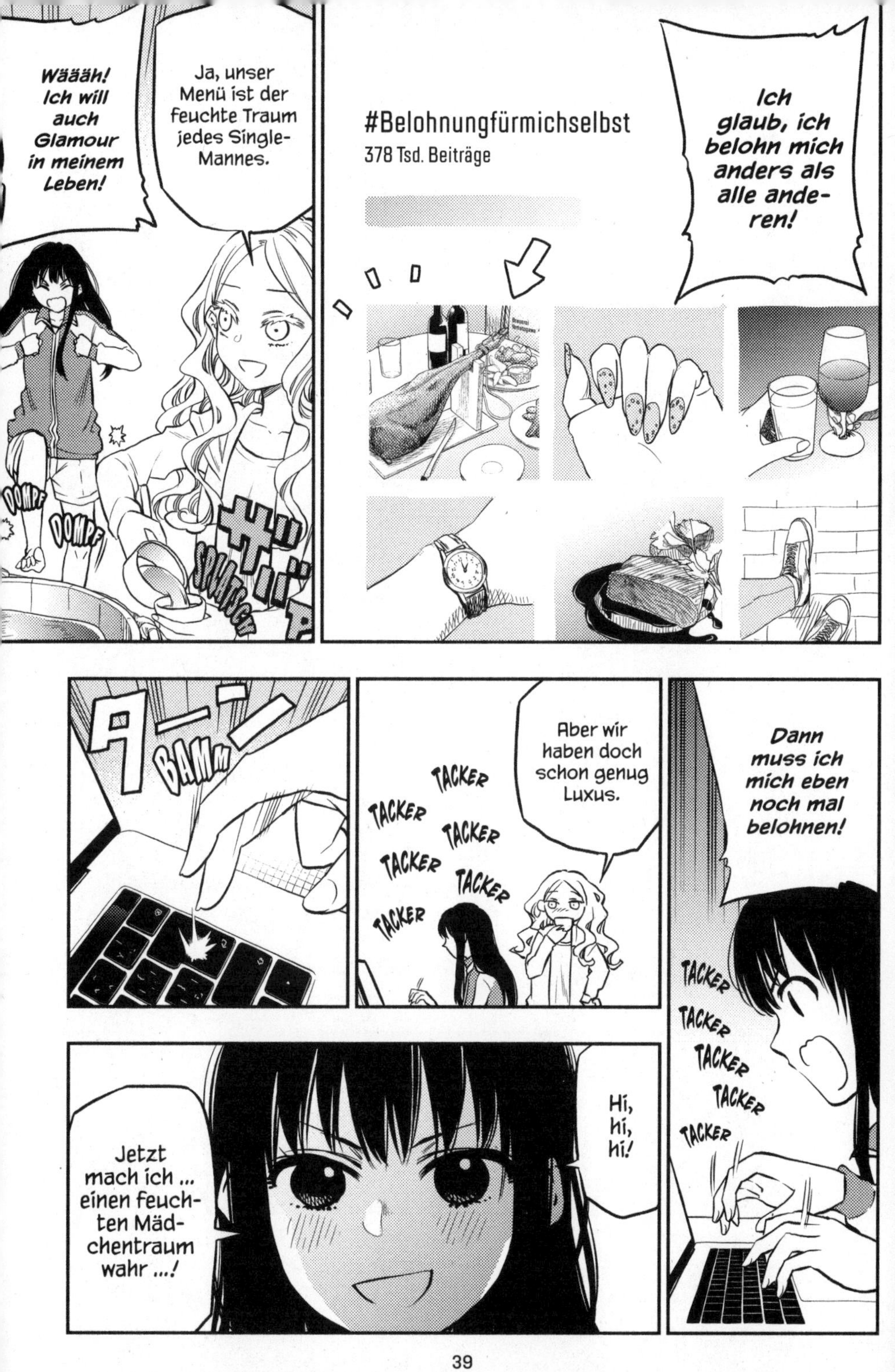
Wäääh! Ich will auch Glamour in meinem Leben!
Ja, unser Menü ist der feuchte Traum jedes Single-Mannes.
DOMPF
DOMPF
SPLATSCH
#Belohnungfürmichselbst
378 Tsd. Beiträge
Ich glaub, ich belohn mich anders als alle anderen!
BAMM
Aber wir haben doch schon genug Luxus.
TACKER
TACKER
TACKER
TACKER
TACKER
TACKER
Dann muss ich mich eben noch mal belohnen!
TACKER
TACKER
TACKER
TACKER
TACKER
Hi, hi, hi!
Jetzt mach ich ... einen feuchten Mädchentraum wahr ...!

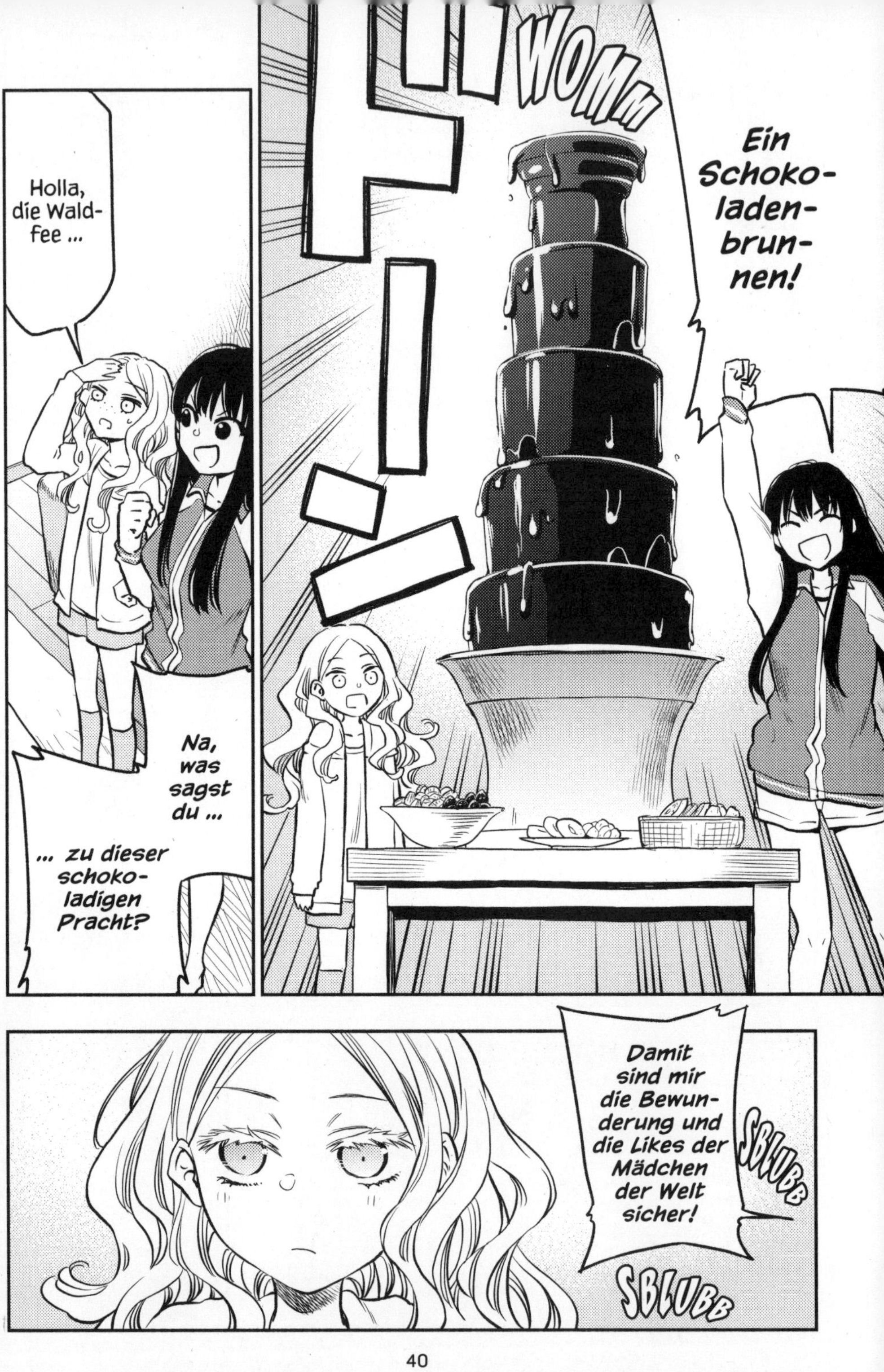
WOMM
Ein Schoko-laden-brun-nen!
Holla, die Wald-fee ...
Na, was sagst du ...
... zu dieser schoko-ladigen Pracht?
Damit sind mir die Bewun-derung und die Likes der Mädchen der Welt sicher!
SBLUBB
SBLUBB

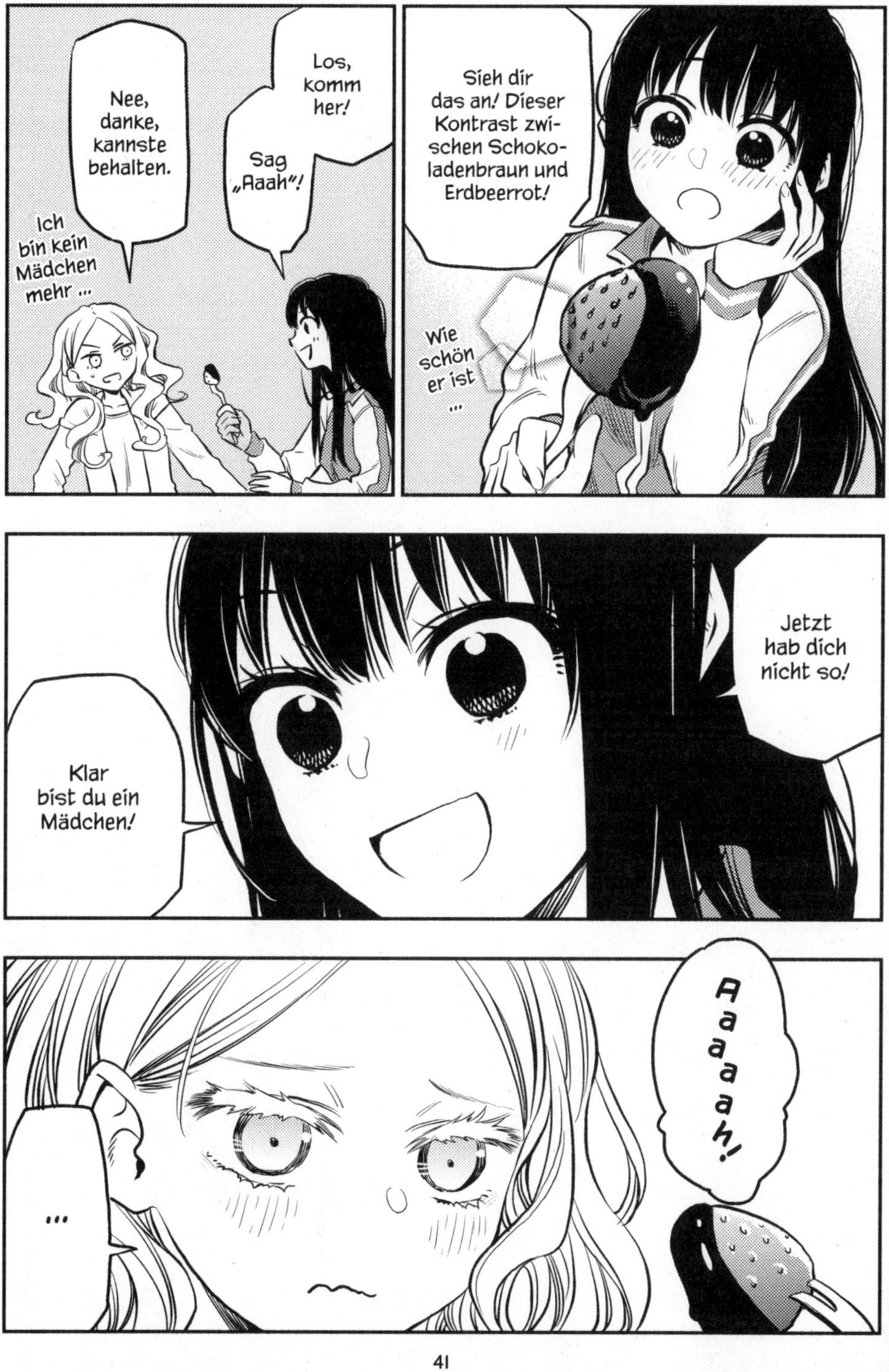
Sieh dir das an! Dieser Kontrast zwischen Schokoladenbraun und Erdbeerrot!
Wie schön er ist ...
Los, komm her!
Sag „Aaah“!
Nee, danke, kannste behalten.
Ich bin kein Mädchen mehr ...
Jetzt hab dich nicht so!
Klar bist du ein Mädchen!
Aaaaah!
...

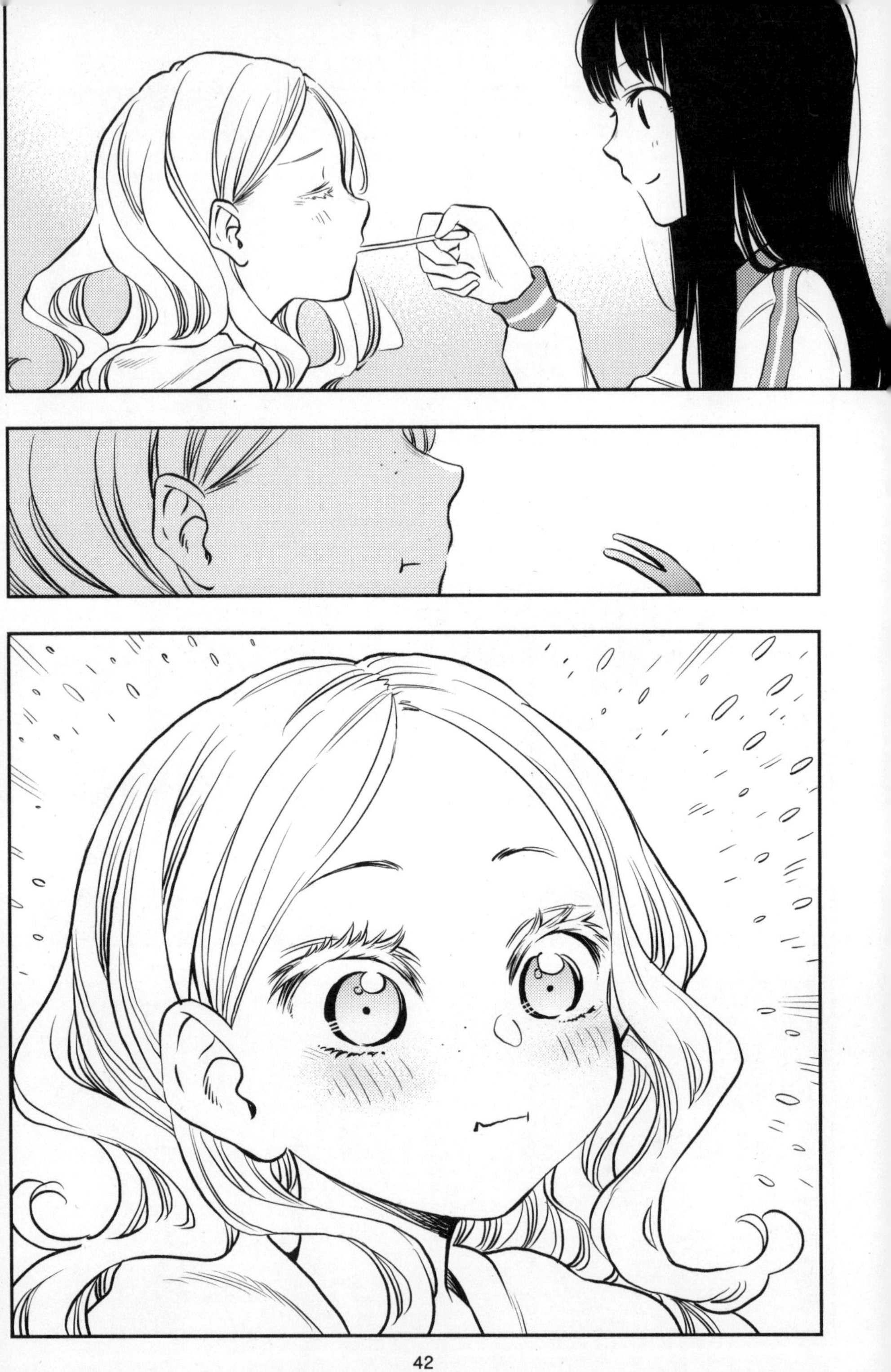

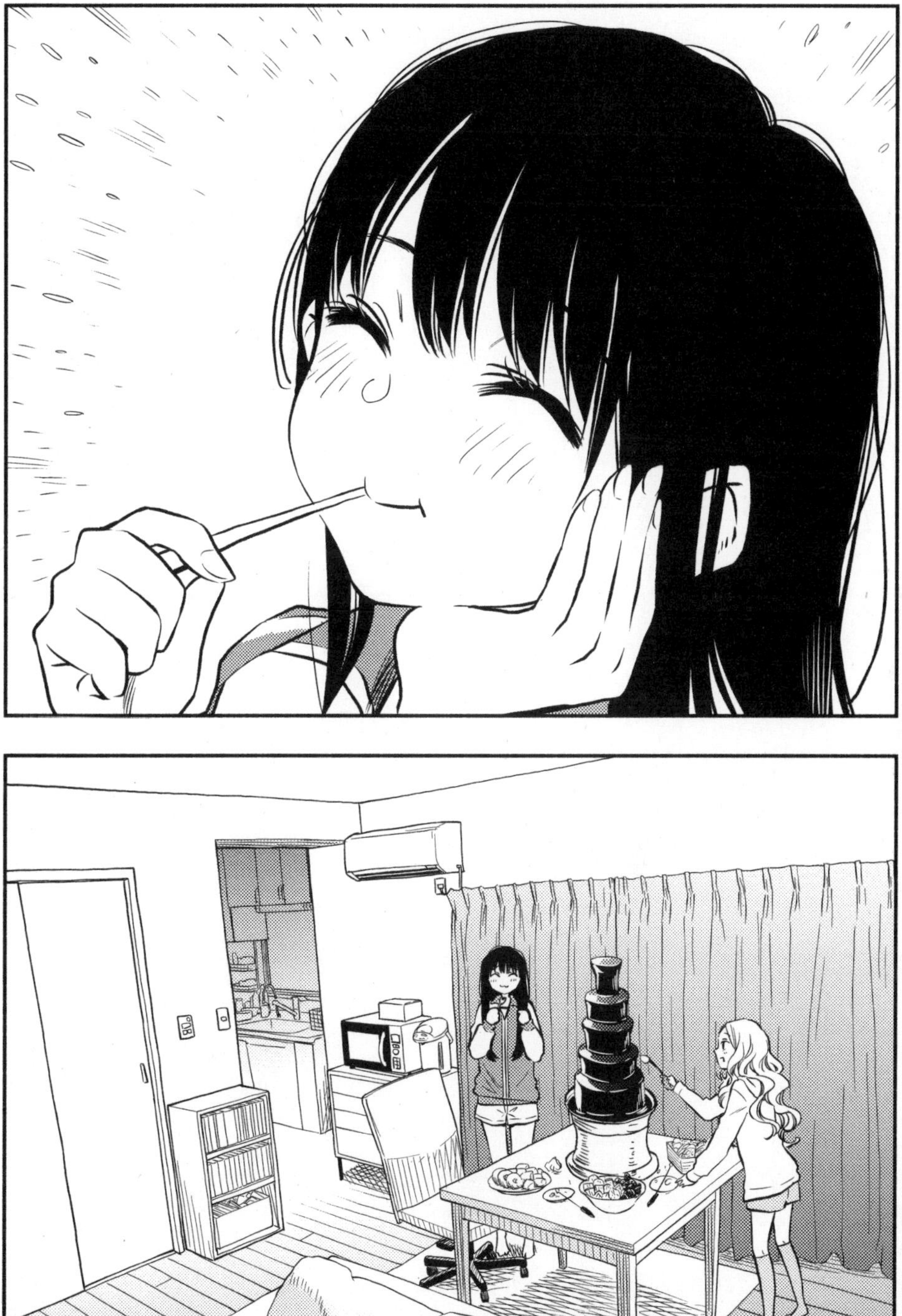

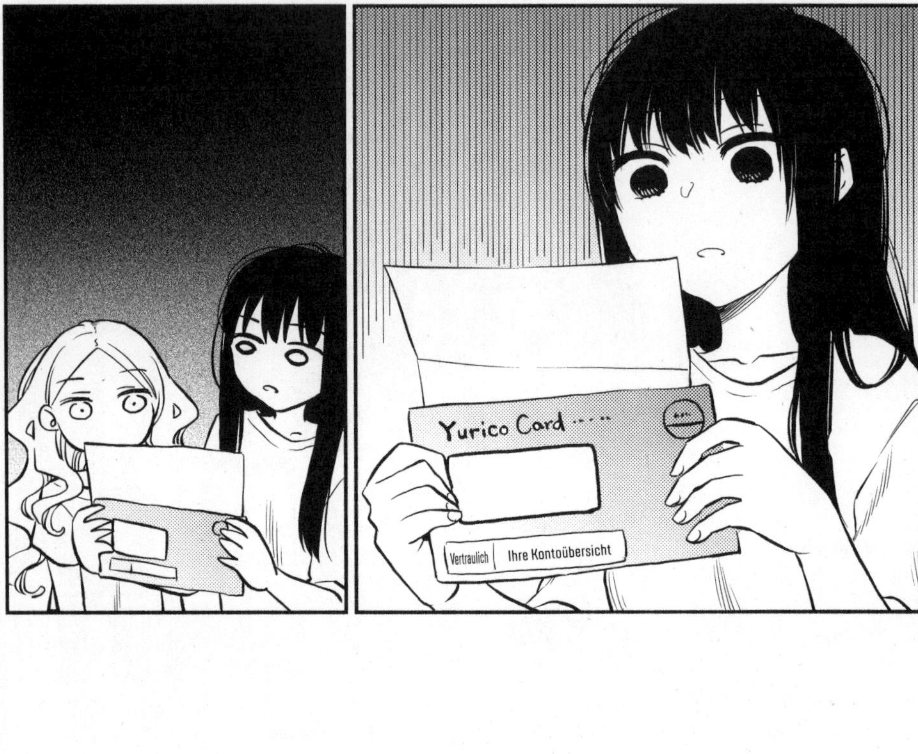
Yurico Card
Vertraulich
Ihre Kontoübersicht

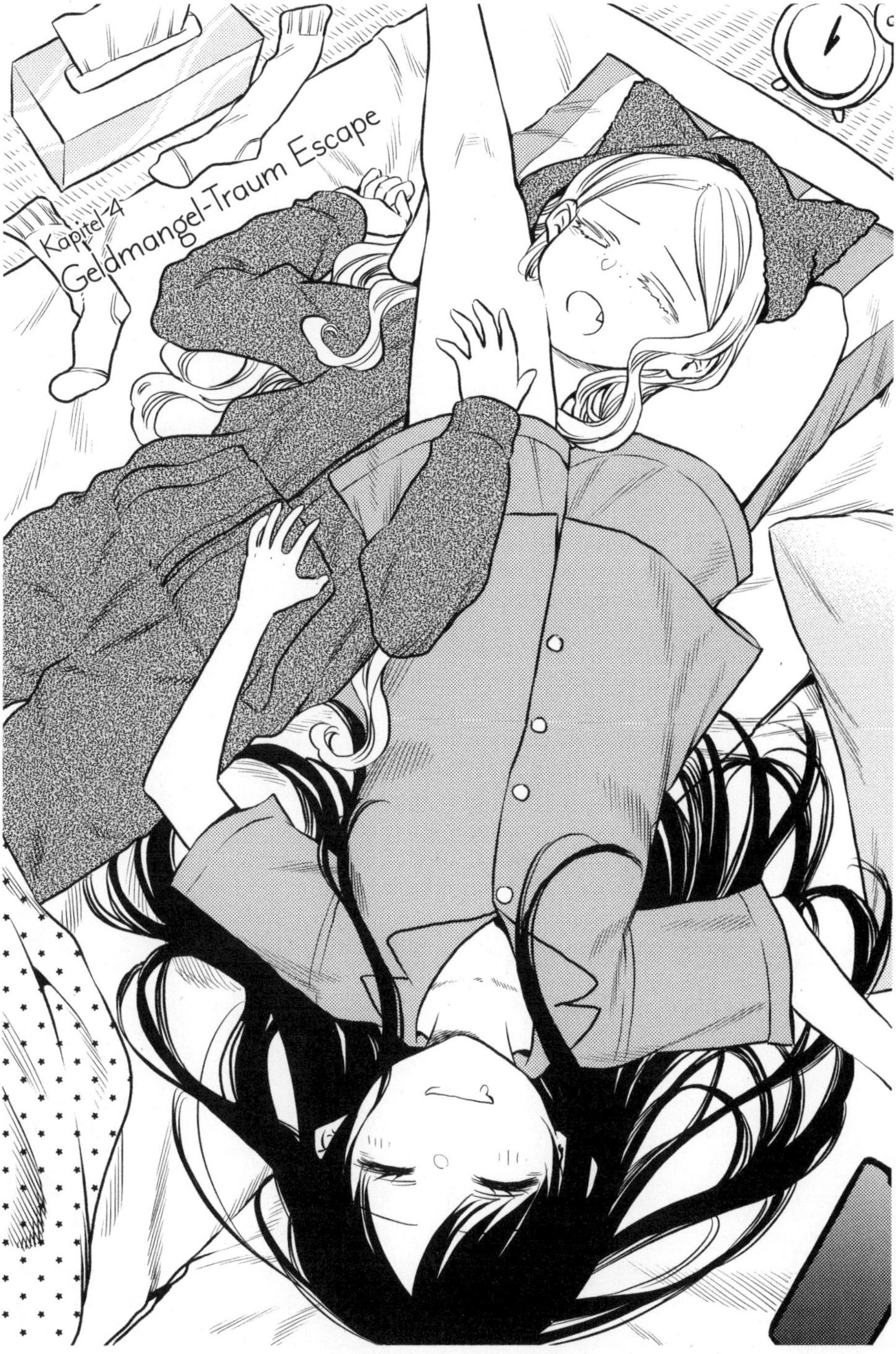
Kapitel 4
Geldmangel-Traum Escape

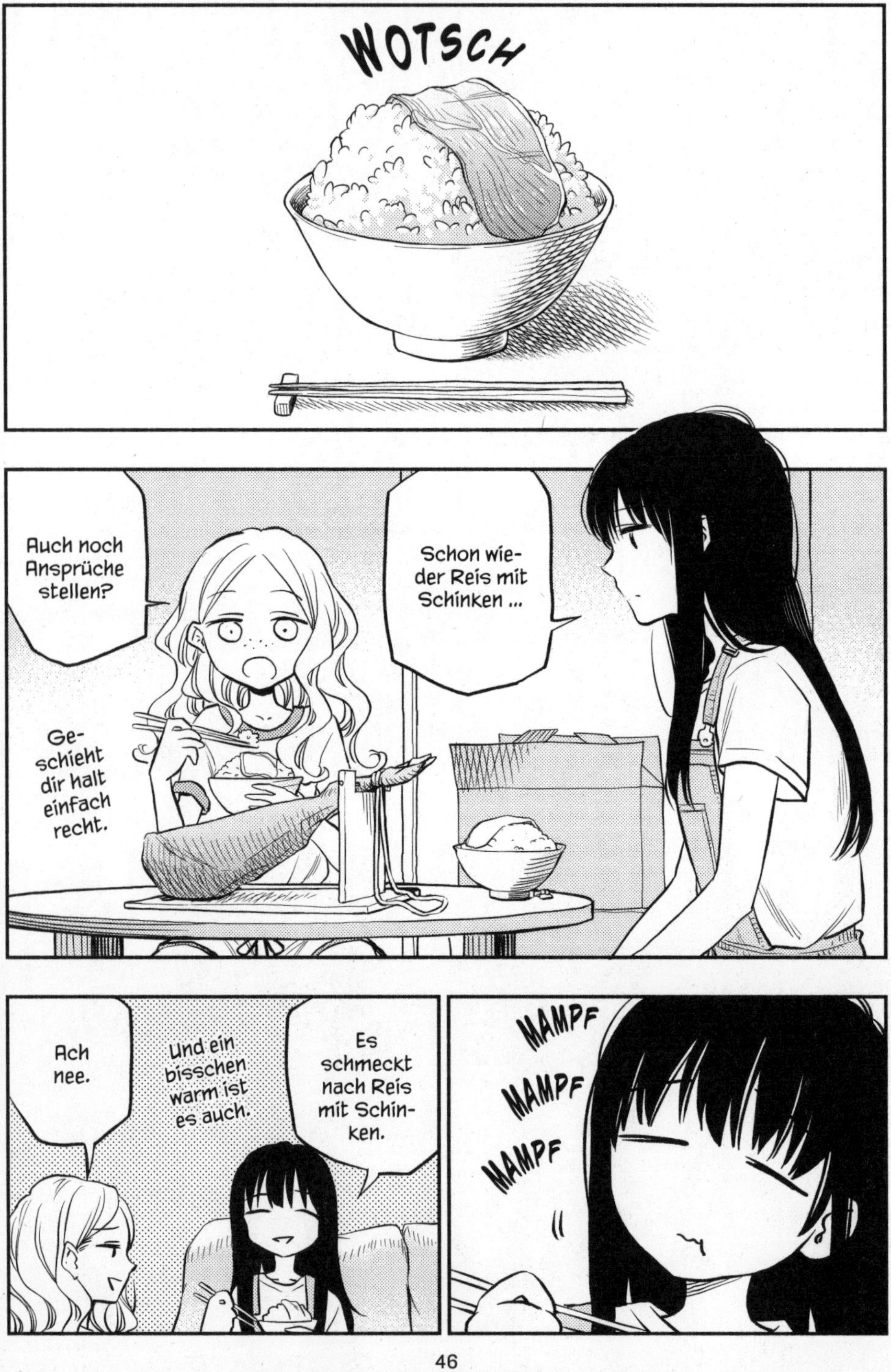
WOTSCH
Schon wieder Reis mit Schinken ...
Auch noch Ansprüche stellen?
Geschieht dir halt einfach recht.
MAMPF
MAMPF
MAMPF
Es schmeckt nach Reis mit Schinken.
Und ein bisschen warm ist es auch.
Ach nee.

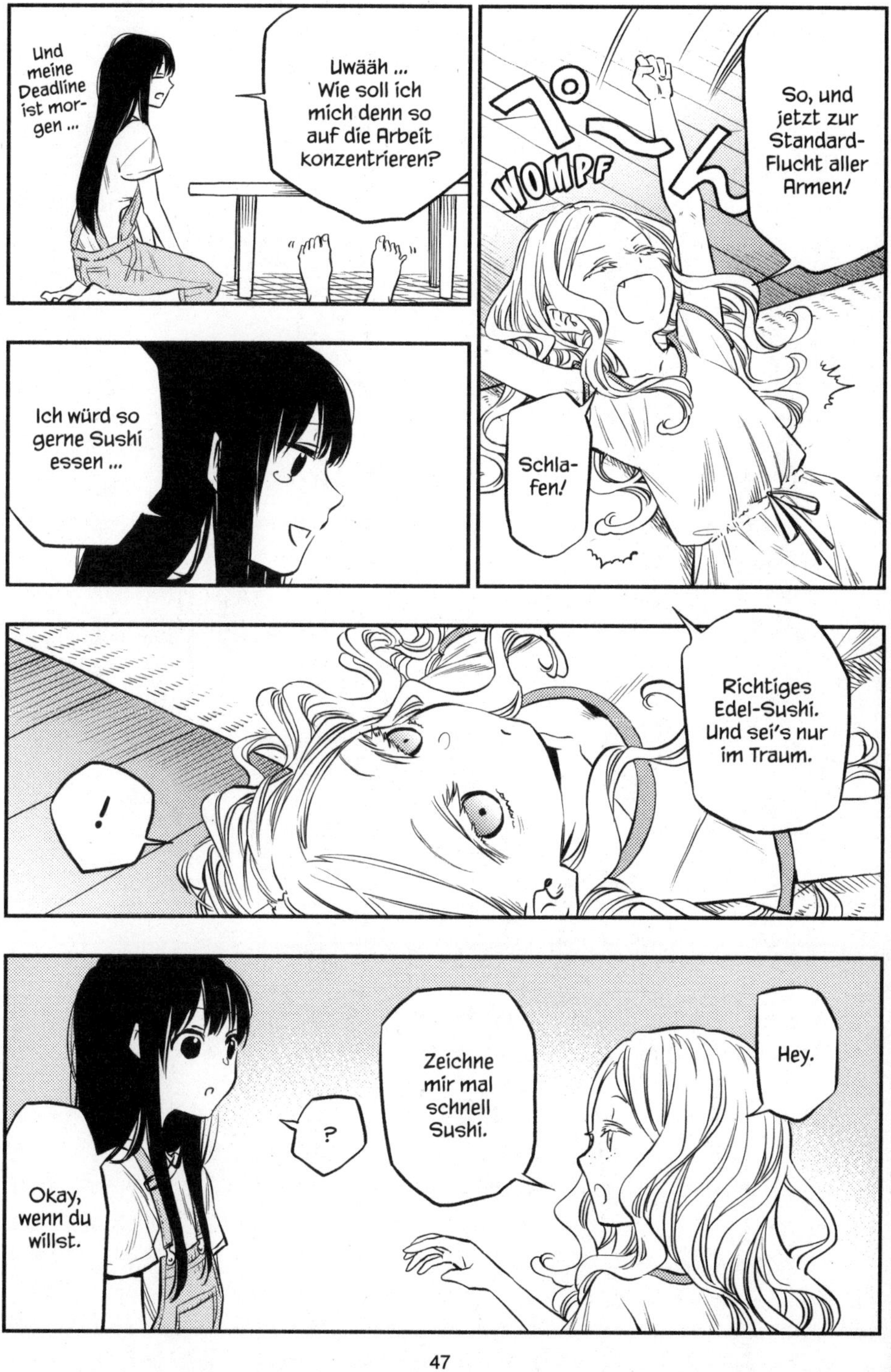

Uwääh ... Wie soll ich mich denn so auf die Arbeit konzentrieren?
Und meine Deadline ist morgen ...
So, und jetzt zur Standard-Flucht aller Armen!
WOMPF
Schlafen!
Ich würd so gerne Sushi essen ...
Richtiges Edel-Sushi. Und sei's nur im Traum.
!
Hey.
Zeichne mir mal schnell Sushi.
?
Okay, wenn du willst.

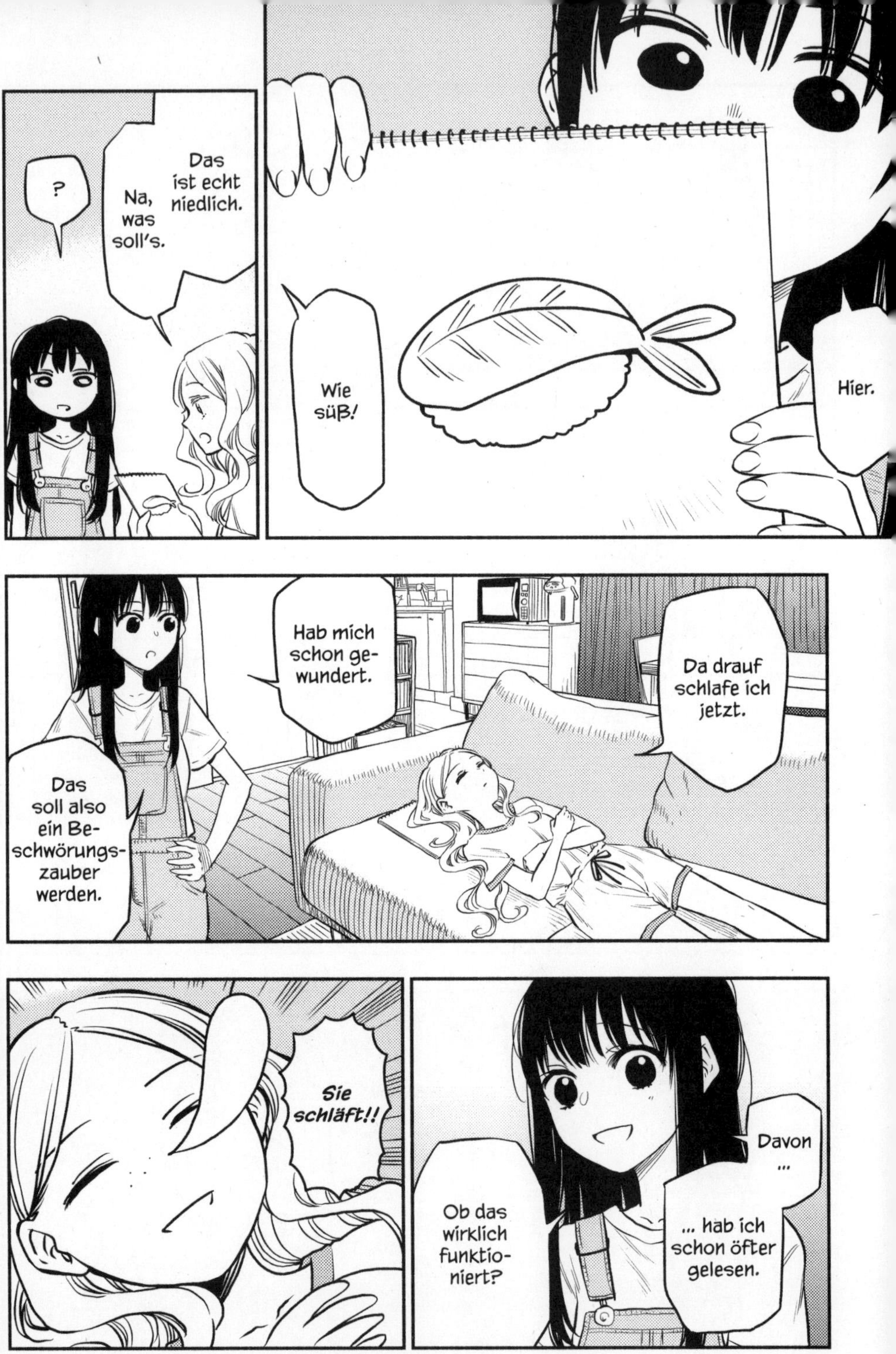
Hier.
Wie süß!
Das ist echt niedlich.
Na, was soll's.
?
Da drauf schlafe ich jetzt.
Hab mich schon ge-wundert.
Das soll also ein Be-schwörungs-zauber werden.
Davon ...
... hab ich schon öfter gelesen.
Ob das wirklich funktio-niert?
Sie schläft!!

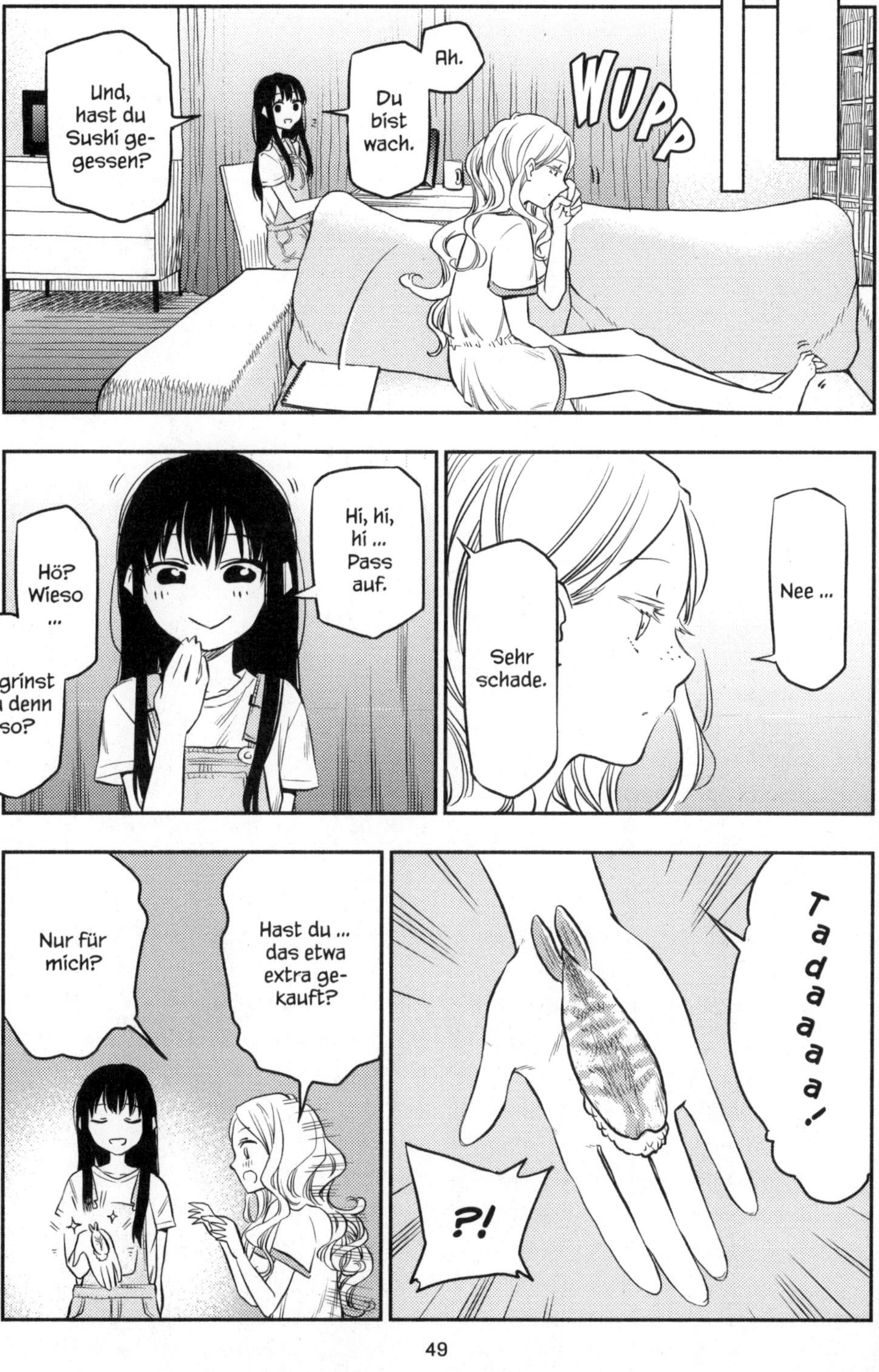

WUPP
Ah. Du bist wach.
Und, hast du Sushi gegessen?
Nee ...
Sehr schade.
Hi, hi, hi ... Pass auf.
Hö? Wieso ...
... grinst du denn so?
Tadaaaaa!
?!
Hast du ... das etwa extra gekauft?
Nur für mich?

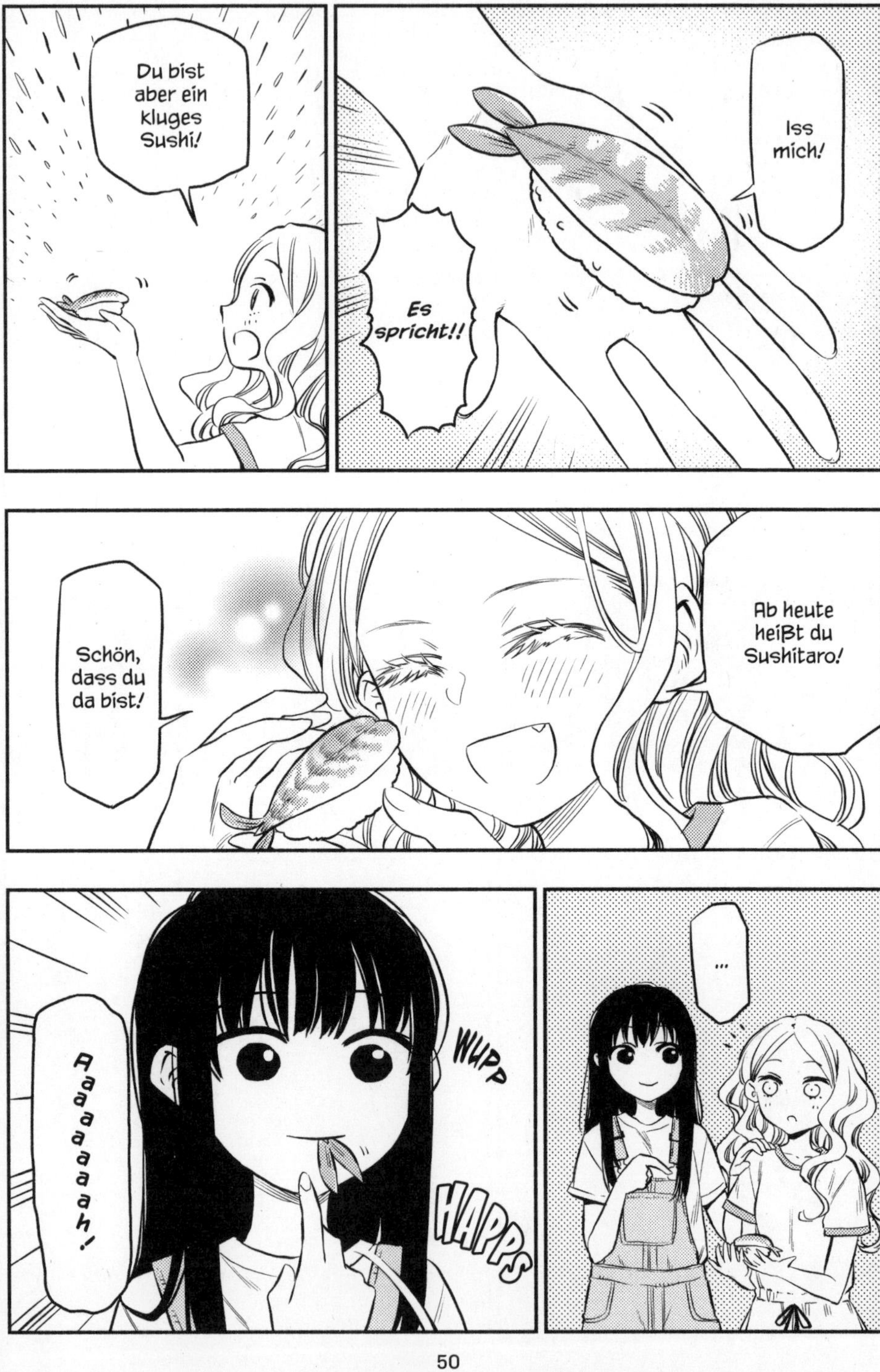
Iss mich!
Es spricht!!
Du bist aber ein kluges Sushi!
Ab heute heißt du Sushitaro!
Schön, dass du da bist!
...
WUPP
HAPPS
Aaaaaaaah!

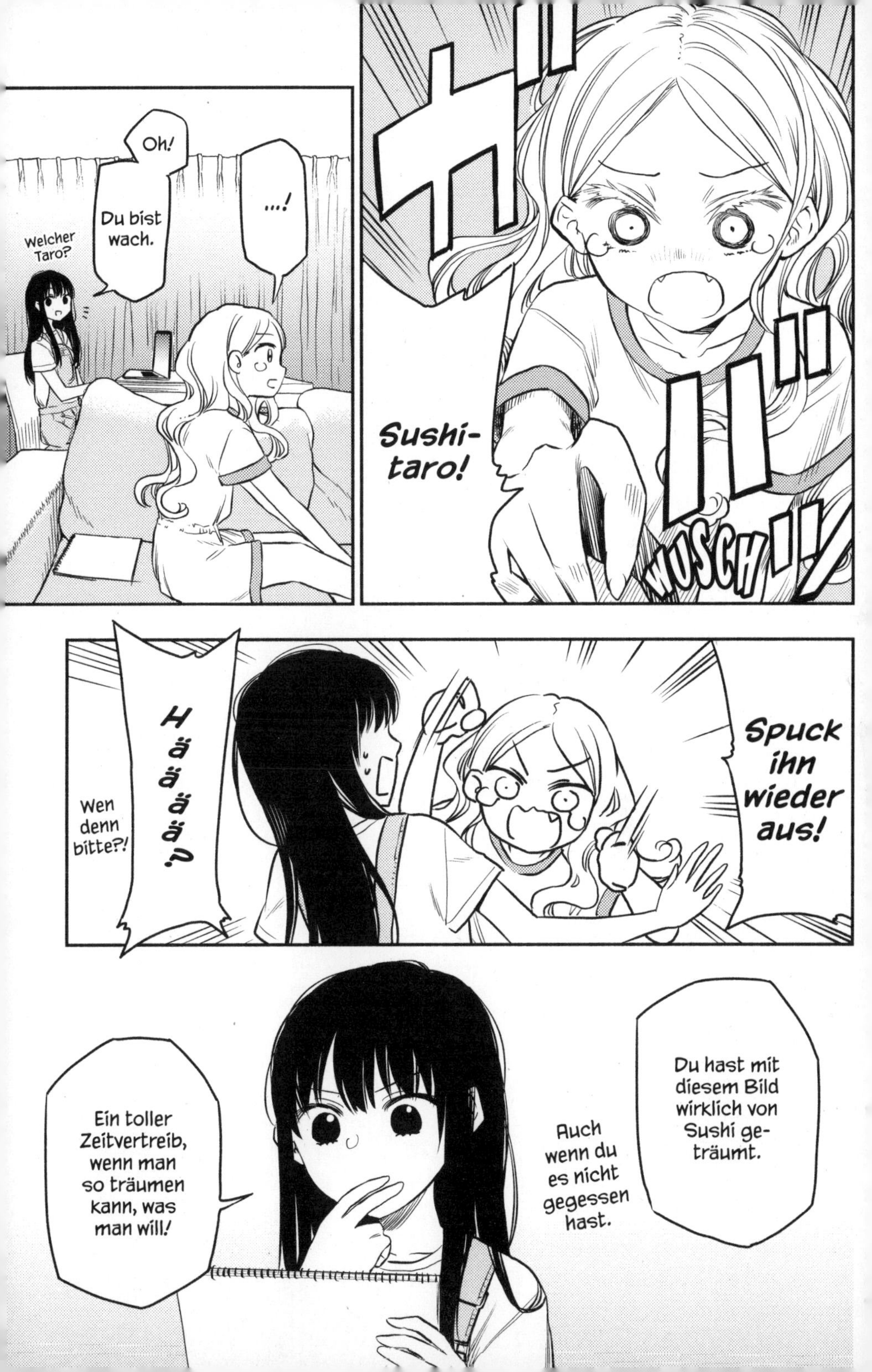
...!
Oh!
Du bist wach.
Sushi-taro!
WUSCH!!
Welcher Taro?
Spuck ihn wieder aus!
Häääää?
Wen denn bitte?!
Du hast mit diesem Bild wirklich von Sushi geträumt.
Auch wenn du es nicht gegessen hast.
Ein toller Zeitvertreib, wenn man so träumen kann, was man will!

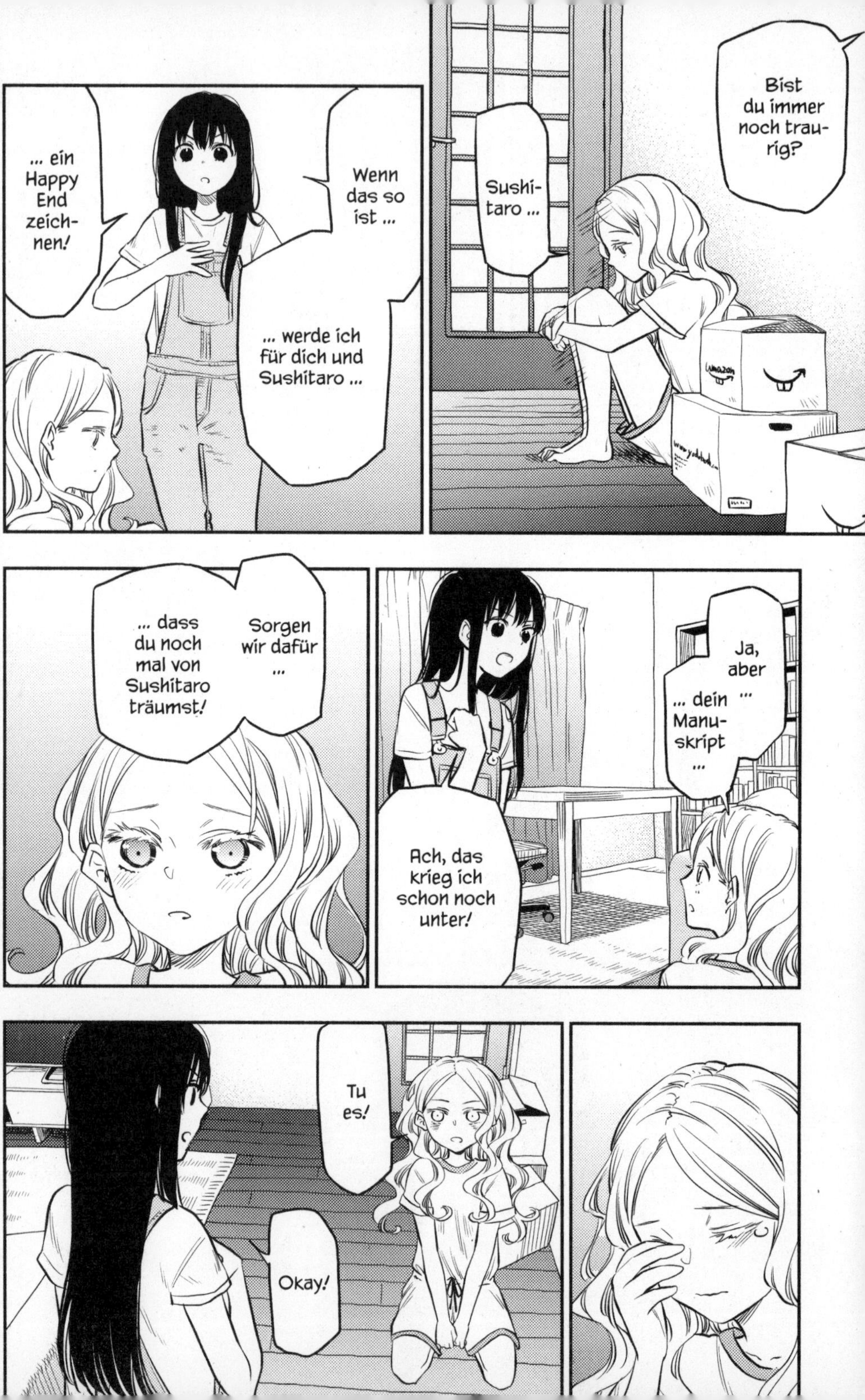

Bist du immer noch traurig?
Sushitaro ...
Wenn das so ist ...
... werde ich für dich und Sushitaro ...
... ein Happy End zeichnen!
Ja, aber ...
... dein Manuskript ...
Ach, das krieg ich schon noch unter!
Sorgen wir dafür ...
... dass du noch mal von Sushitaro träumst!
Tu es!
Okay!

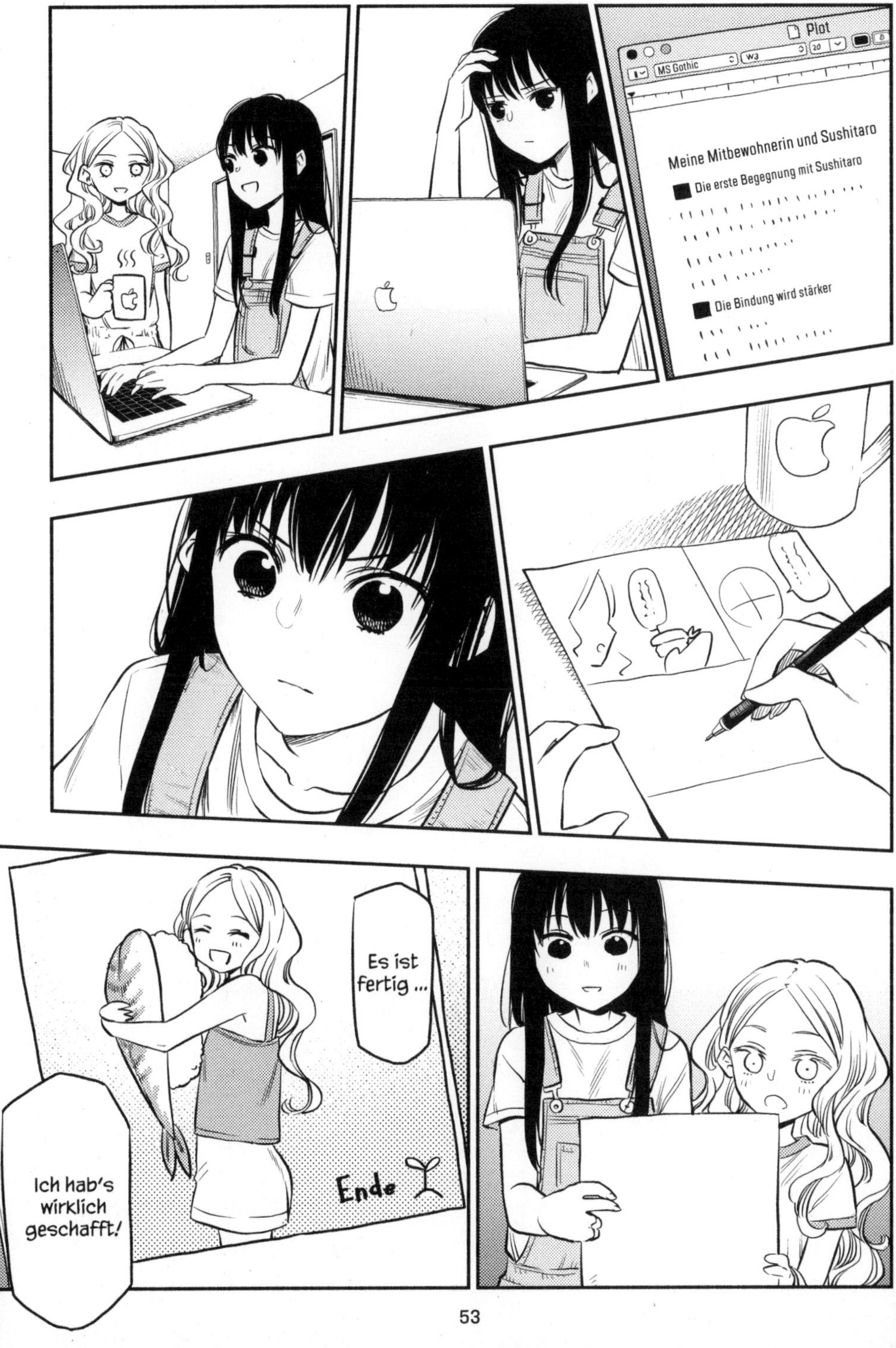
Plot
MS Gothic
W3
20
Meine Mitbewohnerin und Sushitaro
Die erste Begegnung mit Sushitaro
Die Bindung wird stärker
Es ist fertig ...
Ich hab's wirklich geschafft!
Ende

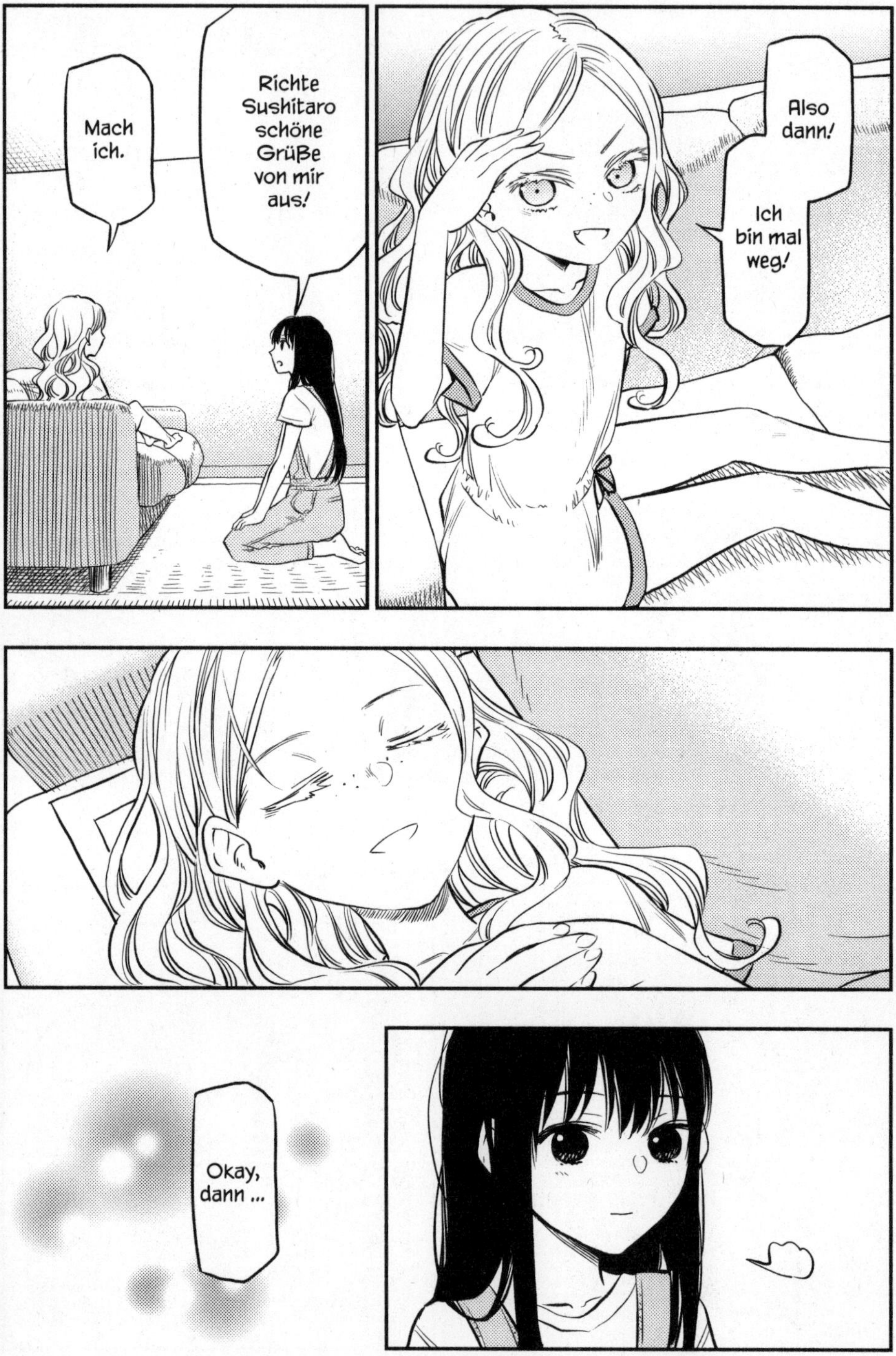
Also dann!
Ich bin mal weg!
Richte Sushitaro schöne Grüße von mir aus!
Mach ich.
Okay, dann ...

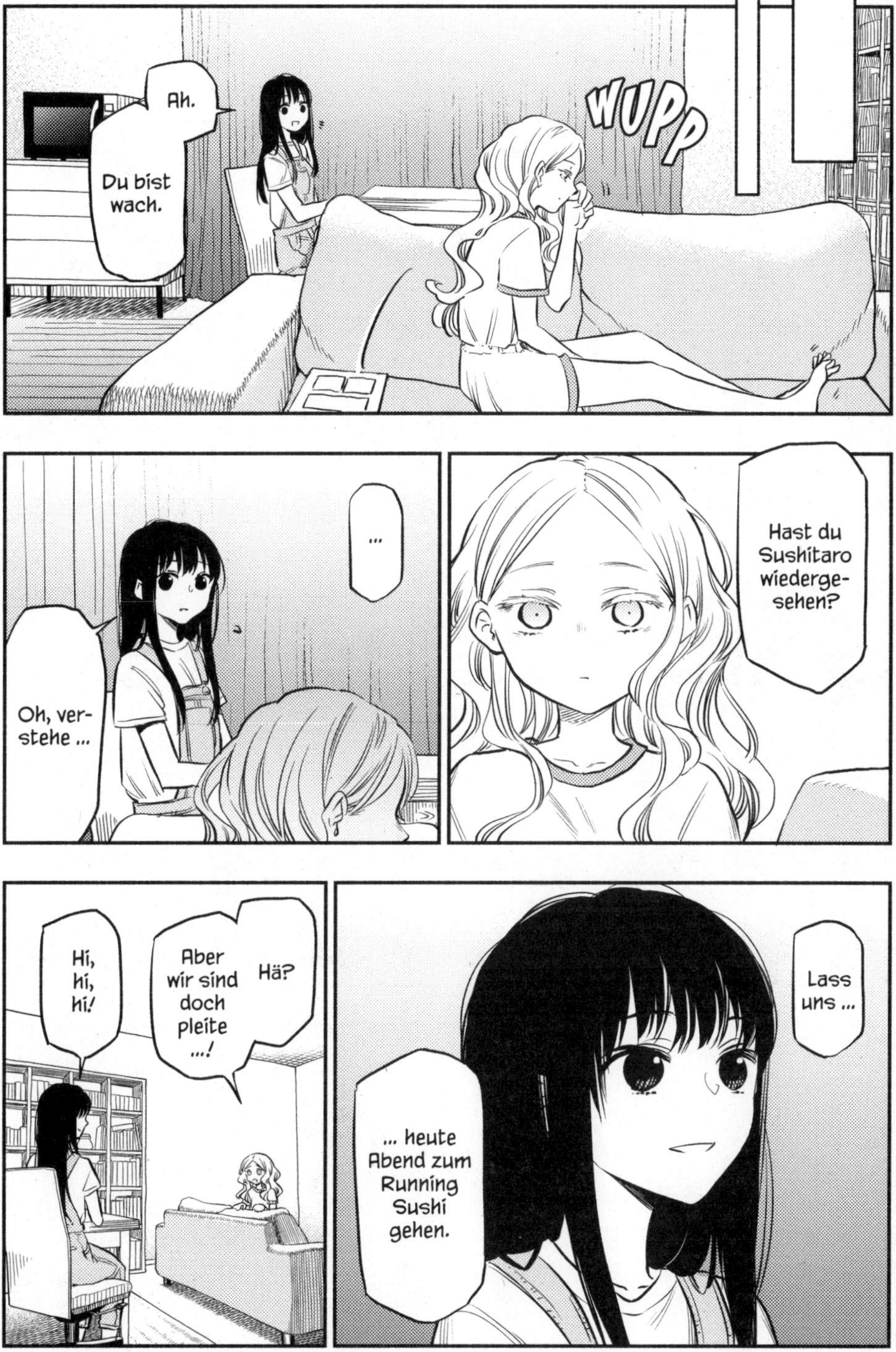
WUPP
Ah.
Du bist wach.
Hast du Sushitaro wiedergesehen?
...
Oh, verstehe ...
Lass uns ...
... heute Abend zum Running Sushi gehen.
Hä?
Aber wir sind doch pleite ...!
Hi, hi, hi!

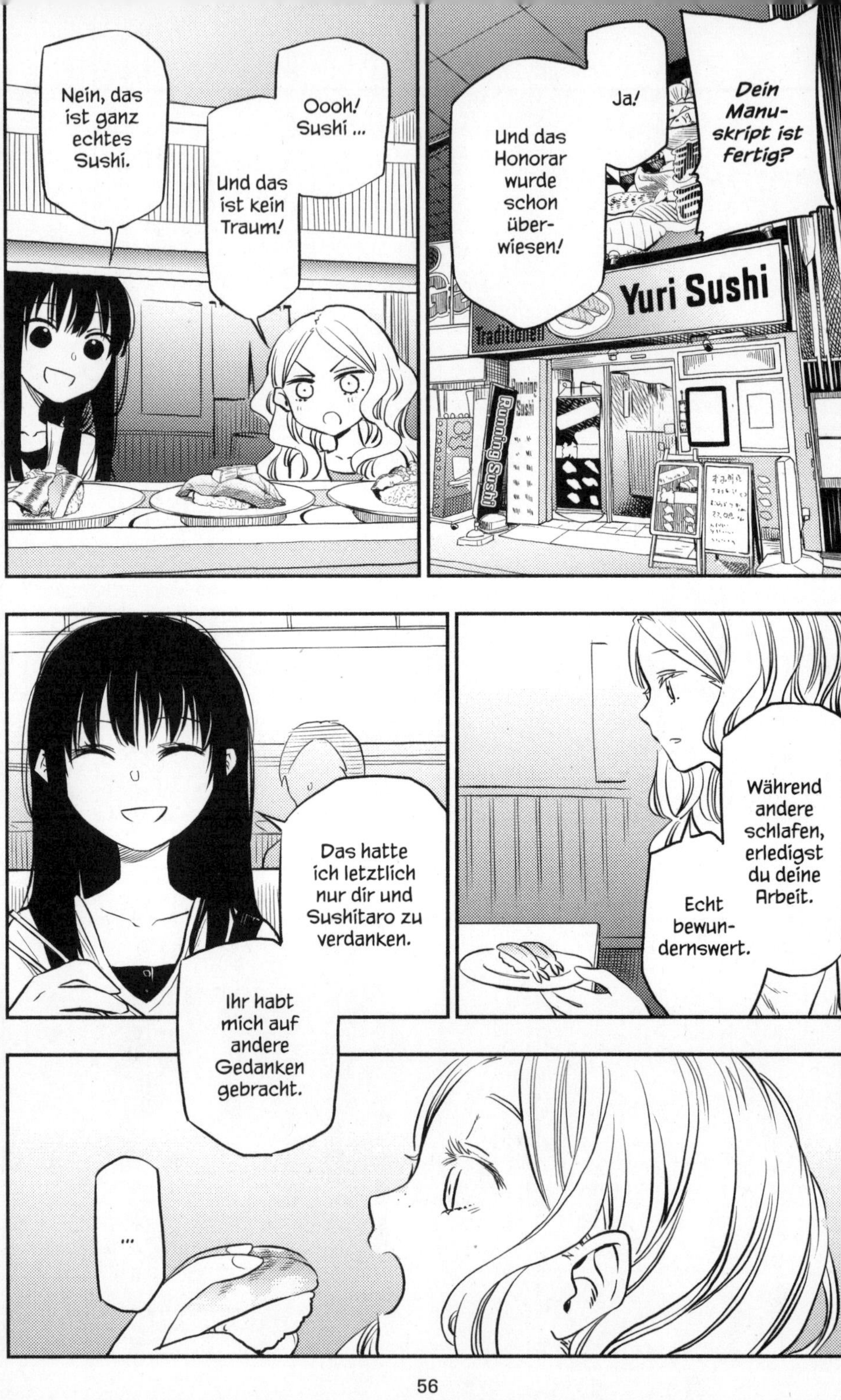
Dein Manuskript ist fertig?
Ja!
Und das Honorar wurde schon überwiesen!
Yuri Sushi
Traditionell
Running Sushi
Oooh! Sushi ...
Und das ist kein Traum!
Nein, das ist ganz echtes Sushi.
Während andere schlafen, erledigst du deine Arbeit.
Echt bewundernswert.
Das hatte ich letztlich nur dir und Sushitaro zu verdanken.
Ihr habt mich auf andere Gedanken gebracht.
...

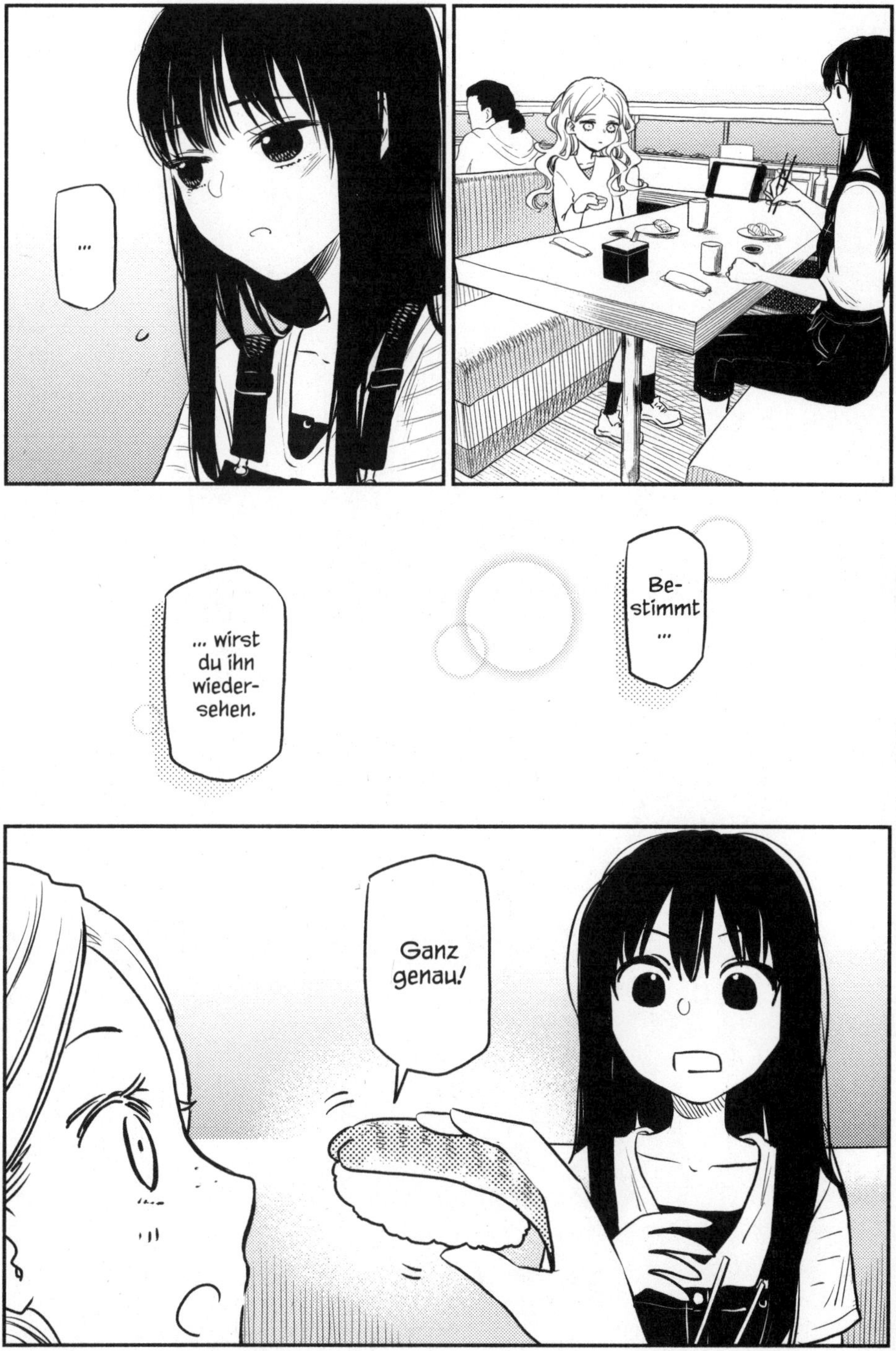
...
Bestimmt ...
... wirst du ihn wiedersehen.
Ganz genau!

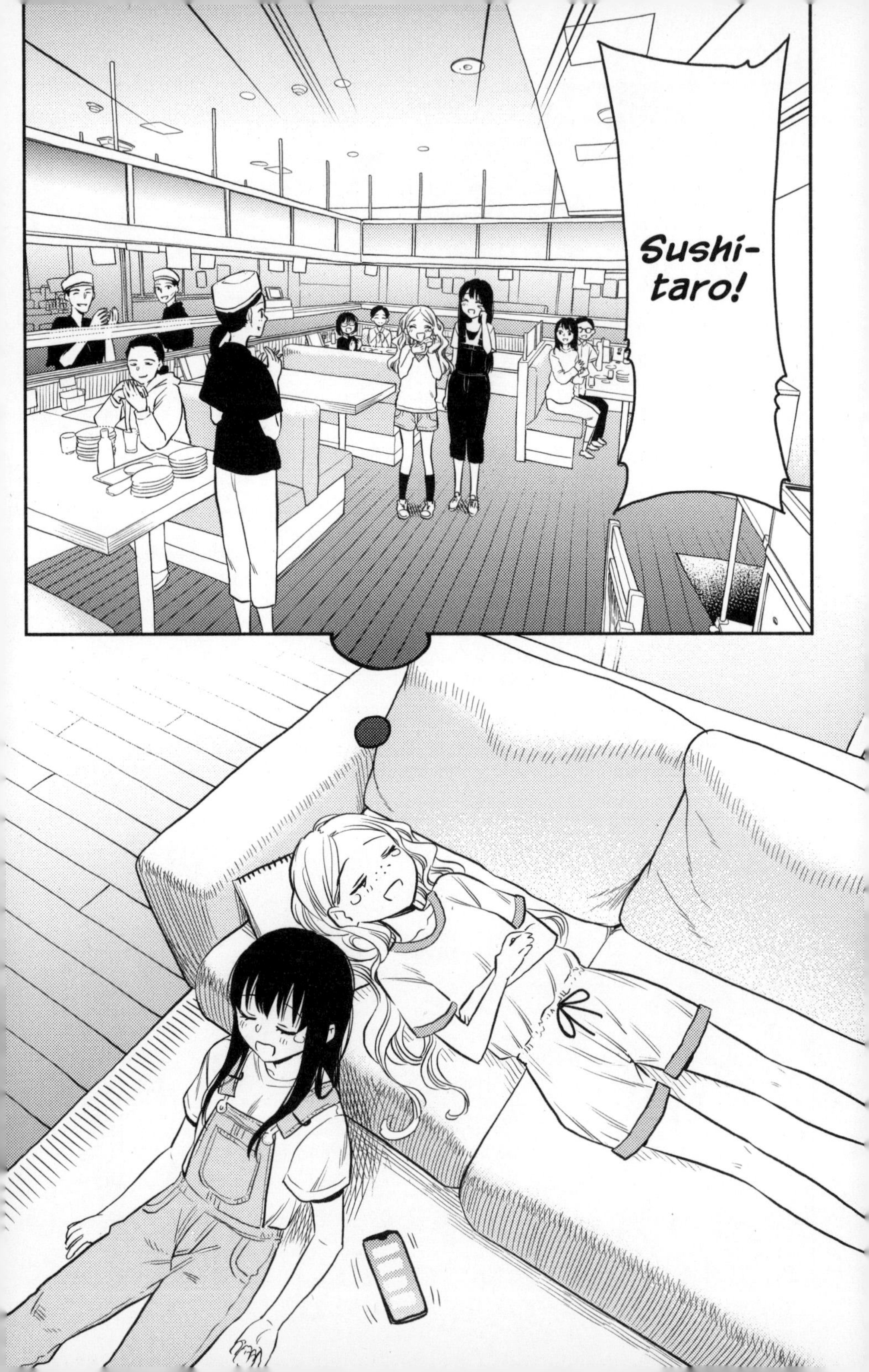
Sushi-
taro!

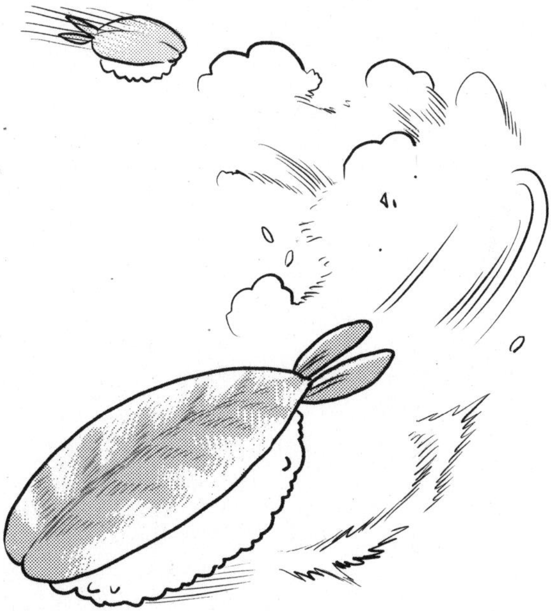

Everyday Escape

Shouichi Taguchi

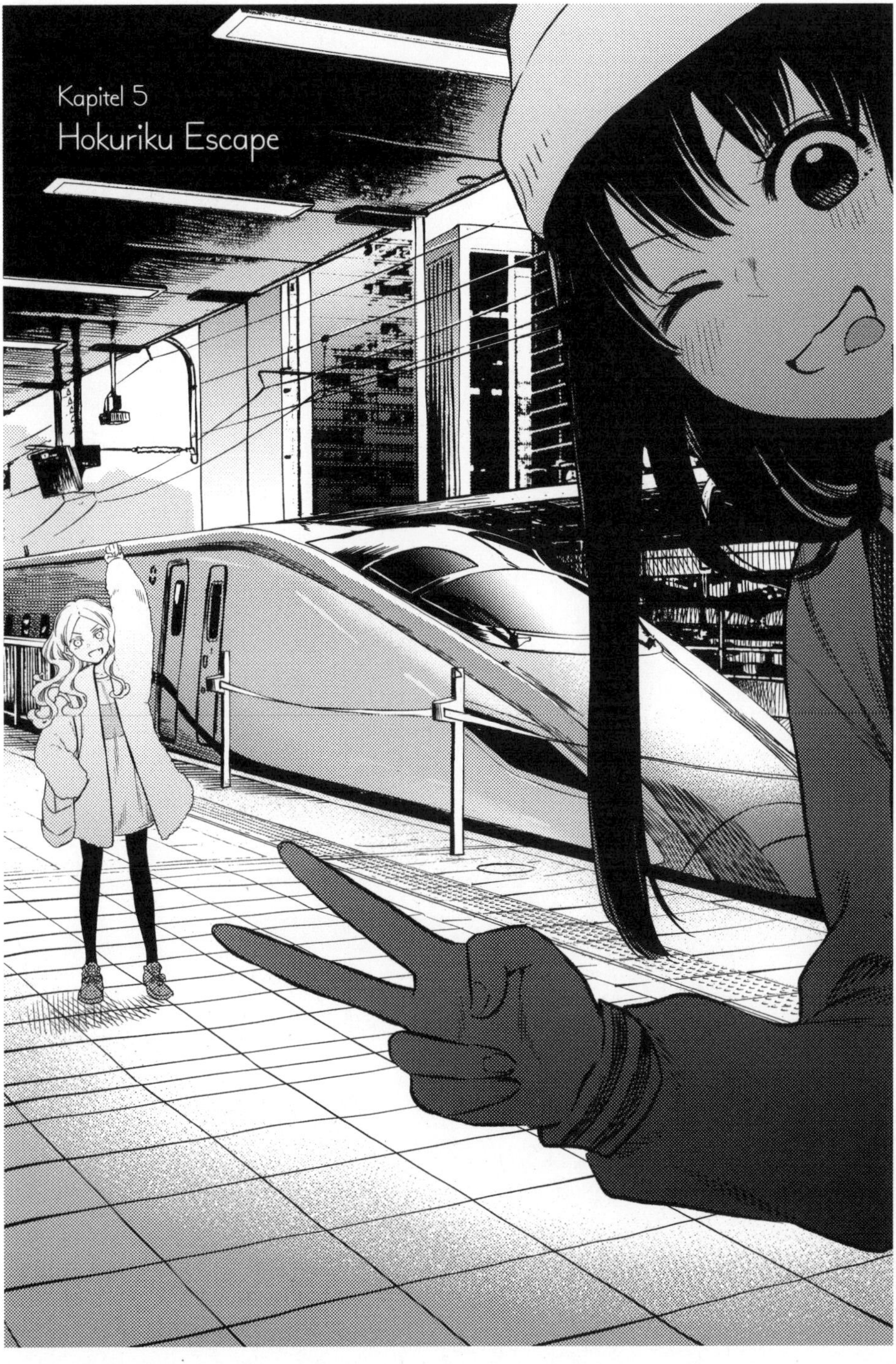
Kapitel 5
Hokuriku Escape

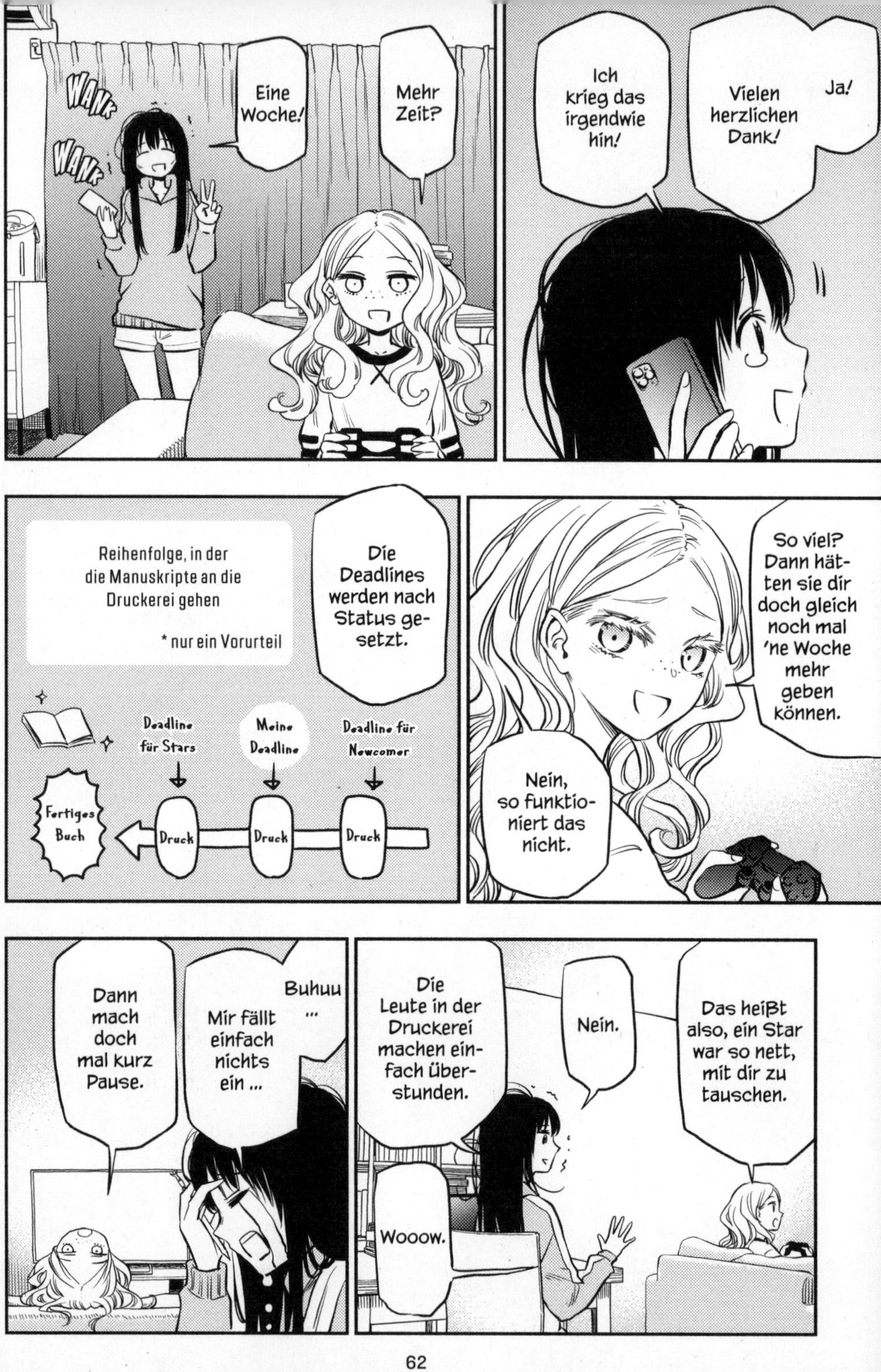
Ja!
Vielen herzlichen Dank!
Ich krieg das irgendwie hin!
Mehr Zeit?
Eine Woche!
WANK
WANK
So viel? Dann hätten sie dir doch gleich noch mal 'ne Woche mehr geben können.
Nein, so funktioniert das nicht.
Die Deadlines werden nach Status gesetzt.
Reihenfolge, in der die Manuskripte an die Druckerei gehen
* nur ein Vorurteil
Deadline für Stars
Meine Deadline
Deadline für Newcomer
Fertiges Buch
Druck
Druck
Druck
Das heißt also, ein Star war so nett, mit dir zu tauschen.
Nein.
Die Leute in der Druckerei machen einfach überstunden.
Wooow.
Buhuu ...
Mir fällt einfach nichts ein ...
Dann mach doch mal kurz Pause.

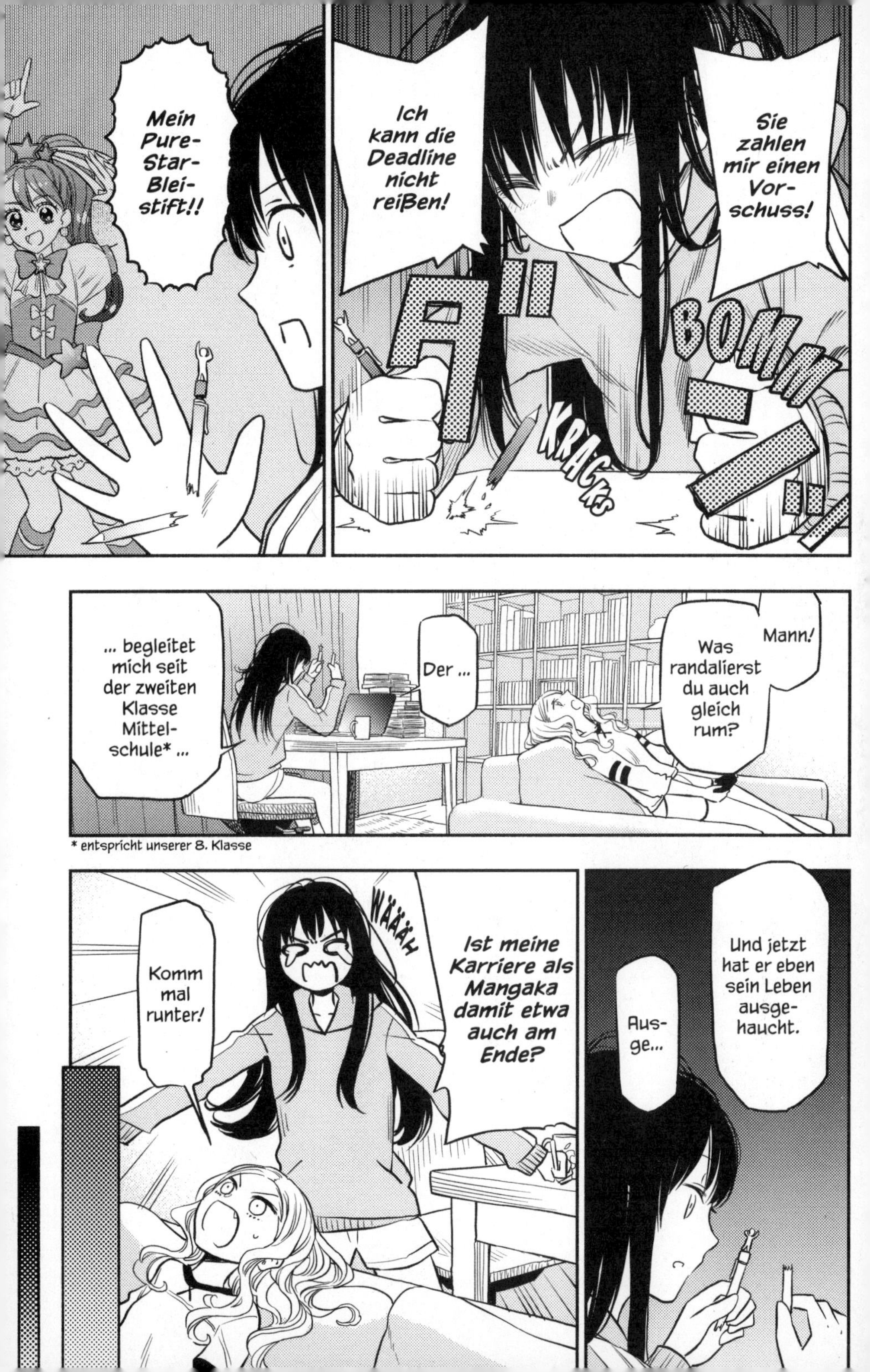

* entspricht unserer 8. Klasse

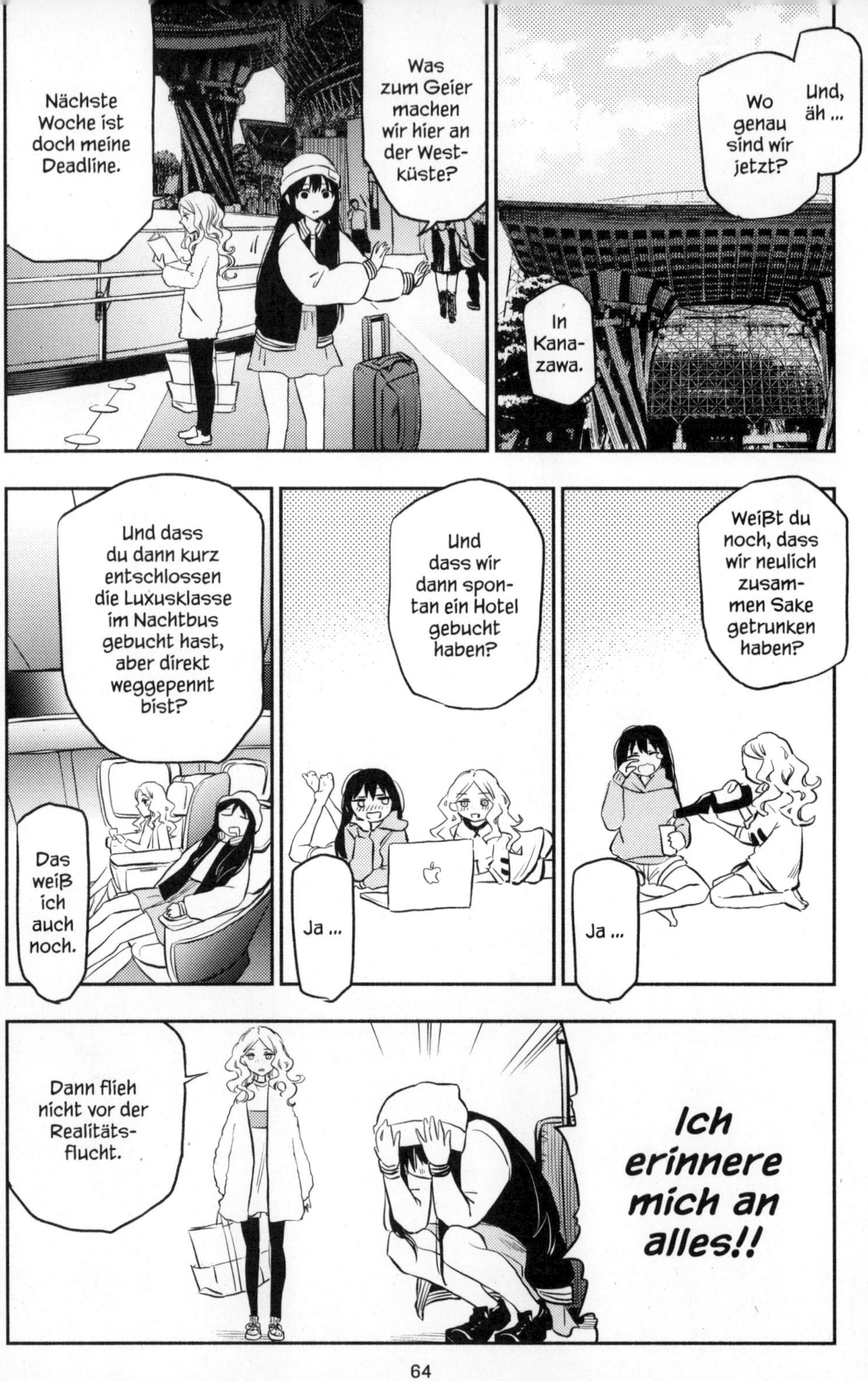
Und, äh ...
Wo genau sind wir jetzt?
In Kanazawa.
Was zum Geier machen wir hier an der Westküste?
Nächste Woche ist doch meine Deadline.
Weißt du noch, dass wir neulich zusammen Sake getrunken haben?
Ja ...
Und dass wir dann spontan ein Hotel gebucht haben?
Ja ...
Und dass du dann kurz entschlossen die Luxusklasse im Nachtbus gebucht hast, aber direkt weggepennt bist?
Das weiß ich auch noch.
Ich erinnere mich an alles!!
Dann flieh nicht vor der Realitätsflucht.

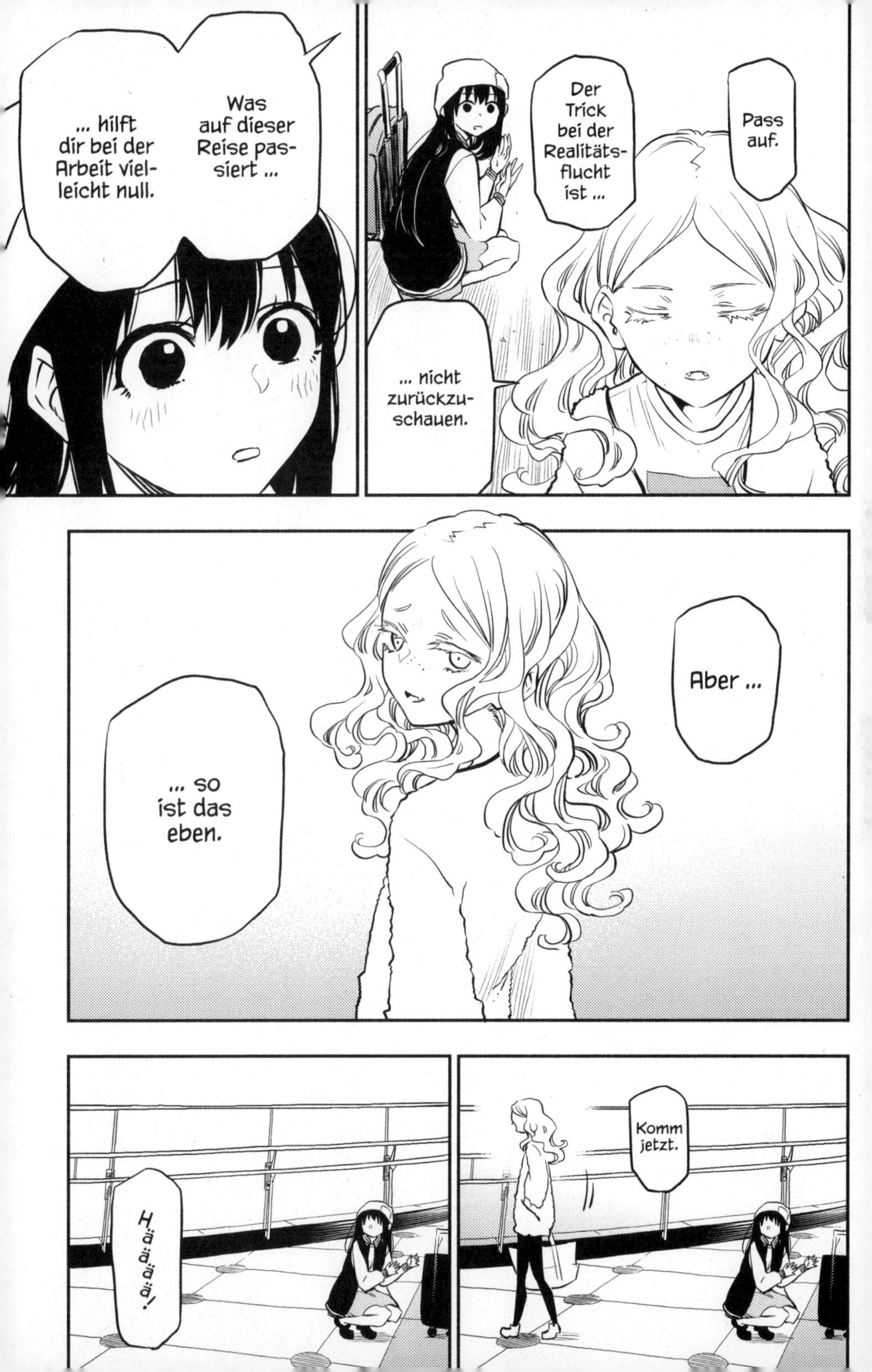
Pass auf.
Der Trick bei der Realitätsflucht ist ...
... nicht zurückzuschauen.
Was auf dieser Reise passiert ...
... hilft dir bei der Arbeit vielleicht null.
Aber ...
... so ist das eben.
Komm jetzt.
Hääää!

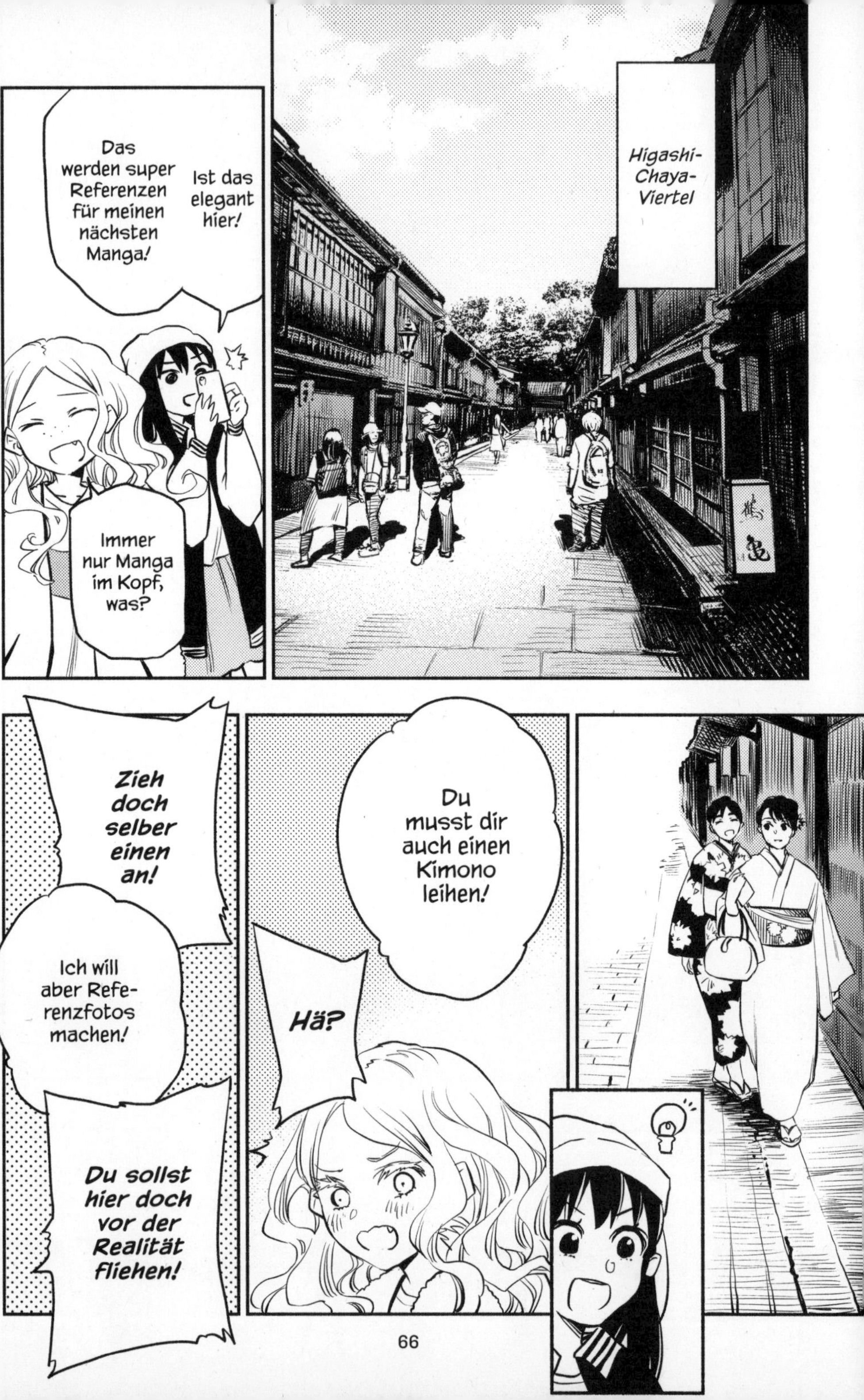

Higashi-Chaya-Viertel
Ist das elegant hier!
Das werden super Referenzen für meinen nächsten Manga!
Immer nur Manga im Kopf, was?
Du musst dir auch einen Kimono leihen!
Hä?
Zieh doch selber einen an!
Ich will aber Refe-renzfotos machen!
Du sollst hier doch vor der Realität fliehen!

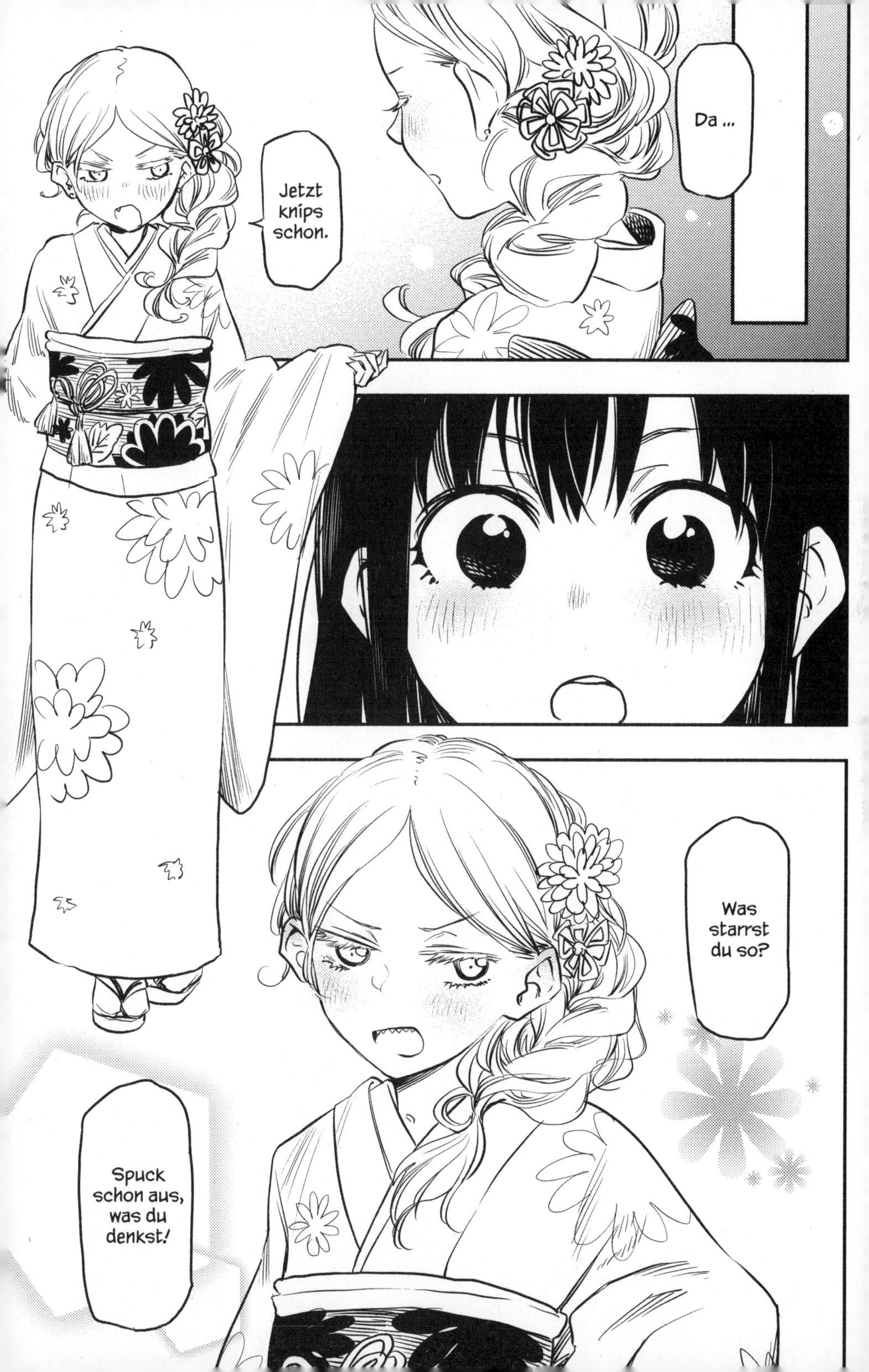
Da ...
Jetzt knips schon.
Was starrst du so?
Spuck schon aus, was du denkst!

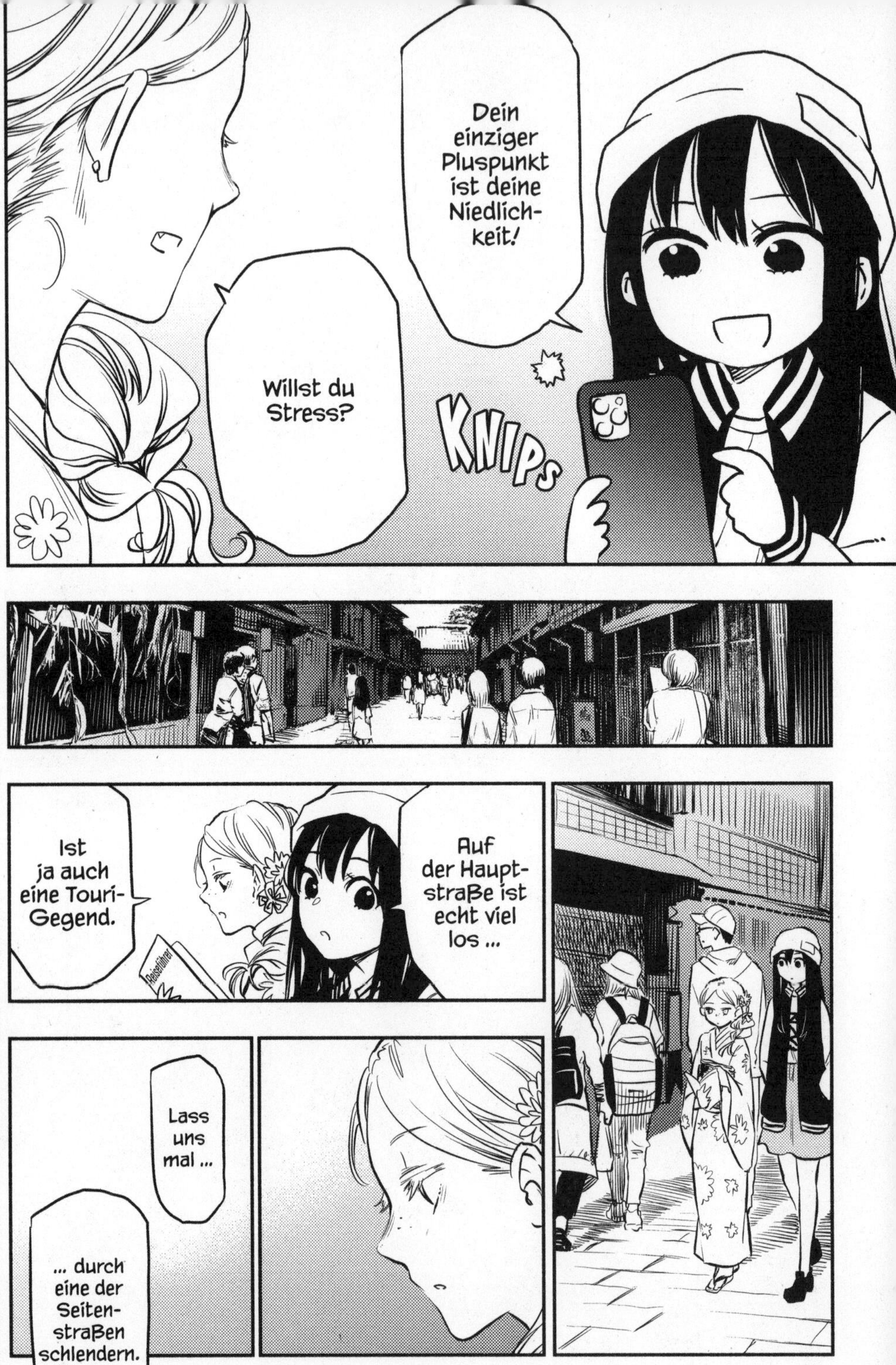
Dein einziger Pluspunkt ist deine Niedlich-keit!
KNIPS
Willst du Stress?
Auf der Haupt-straße ist echt viel los ...
Ist ja auch eine Touri-Gegend.
Lass uns mal ...
... durch eine der Seiten-straßen schlendern.

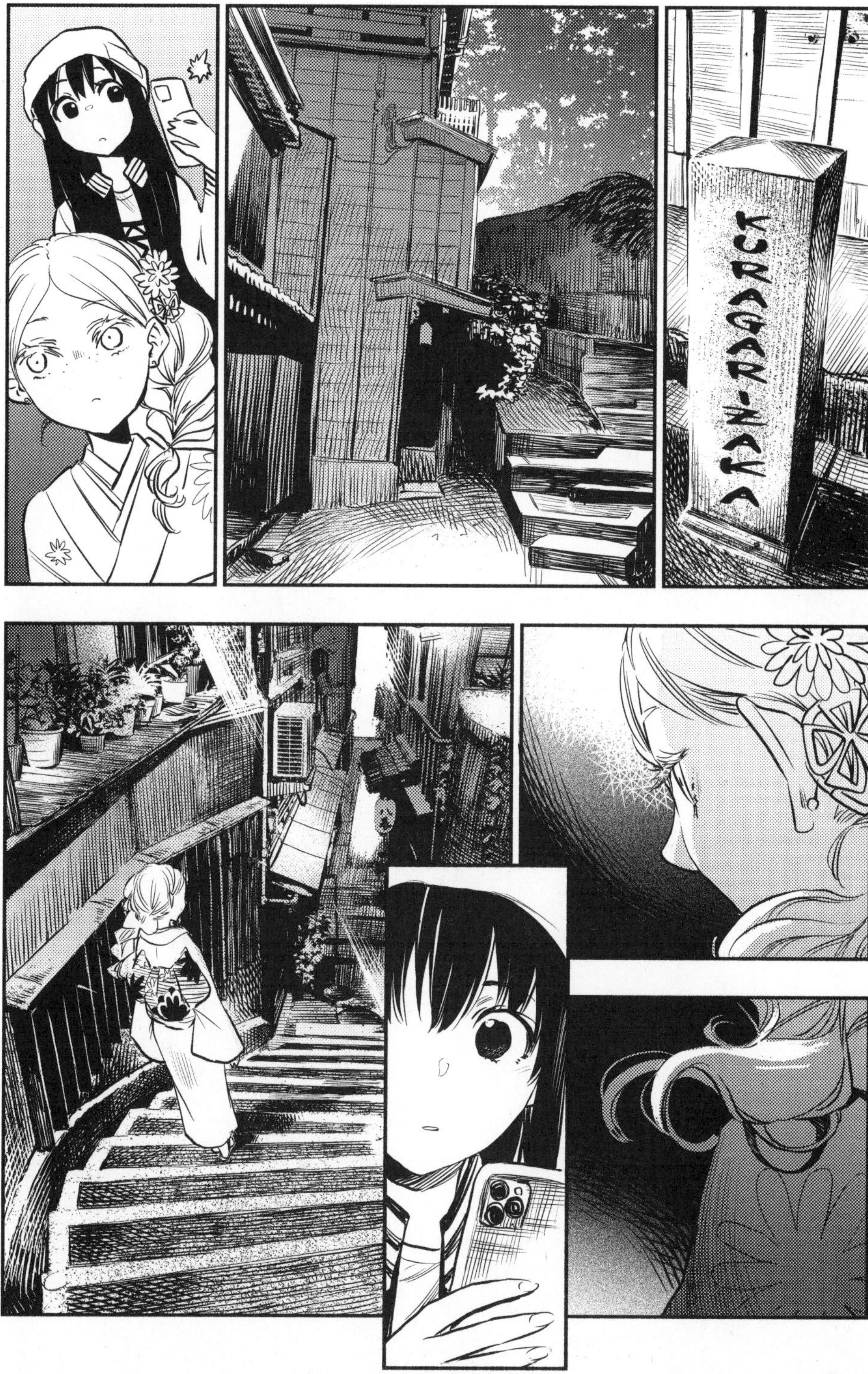
KURAGARI-ZAKA

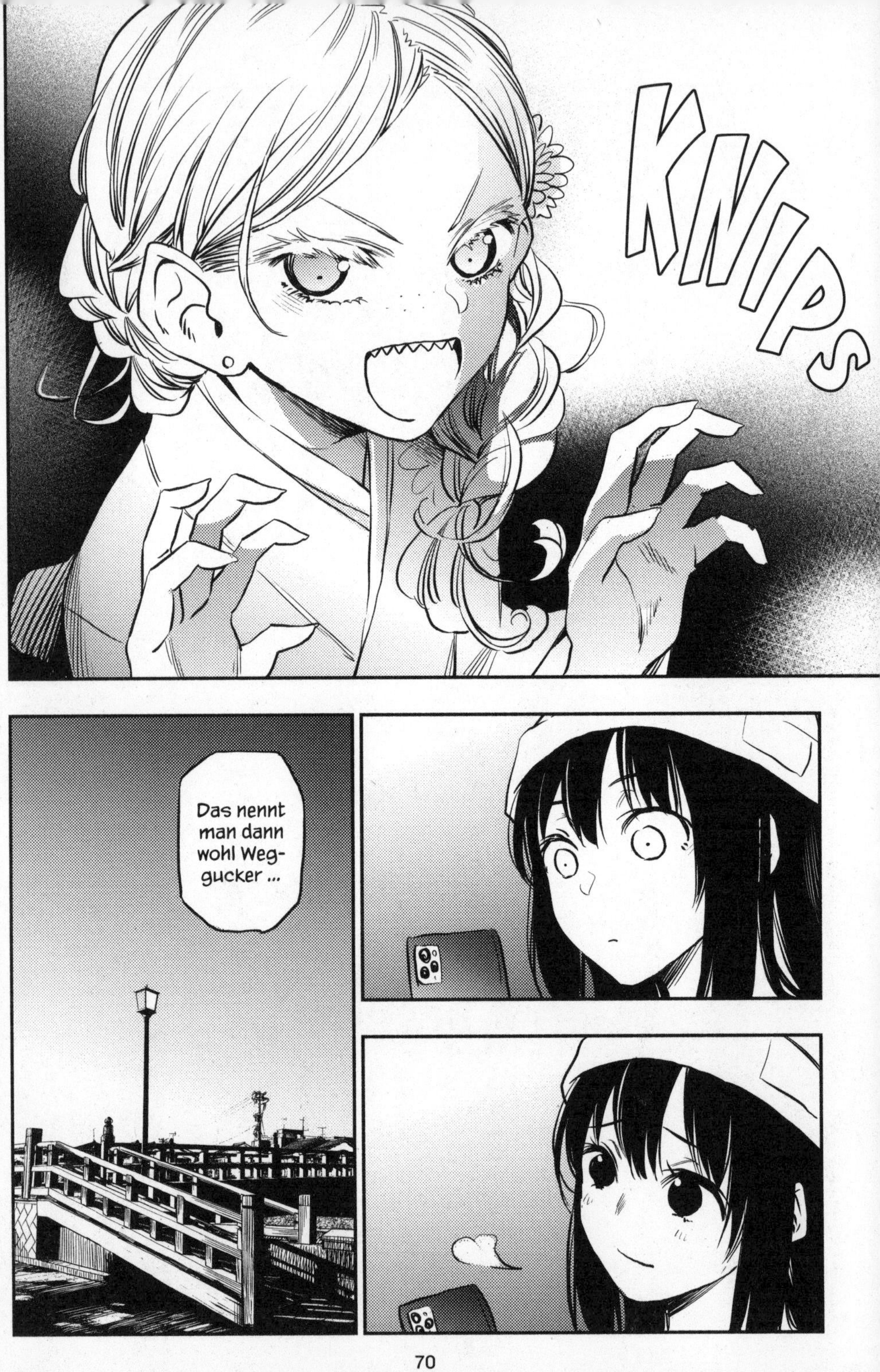
KNIPS
Das nennt man dann wohl Weg-gucker ...

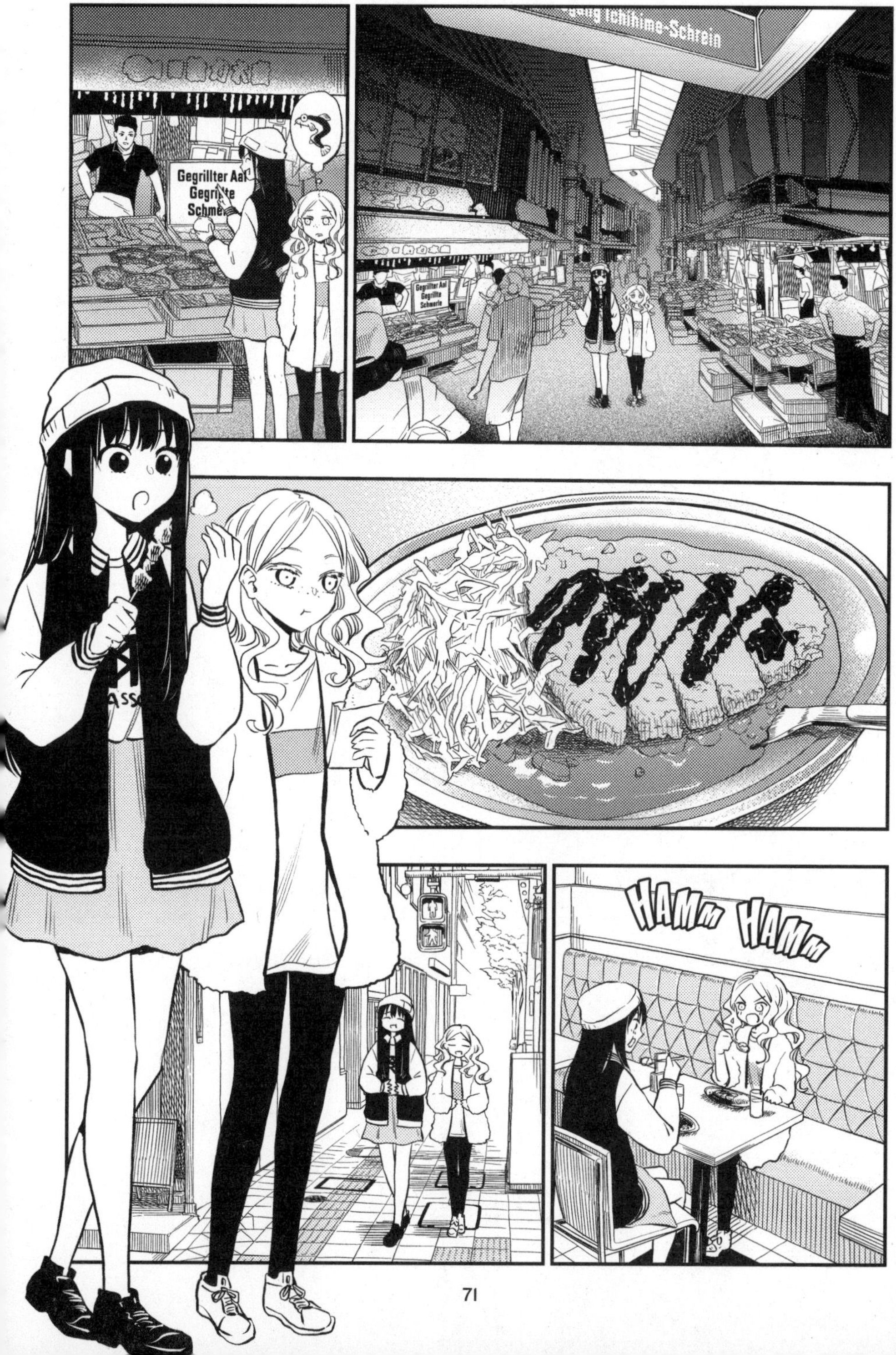
Ichihime-Schrein
Gegrillter Aa
Gegrillte
Schme
Gegrillter Aal
Gegrillte
Schmerle
HAMM HAMM

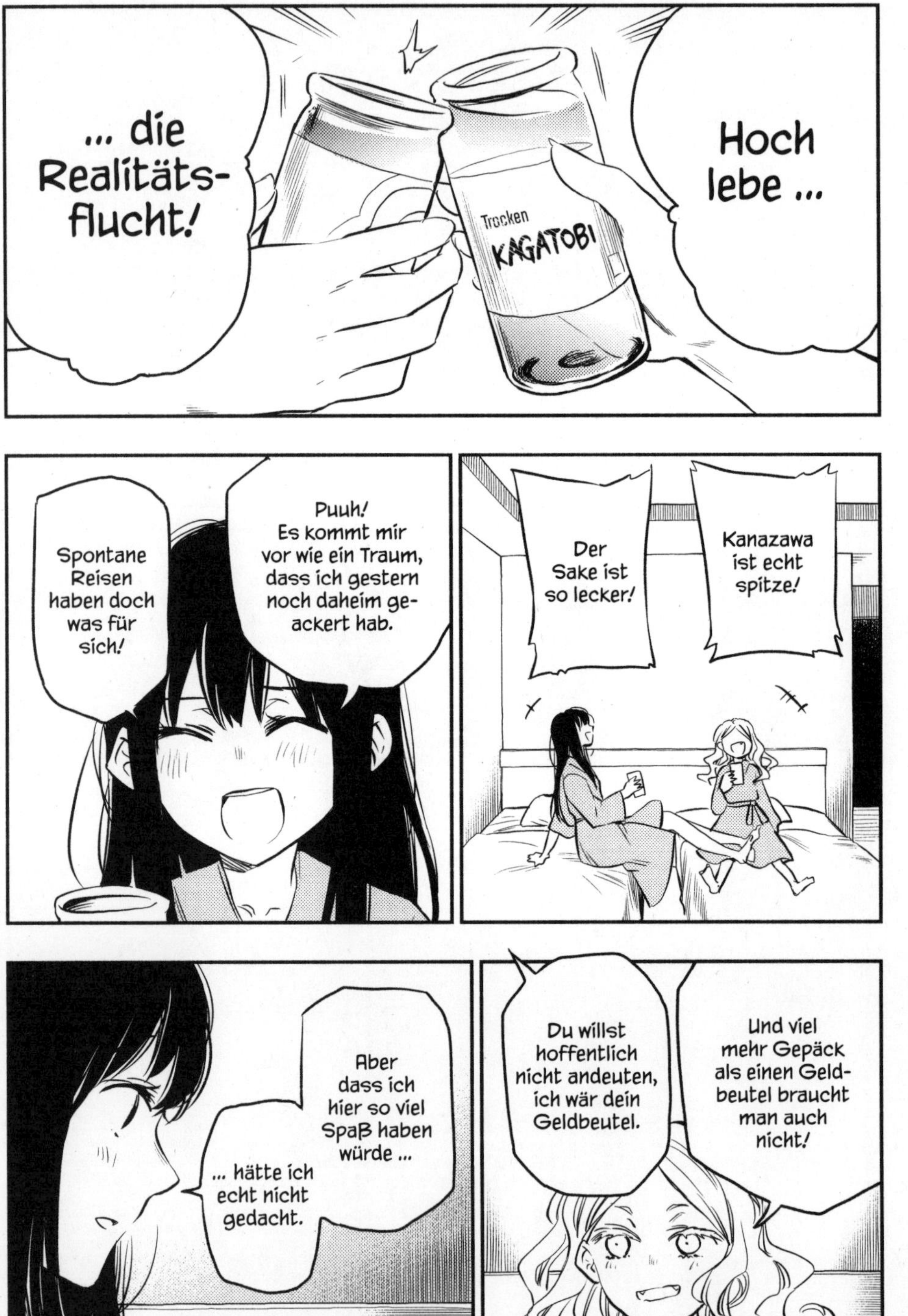
Hoch lebe ...
... die Realitätsflucht!
Trocken KAGATOBI
Kanazawa ist echt spitze!
Der Sake ist so lecker!
Puuh! Es kommt mir vor wie ein Traum, dass ich gestern noch daheim geackert hab.
Spontane Reisen haben doch was für sich!
Und viel mehr Gepäck als einen Geldbeutel braucht man auch nicht!
Du willst hoffentlich nicht andeuten, ich wär dein Geldbeutel.
Aber dass ich hier so viel Spaß haben würde ...
... hätte ich echt nicht gedacht.

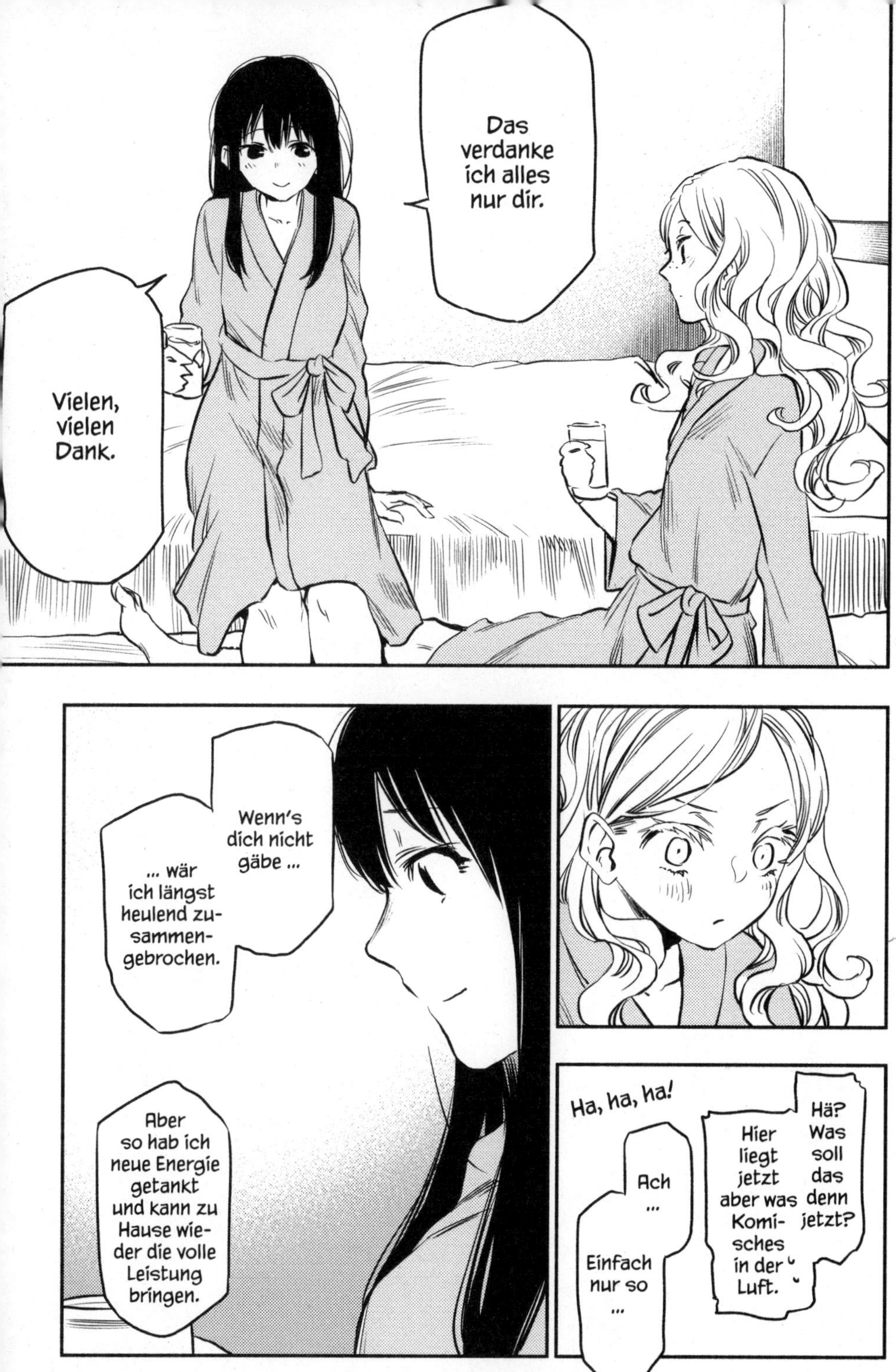
Das verdanke ich alles nur dir.
Vielen, vielen Dank.
Wenn's dich nicht gäbe ...
... wär ich längst heulend zusammengebrochen.
Aber so hab ich neue Energie getankt und kann zu Hause wieder die volle Leistung bringen.
Hä? Was soll das denn jetzt?
Hier liegt jetzt aber was Komisches in der Luft.
Ha, ha, ha!
Ach ...
Einfach nur so ...

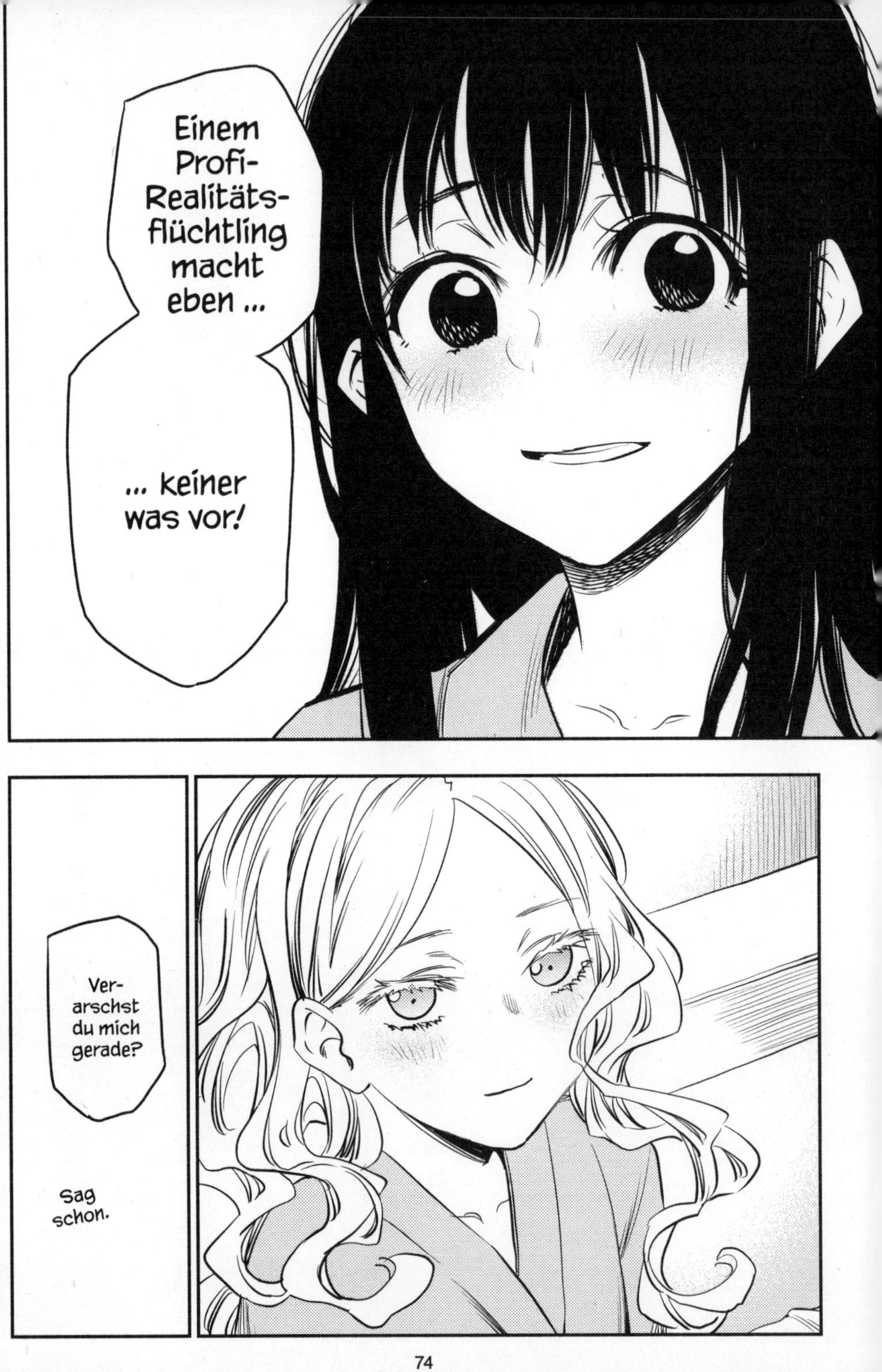
Einem Profi-Realitäts-flüchtling macht eben ...
... keiner was vor!
Ver-arschst du mich gerade?
Sag schon.

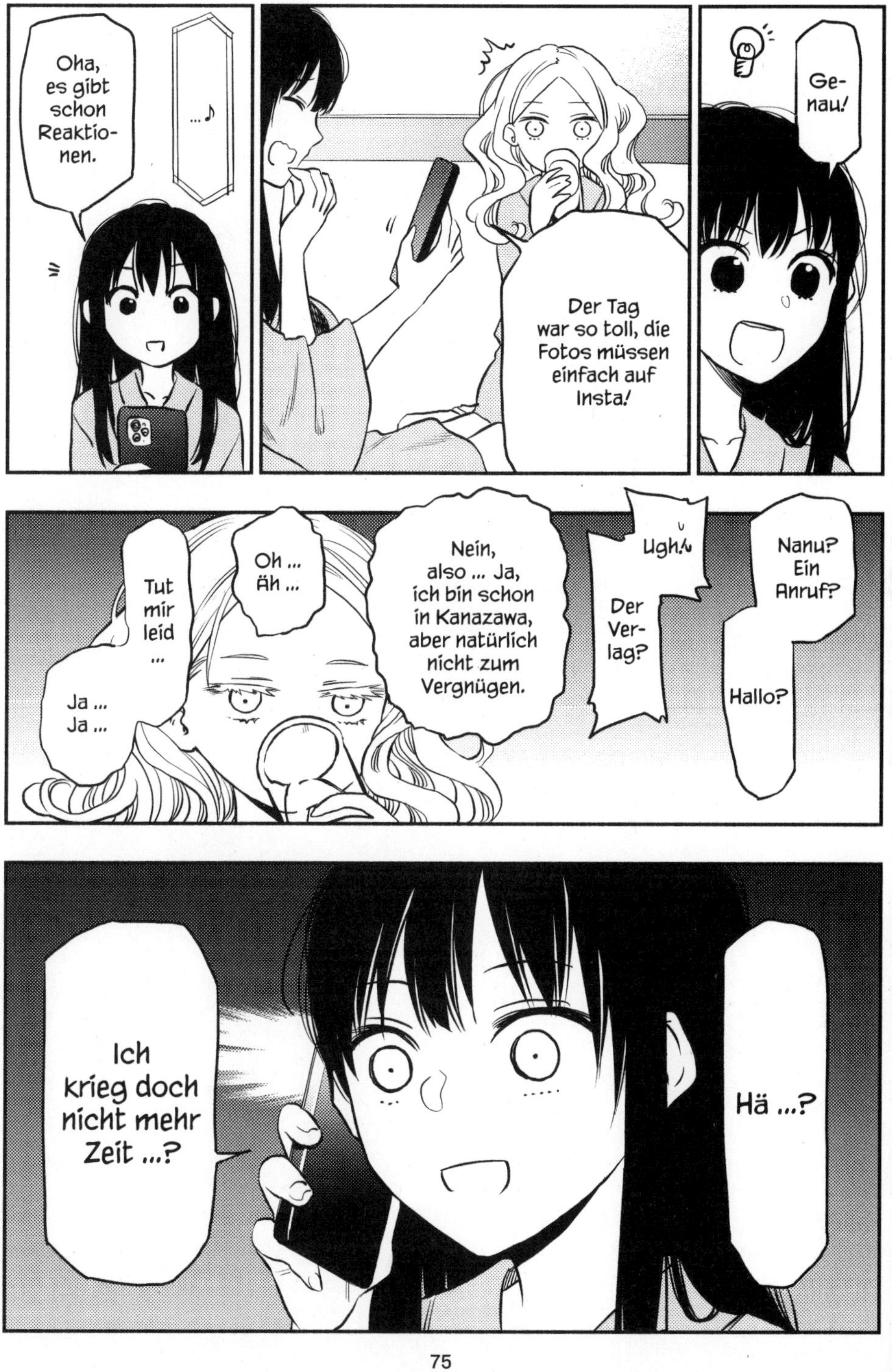
Ge-nau!
Der Tag war so toll, die Fotos müssen einfach auf Insta!
...♪
Oha, es gibt schon Reaktio-nen.
Nanu? Ein Anruf?
Hallo?
Ugh!
Der Ver-lag?
Nein, also ... Ja, ich bin schon in Kanazawa, aber natürlich nicht zum Vergnügen.
Oh ... Äh ...
Tut mir leid ...
Ja ... Ja ...
Hä ...?
Ich krieg doch nicht mehr Zeit ...?

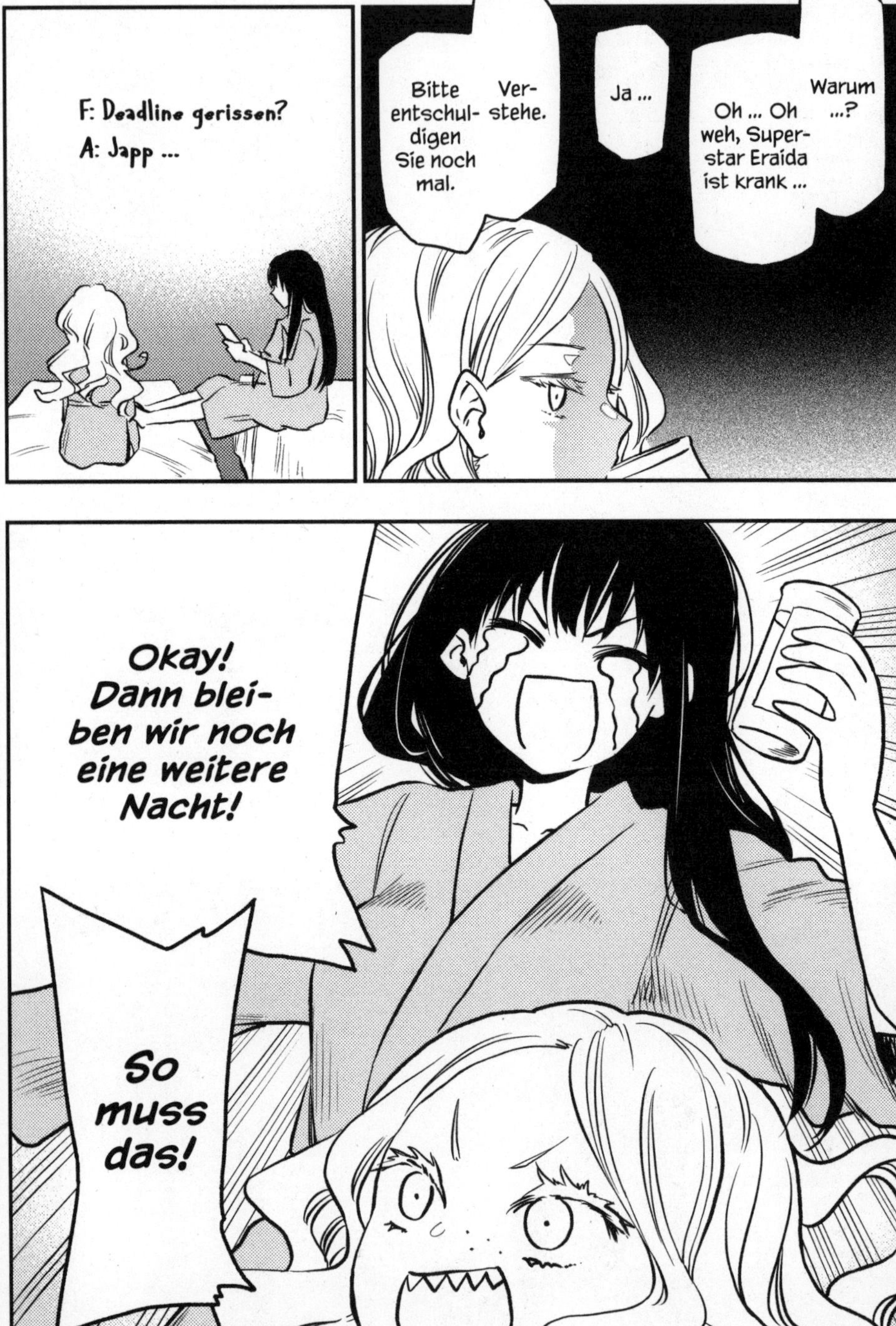
Warum ...?
Oh ... Oh weh, Superstar Eraida ist krank ...
Ja ...
Verstehe.
Bitte entschuldigen Sie noch mal.
F: Deadline gerissen?
A: Japp ...
Okay! Dann bleiben wir noch eine weitere Nacht!
So muss das!

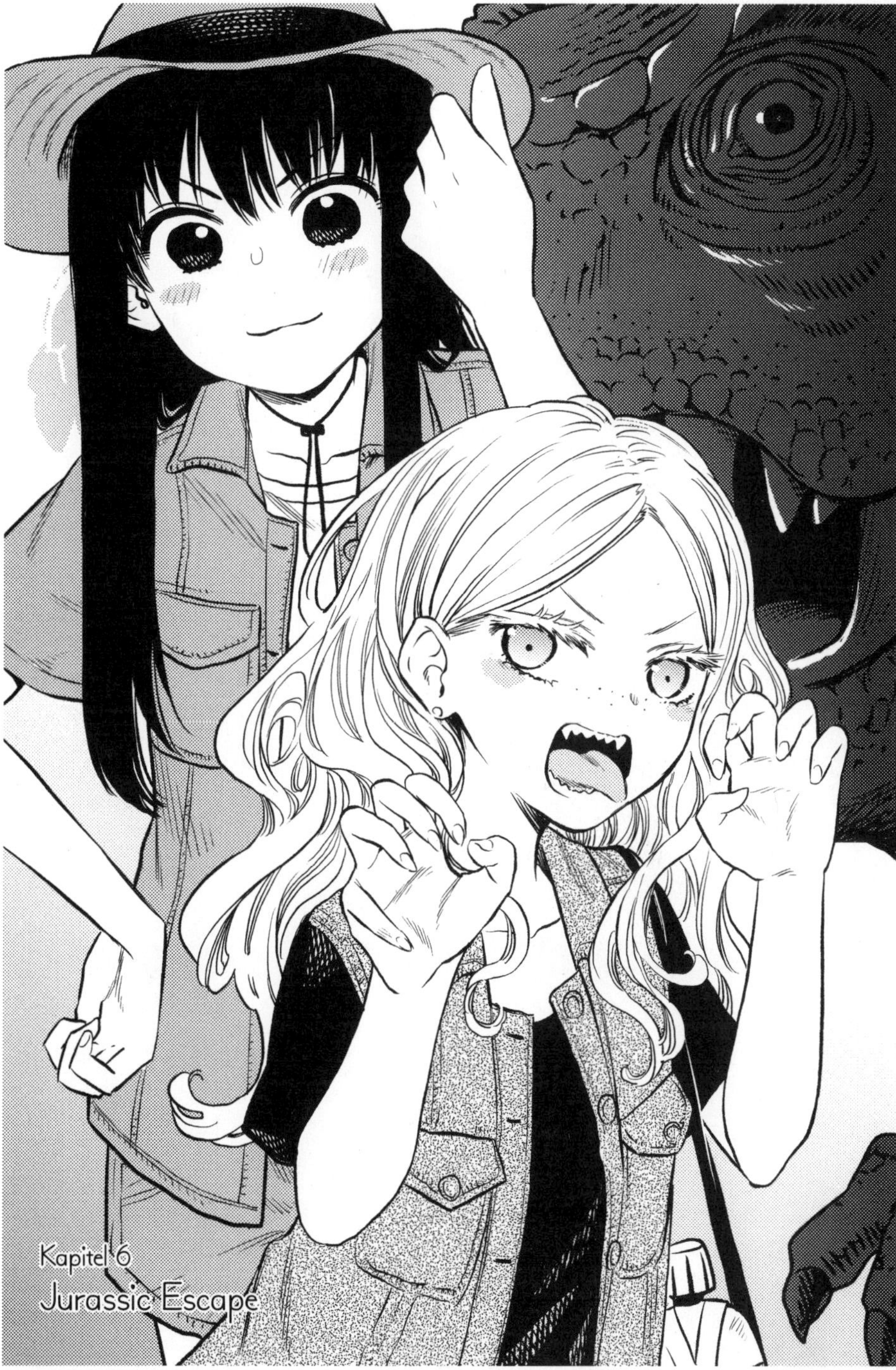
Kapitel 6
Jurassic Escape

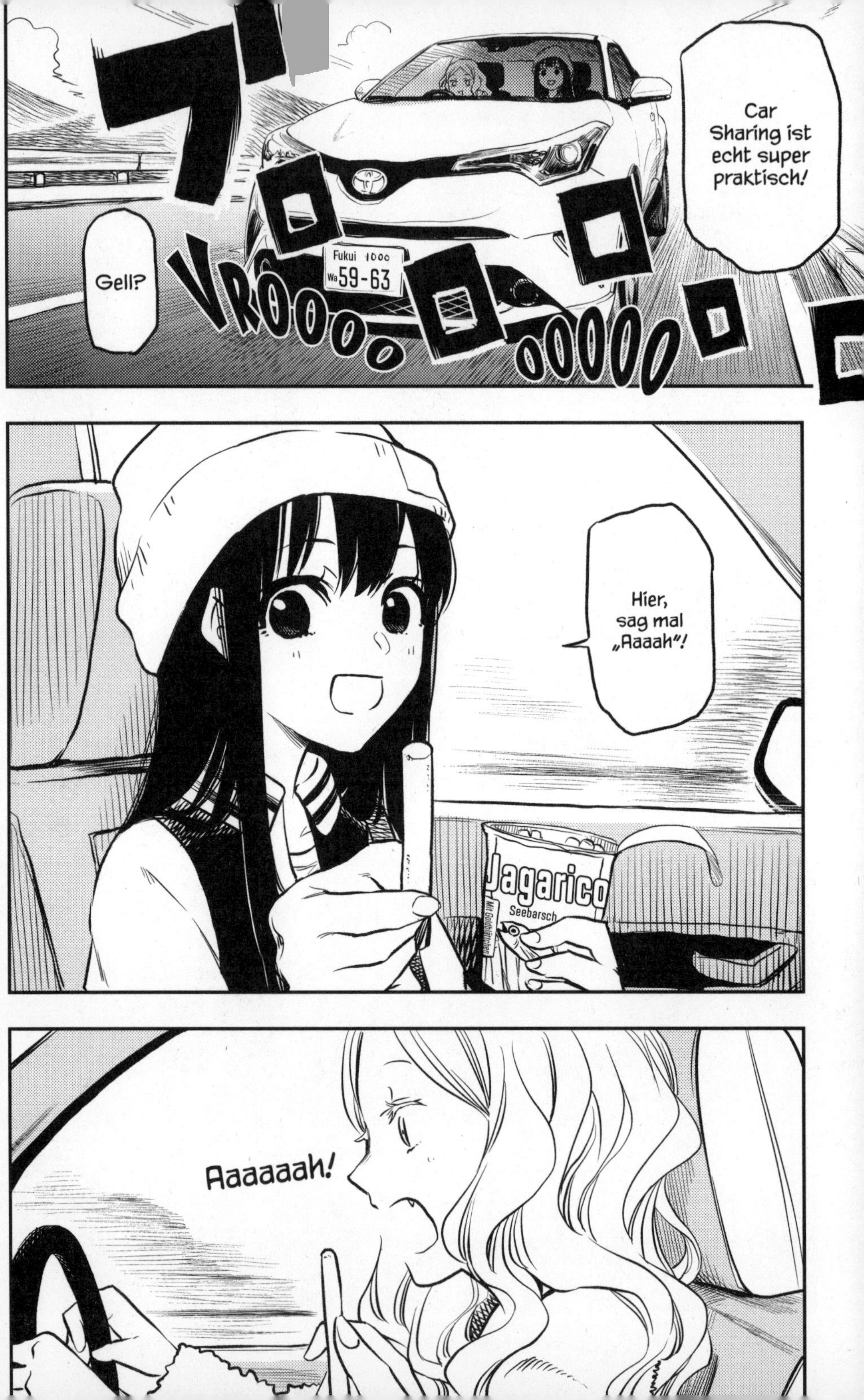
Car Sharing ist echt super praktisch!
Gell?
Fukui 1000
Wa 59-63
Hier, sag mal „Aaaah“!
Jagarico
Seebarsch
Aaaaaah!

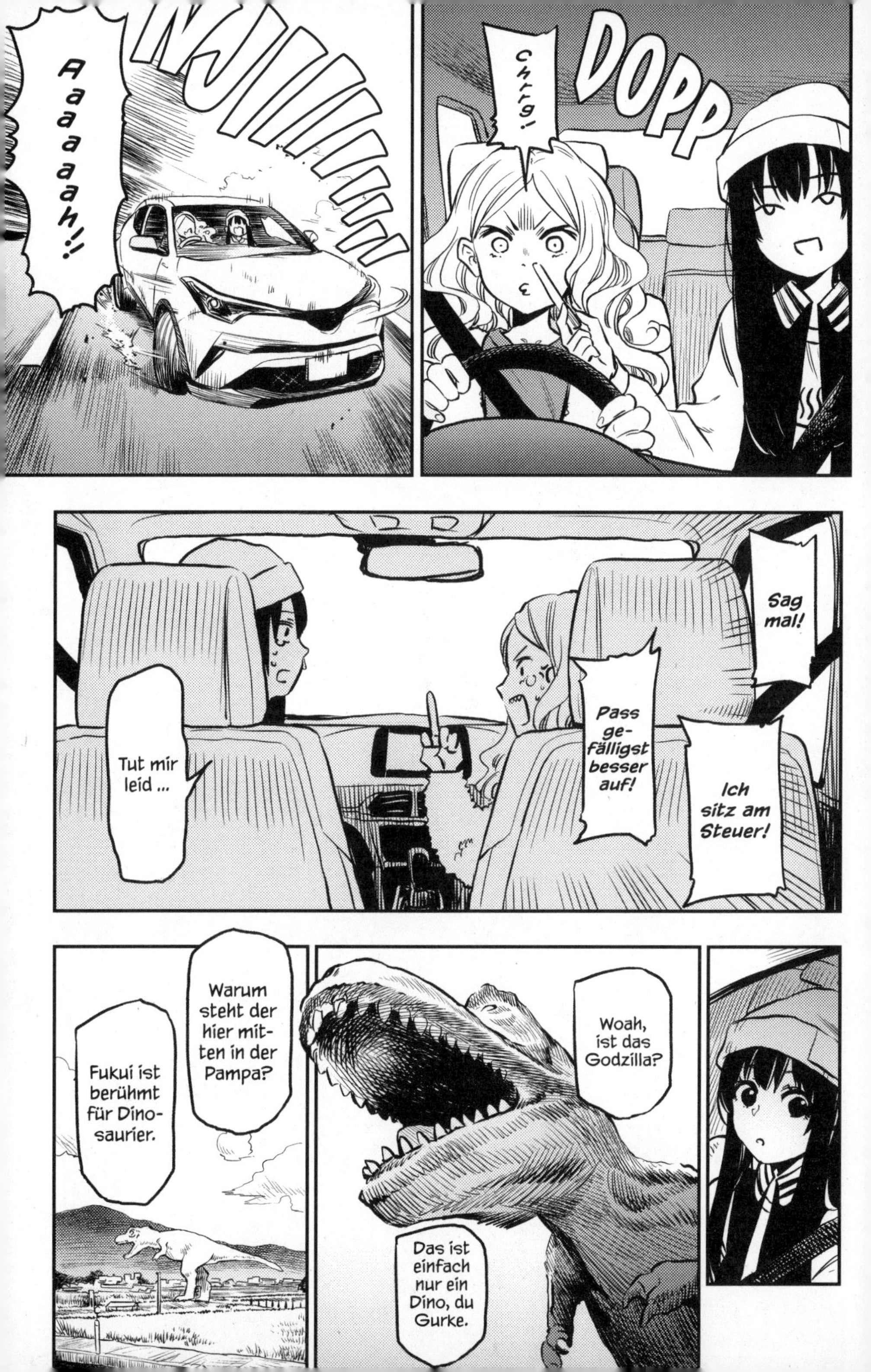

DOPP
Chrrg!
NJIIIIIIIII
Aaaaaaah!!
Sag mal!
Ich sitz am Steuer!
Pass gefälligst besser auf!
Tut mir leid ...
Woah, ist das Godzilla?
Das ist einfach nur ein Dino, du Gurke.
Warum steht der hier mitten in der Pampa?
Fukui ist berühmt für Dinosaurier.

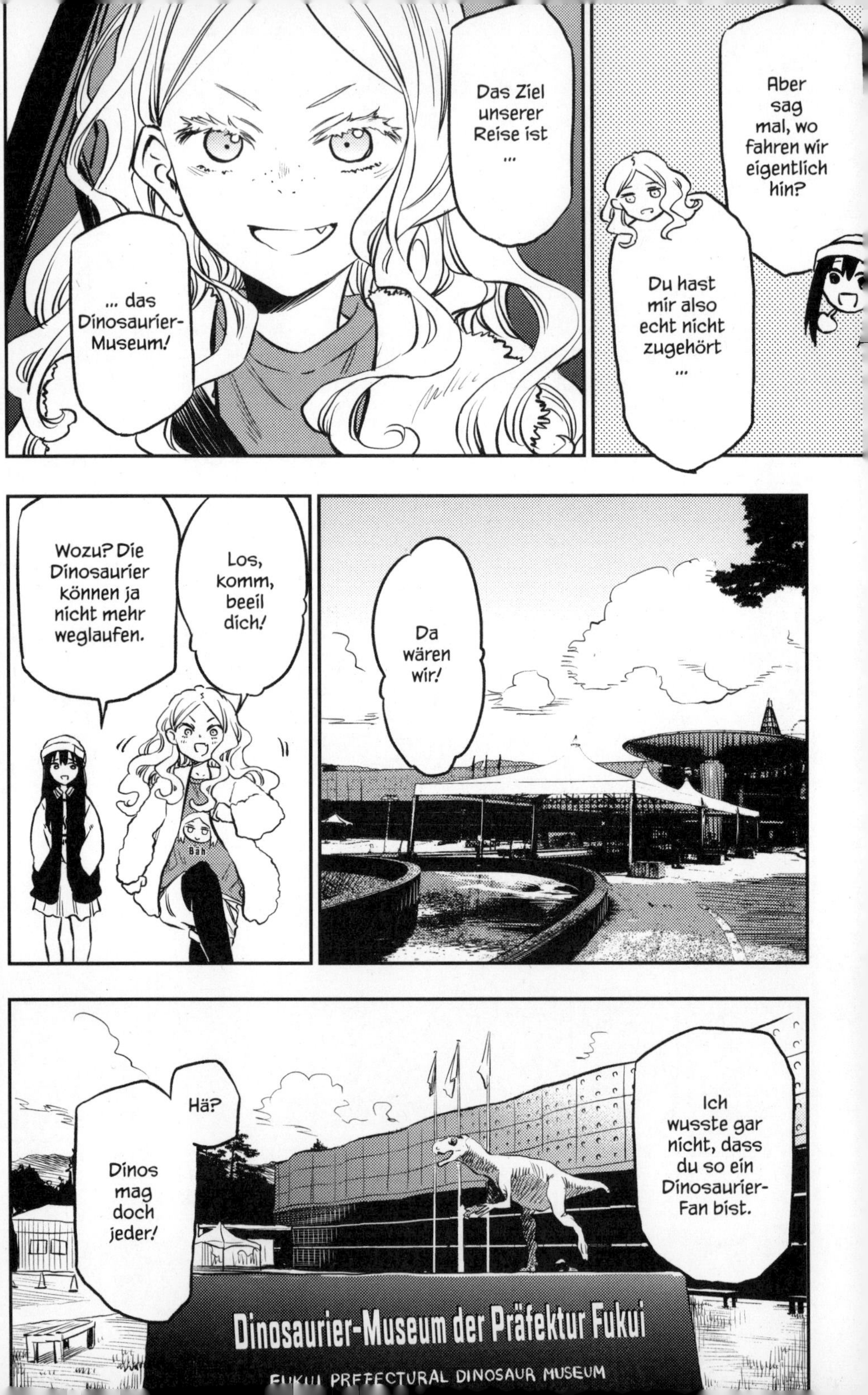
Aber sag mal, wo fahren wir eigentlich hin?
Du hast mir also echt nicht zugehört ...
Das Ziel unserer Reise ist ...
... das Dinosaurier-Museum!
Da wären wir!
Los, komm, beeil dich!
Wozu? Die Dinosaurier können ja nicht mehr weglaufen.
Bäh
Ich wusste gar nicht, dass du so ein Dinosaurier-Fan bist.
Hä?
Dinos mag doch jeder!
Dinosaurier-Museum der Präfektur Fukui
FUKUI PREFECTURAL DINOSAUR MUSEUM

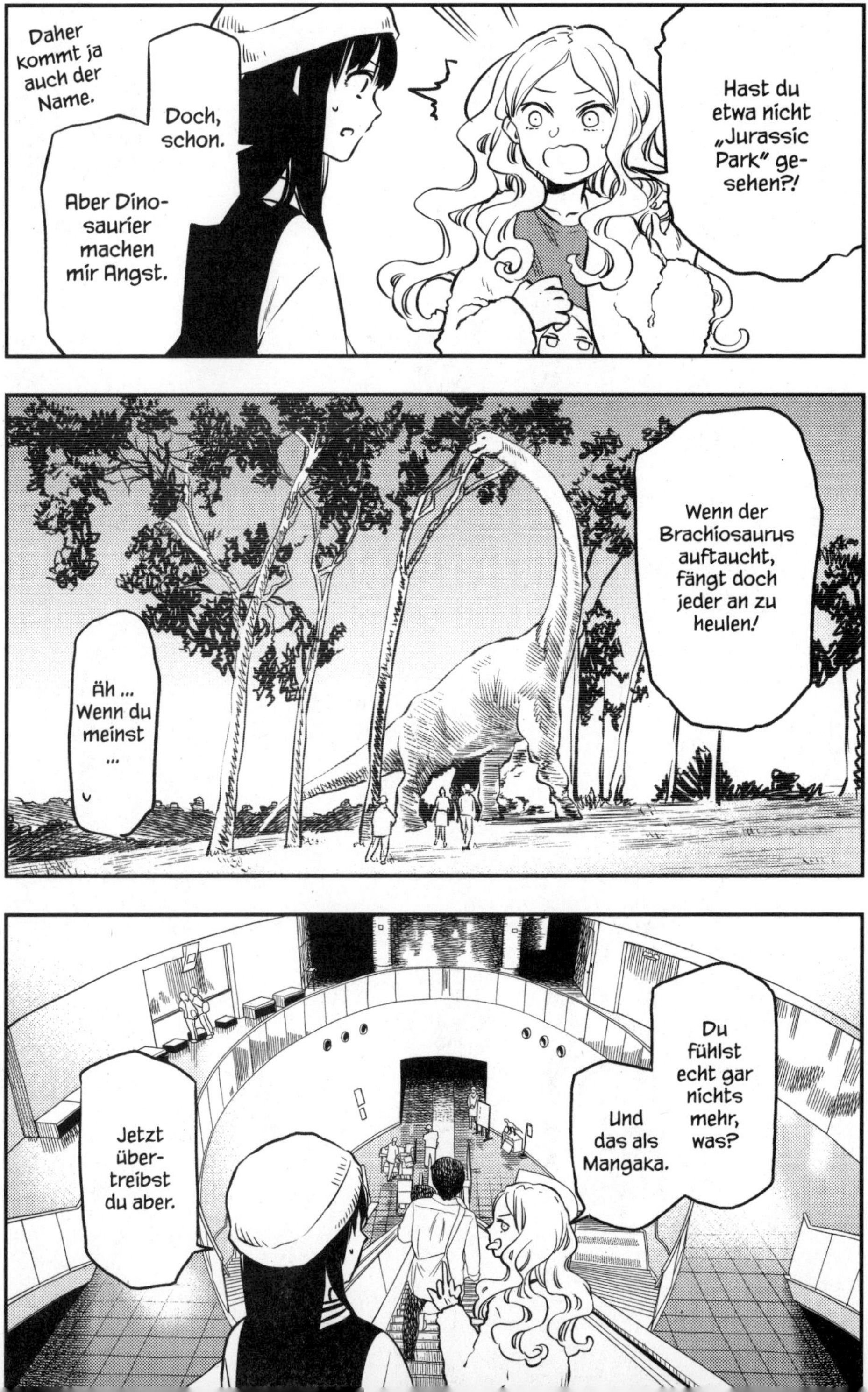
Hast du etwa nicht „Jurassic Park" gesehen?!
Doch, schon.
Daher kommt ja auch der Name.
Aber Dinosaurier machen mir Angst.
Wenn der Brachiosaurus auftaucht, fängt doch jeder an zu heulen!
Äh ... Wenn du meinst ...
Du fühlst echt gar nichts mehr, was?
Und das als Mangaka.
Jetzt übertreibst du aber.

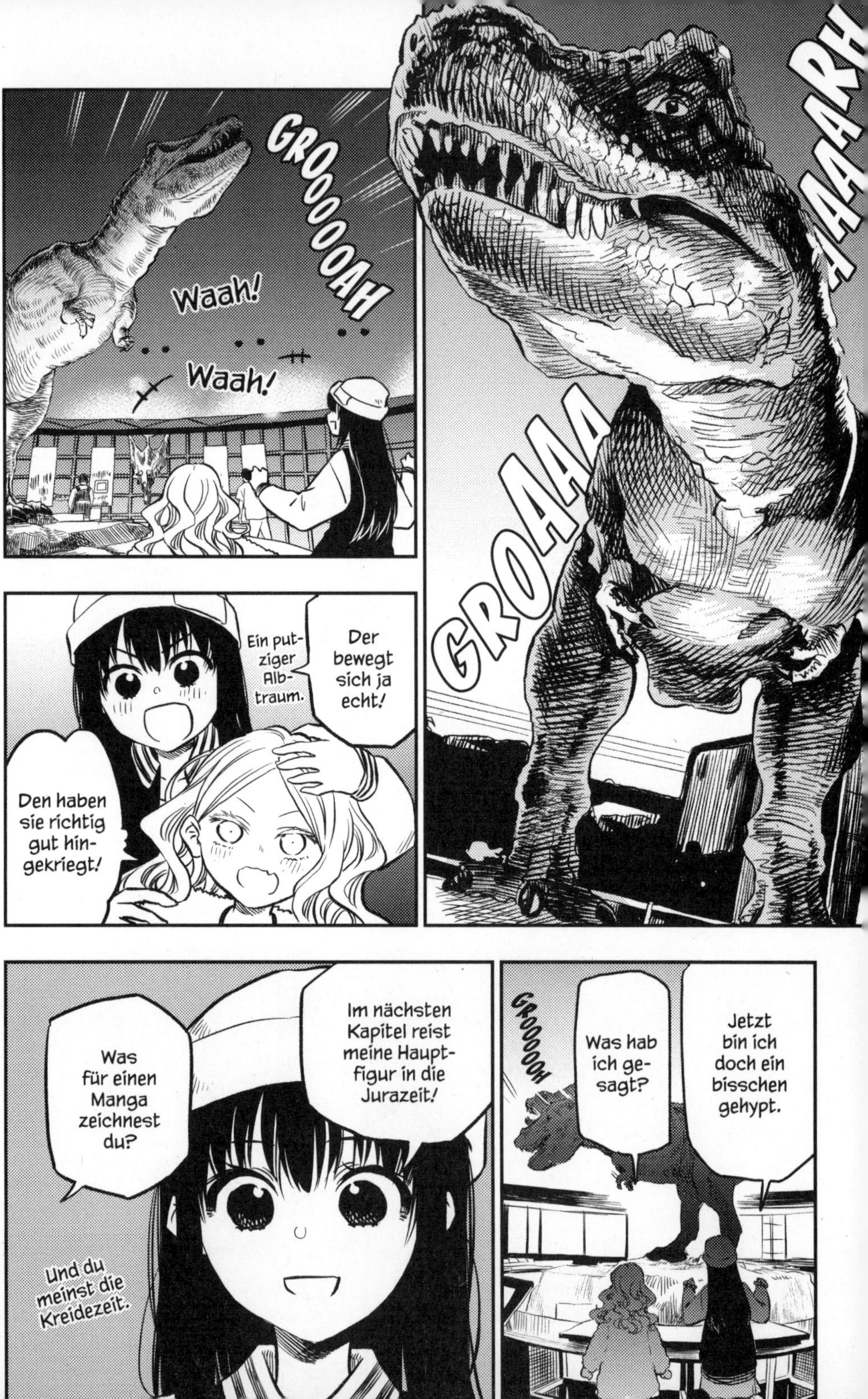
GROAAAARH
GRAAAAAAH
GROOOOOAH
Waah!
Waah!
Der bewegt sich ja echt!
Ein putziger Albtraum.
Den haben sie richtig gut hingekriegt!
Jetzt bin ich doch ein bisschen gehypt.
Was hab ich gesagt?
GROOOOOH
Im nächsten Kapitel reist meine Hauptfigur in die Jurazeit!
Was für einen Manga zeichnest du?
Und du meinst die Kreidezeit.

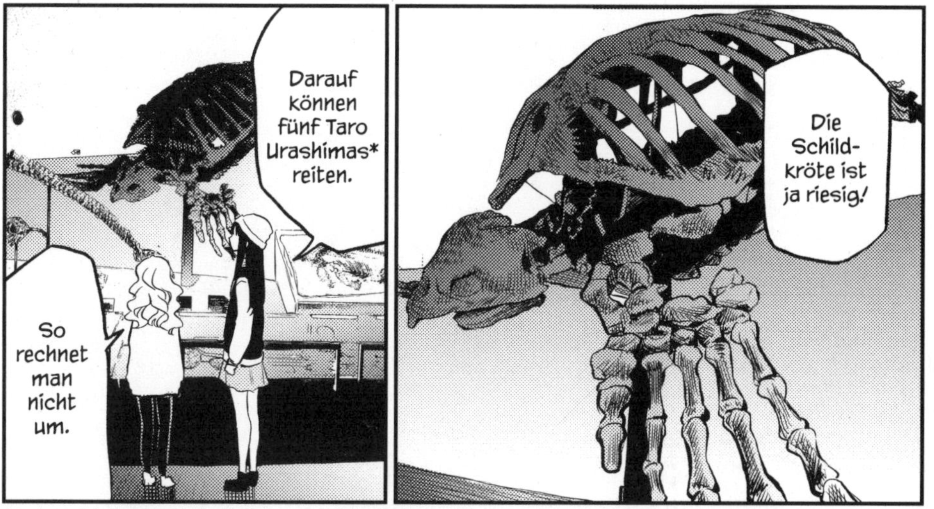

* Protagonist eines japanischen Märchens. Er reitet auf einer Schildkröte zum Drachenpalast am Meeresgrund.

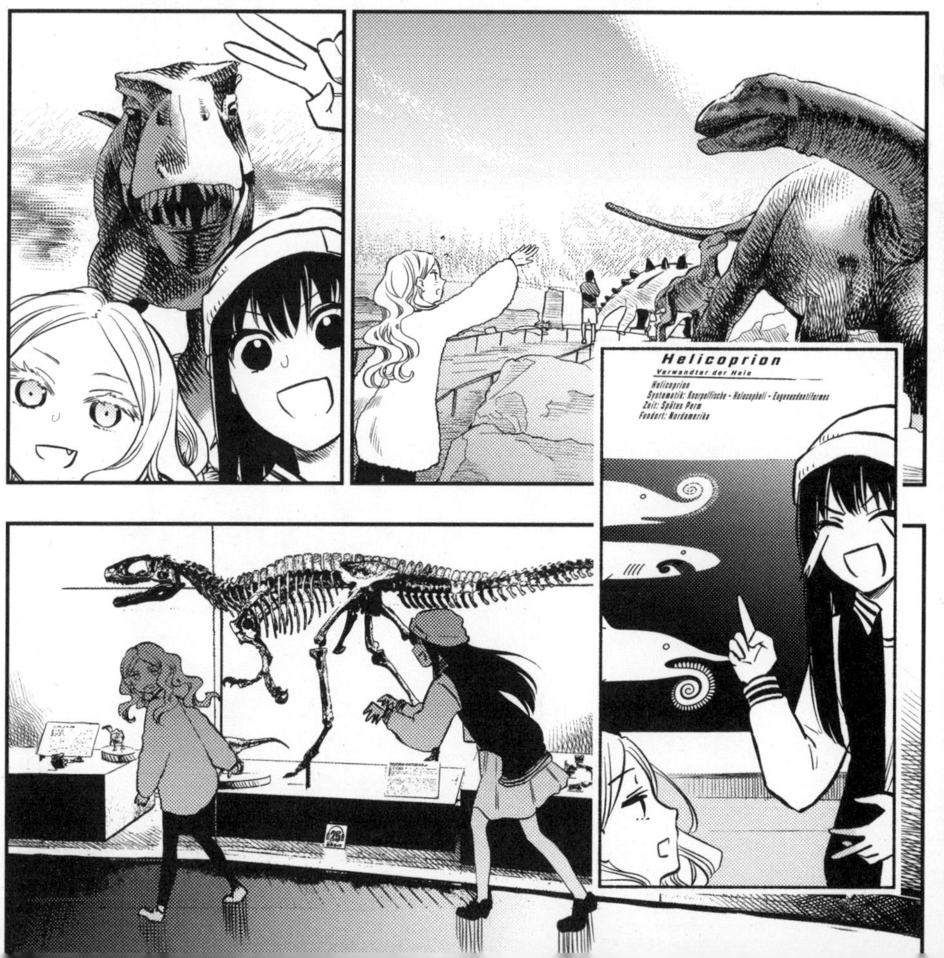

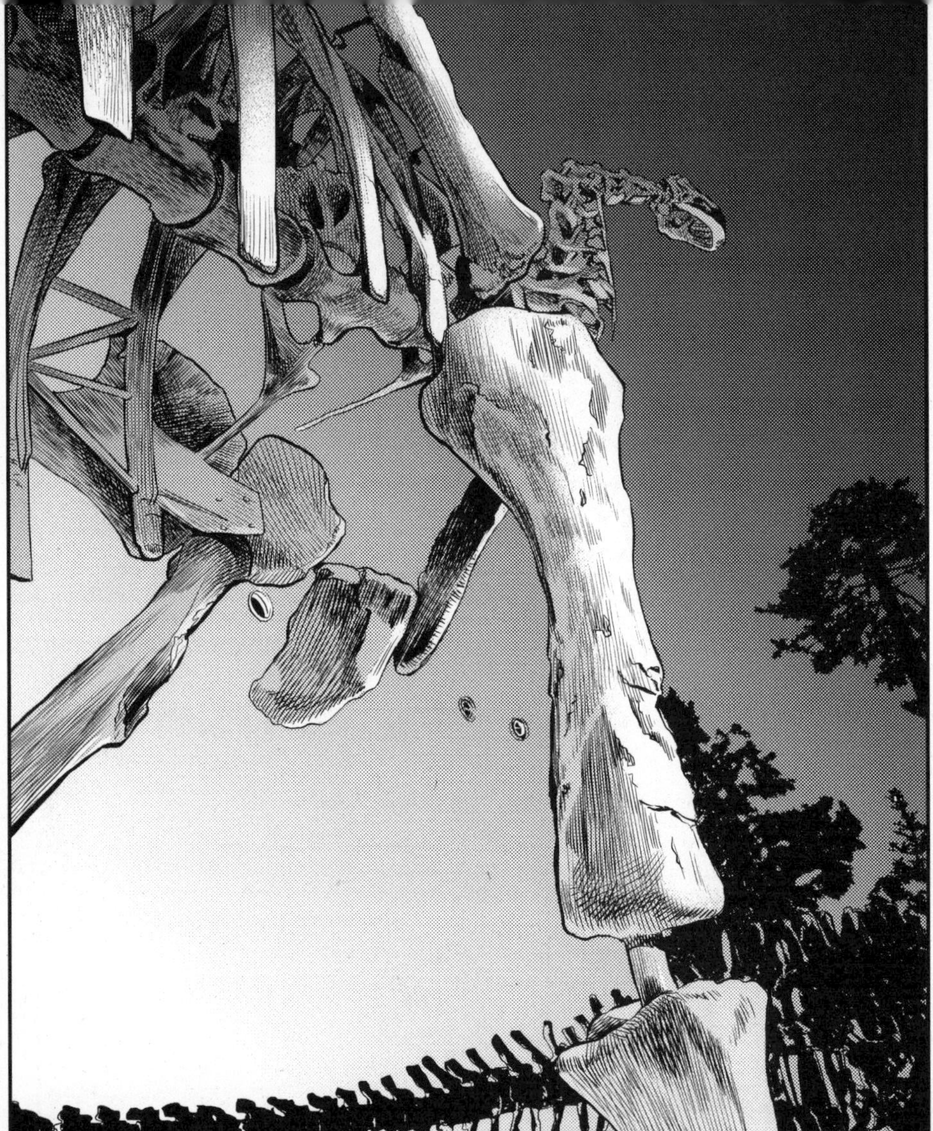
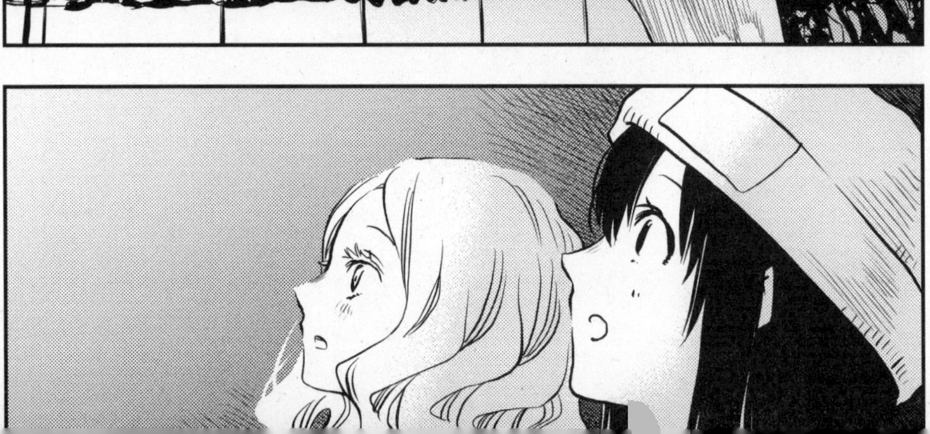

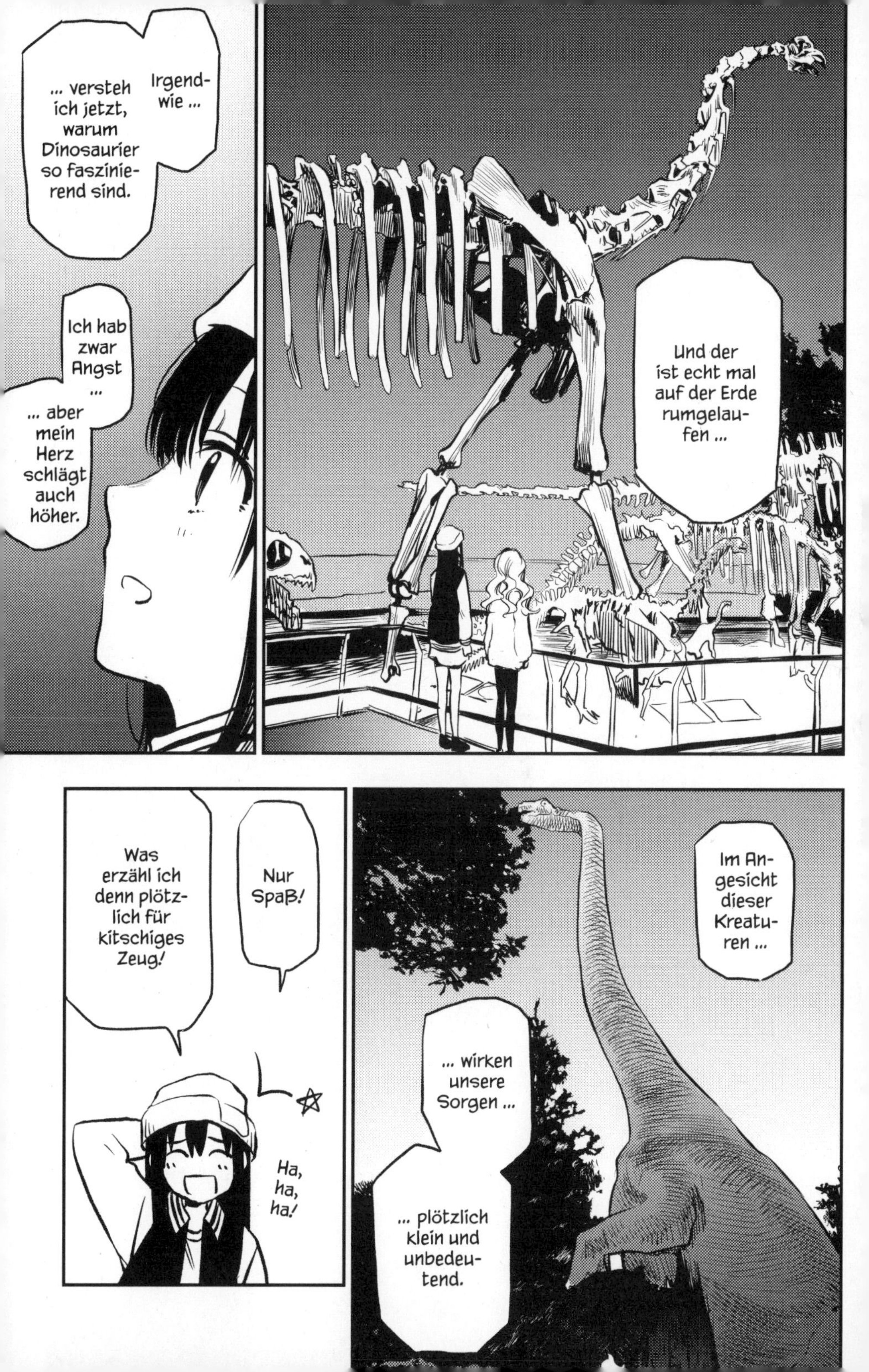

Und der ist echt mal auf der Erde rumgelaufen ...
Irgendwie ...
... versteh ich jetzt, warum Dinosaurier so faszinierend sind.
Ich hab zwar Angst ...
... aber mein Herz schlägt auch höher.
Im Angesicht dieser Kreaturen ...
... wirken unsere Sorgen ...
... plötzlich klein und unbedeutend.
Nur Spaß!
Was erzähl ich denn plötzlich für kitschiges Zeug!
Ha, ha, ha!

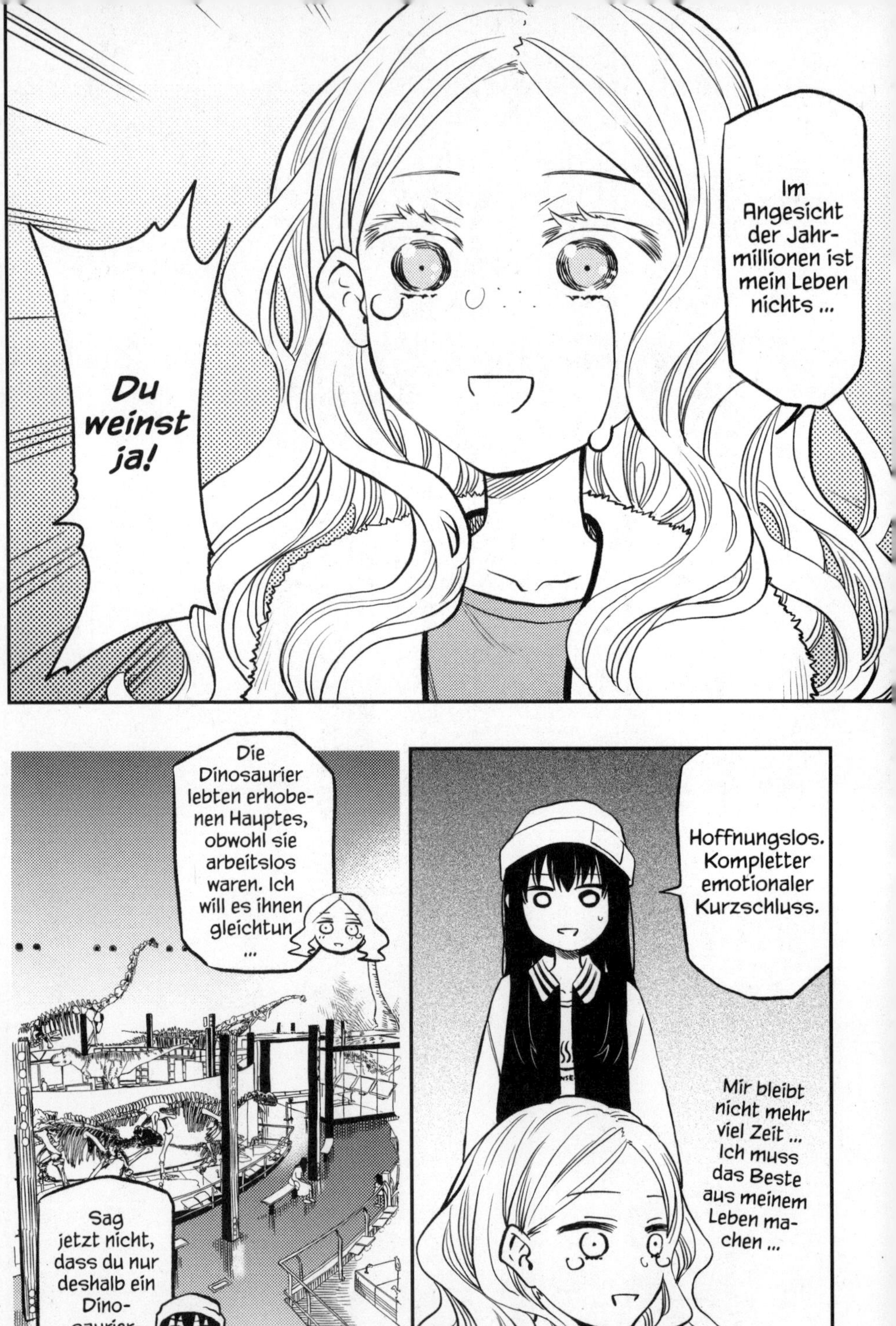
Im Angesicht der Jahrmillionen ist mein Leben nichts ...
Du weinst ja!
Hoffnungslos. Kompletter emotionaler Kurzschluss.
Mir bleibt nicht mehr viel Zeit ... Ich muss das Beste aus meinem Leben machen ...
Die Dinosaurier lebten erhobenen Hauptes, obwohl sie arbeitslos waren. Ich will es ihnen gleichtun ...
Sag jetzt nicht, dass du nur deshalb ein Dinosaurier-Fan bist.

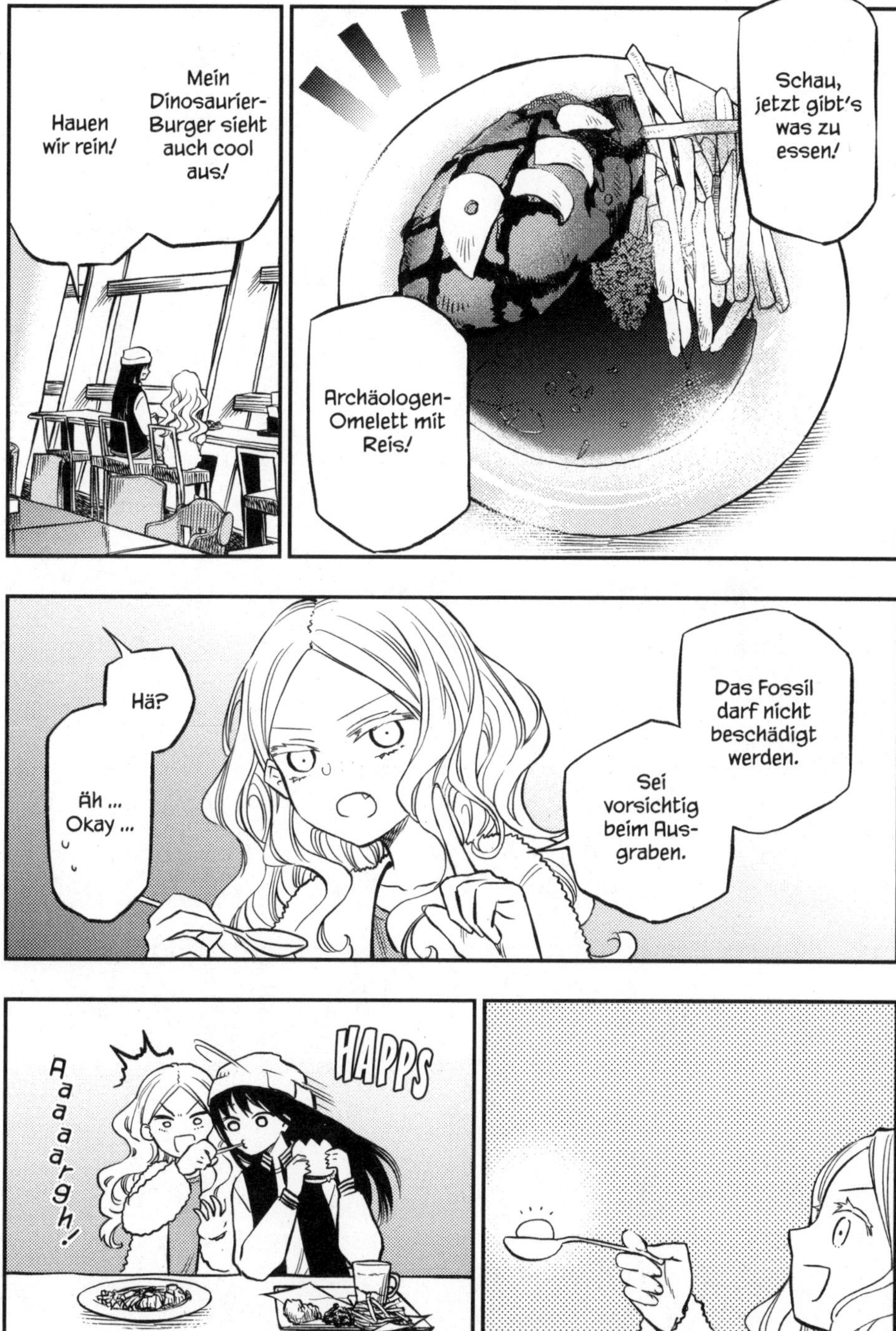

* Im Reis ist ein Wachtelei versteckt.

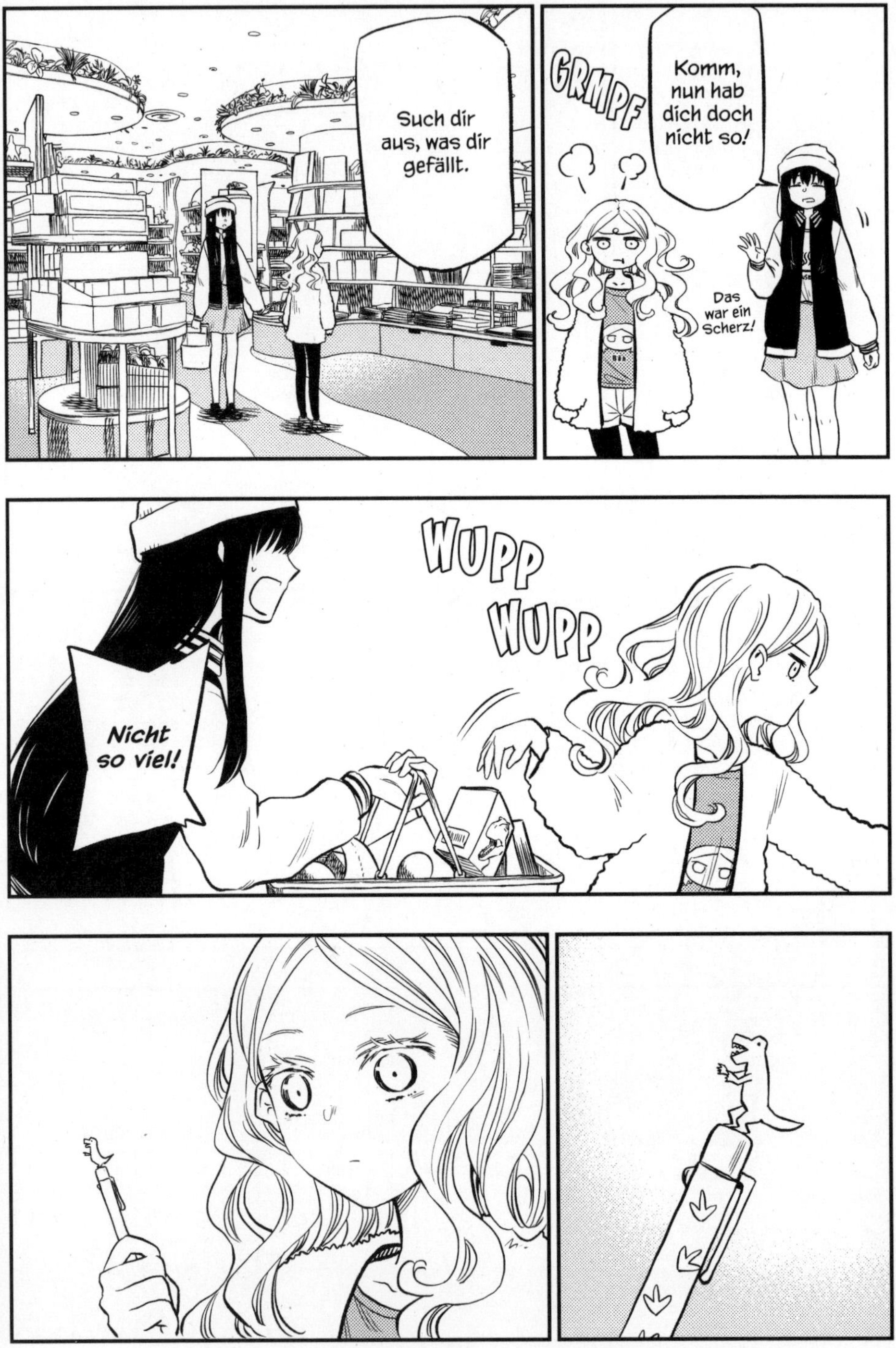
Such dir aus, was dir gefällt.
GRMPF
Komm, nun hab dich doch nicht so!
Das war ein Scherz!
WUPP WUPP
Nicht so viel!

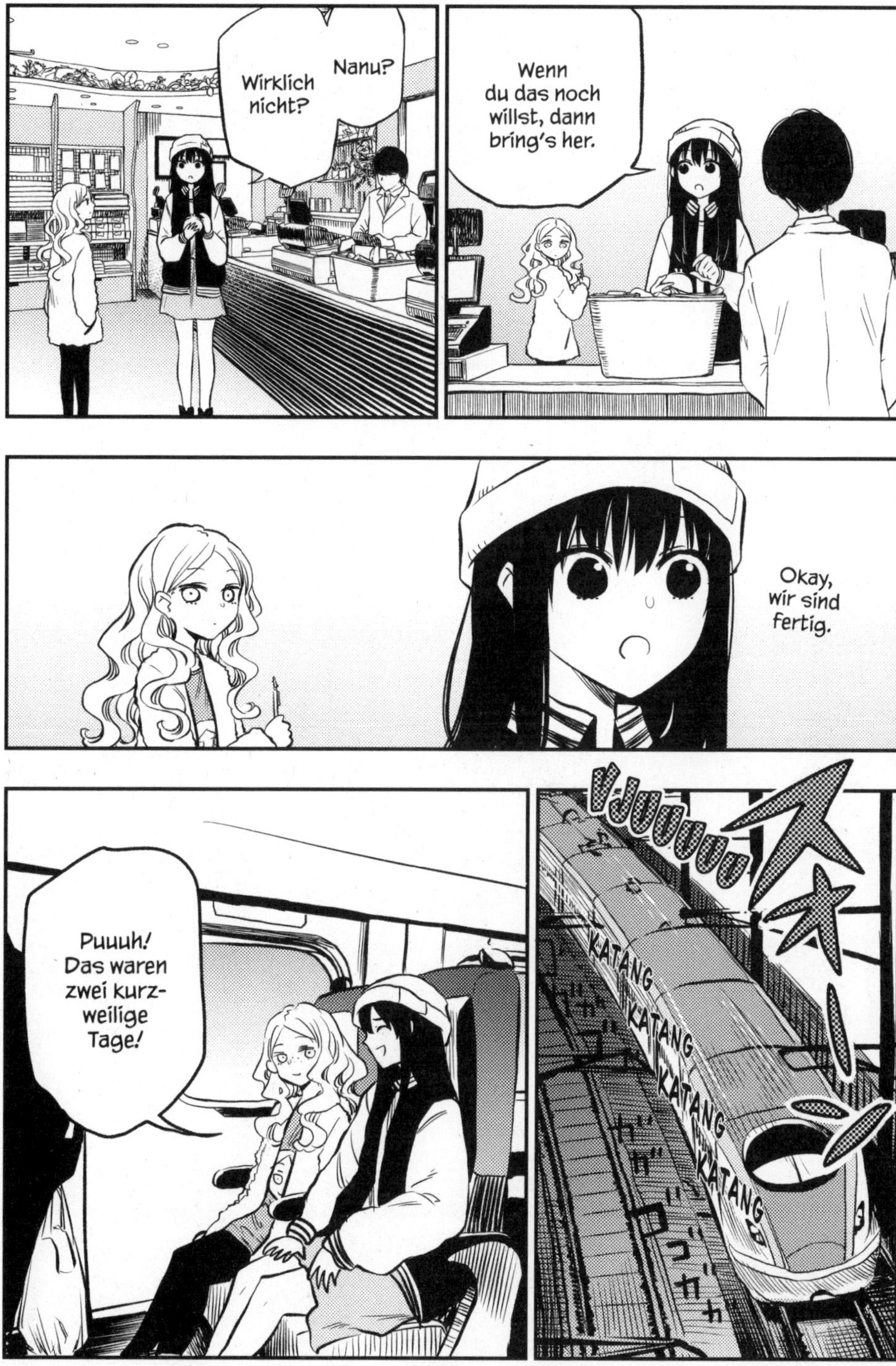
Wenn du das noch willst, dann bring's her.
Nanu?
Wirklich nicht?
Okay, wir sind fertig.
VJUUUUUUU
KATANG KATANG KATANG KATANG
Puuuh! Das waren zwei kurzweilige Tage!

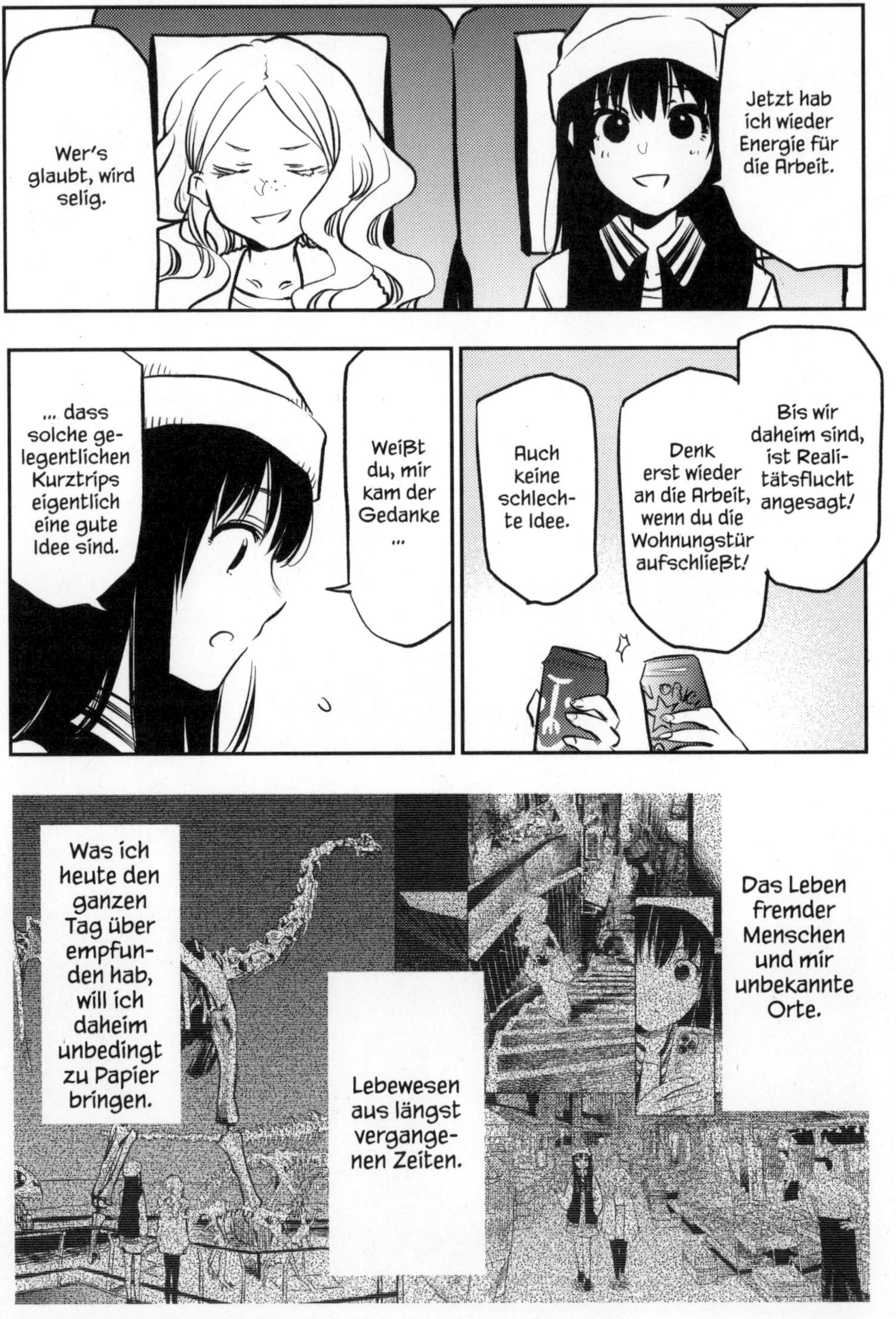
Jetzt hab ich wieder Energie für die Arbeit.
Wer's glaubt, wird selig.
Bis wir daheim sind, ist Realitätsflucht angesagt!
Denk erst wieder an die Arbeit, wenn du die Wohnungstür aufschließt!
Auch keine schlechte Idee.
Weißt du, mir kam der Gedanke ...
... dass solche gelegentlichen Kurztrips eigentlich eine gute Idee sind.
Das Leben fremder Menschen und mir unbekannte Orte.
Lebewesen aus längst vergangenen Zeiten.
Was ich heute den ganzen Tag über empfunden hab, will ich daheim unbedingt zu Papier bringen.

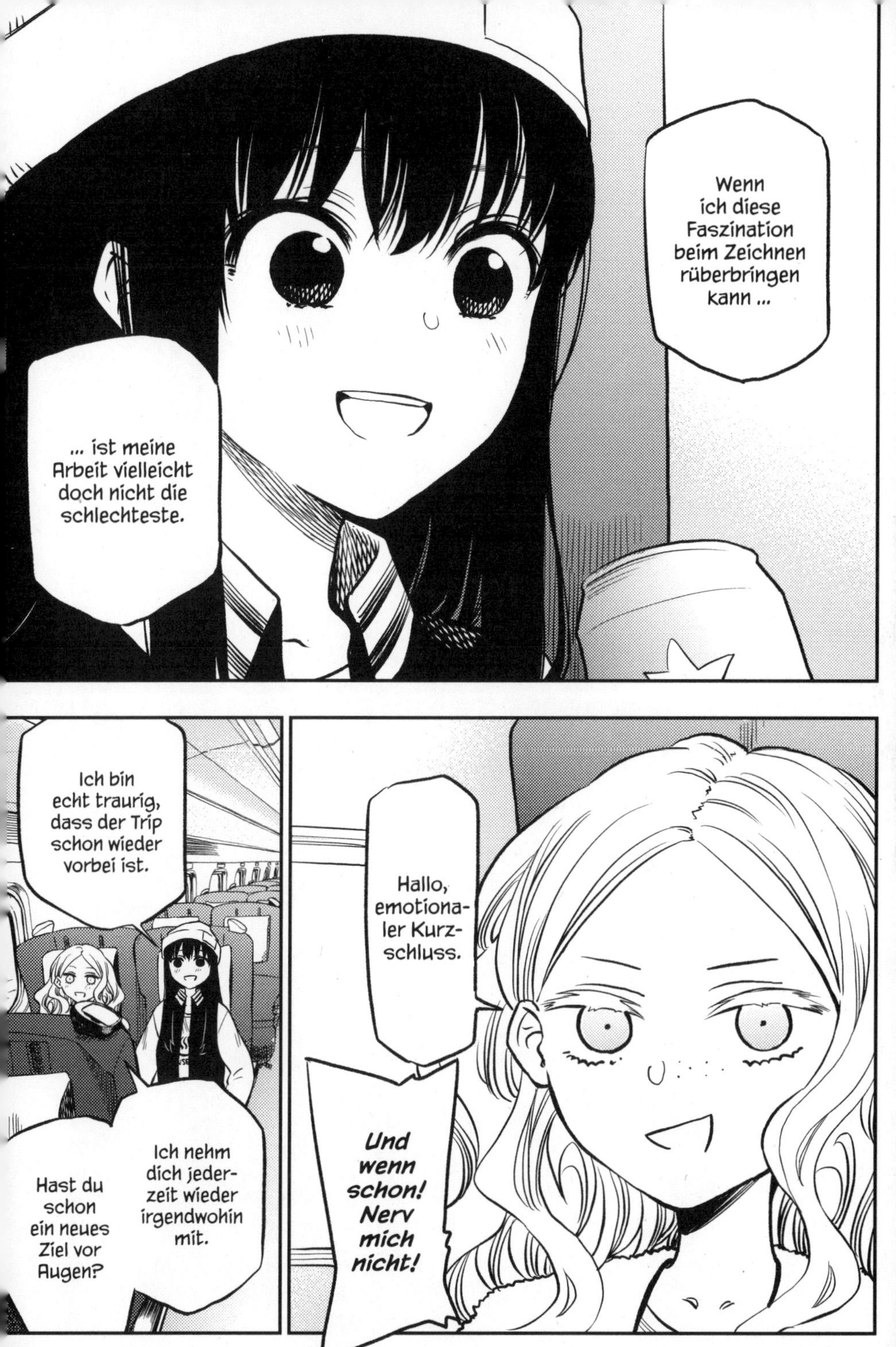

Wenn ich diese Faszination beim Zeichnen rüberbringen kann ...
... ist meine Arbeit vielleicht doch nicht die schlechteste.
Hallo, emotionaler Kurzschluss.
Und wenn schon! Nerv mich nicht!
Ich bin echt traurig, dass der Trip schon wieder vorbei ist.
Ich nehm dich jederzeit wieder irgendwohin mit.
Hast du schon ein neues Ziel vor Augen?

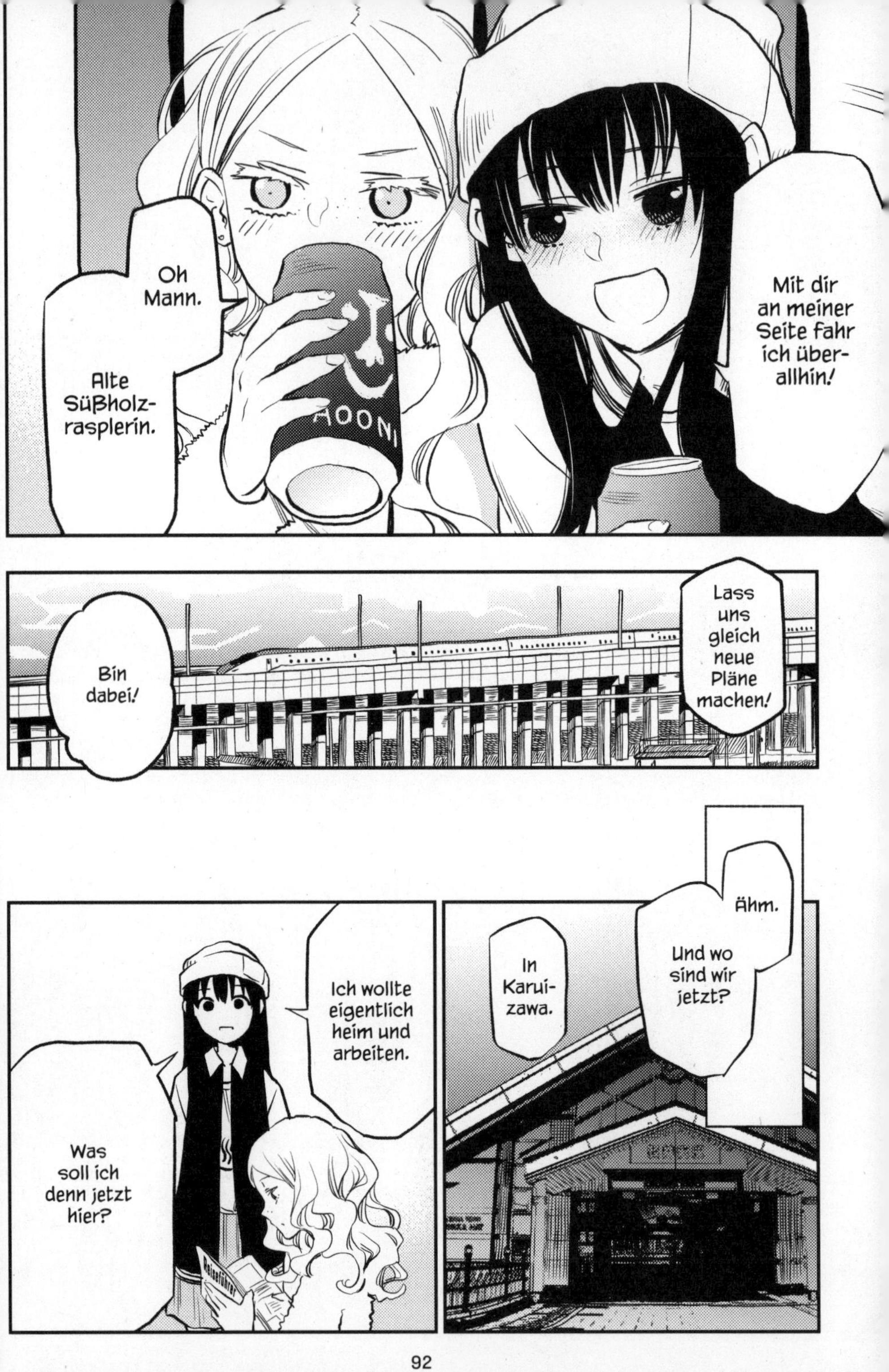
Mit dir an meiner Seite fahr ich überallhin!
Oh Mann.
Alte Süßholzrasplerin.
Lass uns gleich neue Pläne machen!
Bin dabei!
Ähm.
Und wo sind wir jetzt?
In Karuizawa.
Ich wollte eigentlich heim und arbeiten.
Was soll ich denn jetzt hier?
Reiseführer

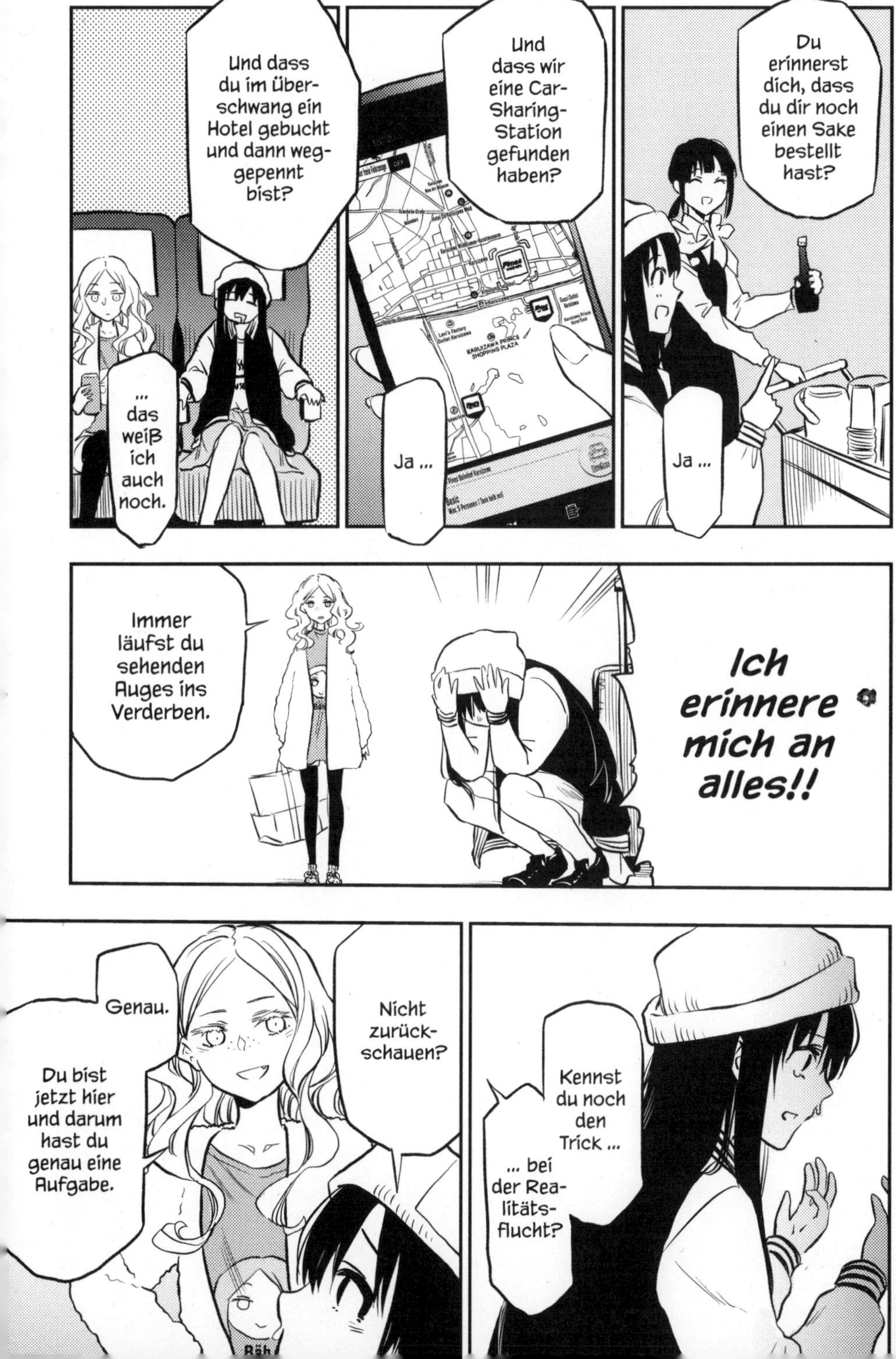
Du erinnerst dich, dass du dir noch einen Sake bestellt hast?
Ja ...
Und dass wir eine Car-Sharing-Station gefunden haben?
Ja ...
Und dass du im Überschwang ein Hotel gebucht und dann weggepennt bist?
... das weiß ich auch noch.
Ich erinnere mich an alles!!
Immer läufst du sehenden Auges ins Verderben.
Kennst du noch den Trick ...
... bei der Realitätsflucht?
Nicht zurückschauen?
Genau.
Du bist jetzt hier und darum hast du genau eine Aufgabe.

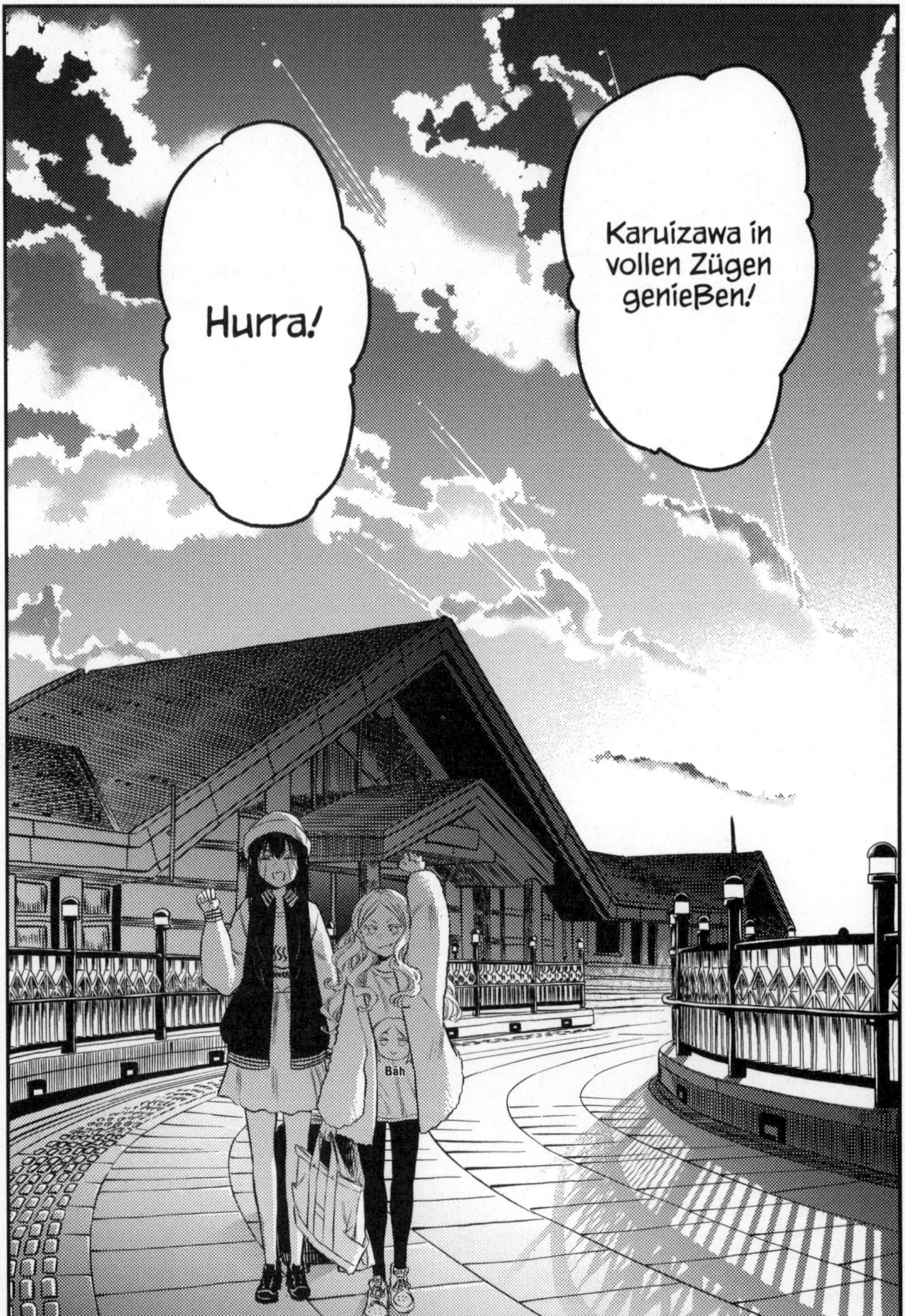
Karuizawa in vollen Zügen genießen!
Hurra!
Bäh

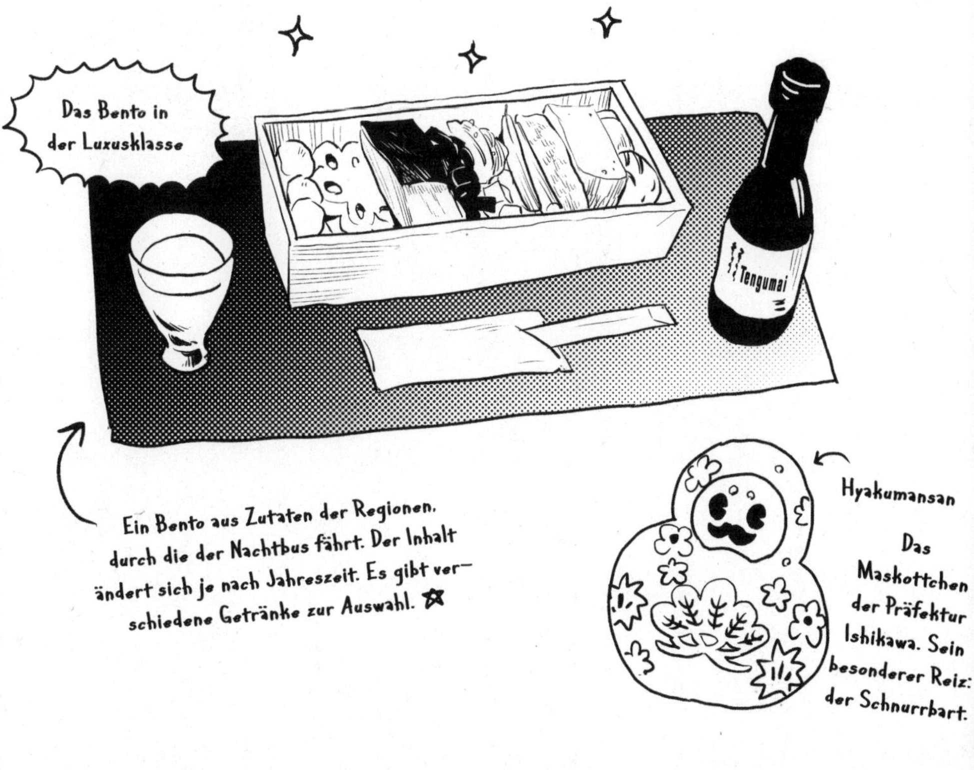
Das Bento in der Luxusklasse
Tengumai
Ein Bento aus Zutaten der Regionen, durch die der Nachtbus fährt. Der Inhalt ändert sich je nach Jahreszeit. Es gibt verschiedene Getränke zur Auswahl.
Hyakumansan
Das Maskottchen der Präfektur Ishikawa. Sein besonderer Reiz: der Schnurrbart.

Everyday Escape

Shouichi Taguchi

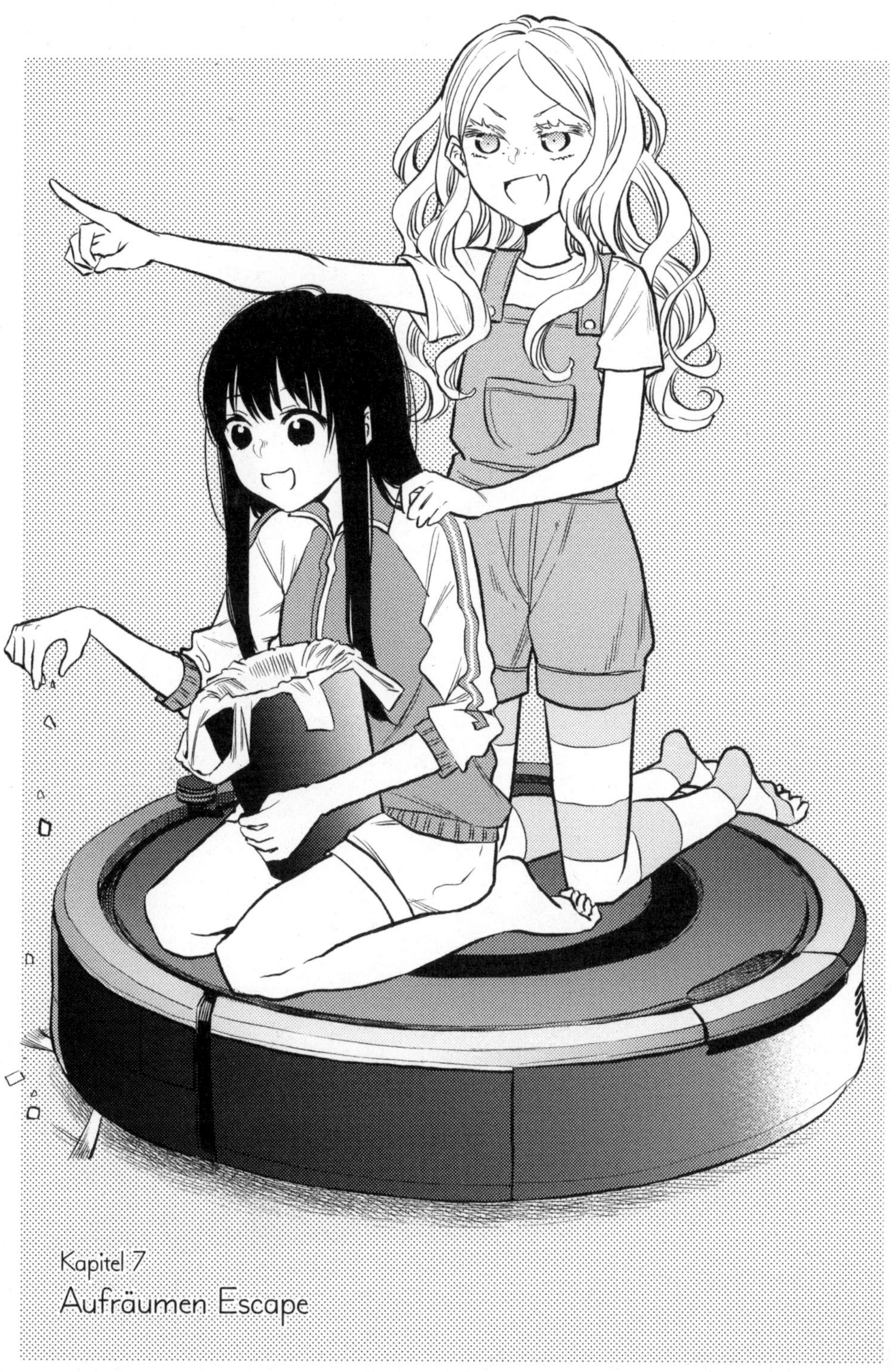

Kapitel 7
Aufräumen Escape

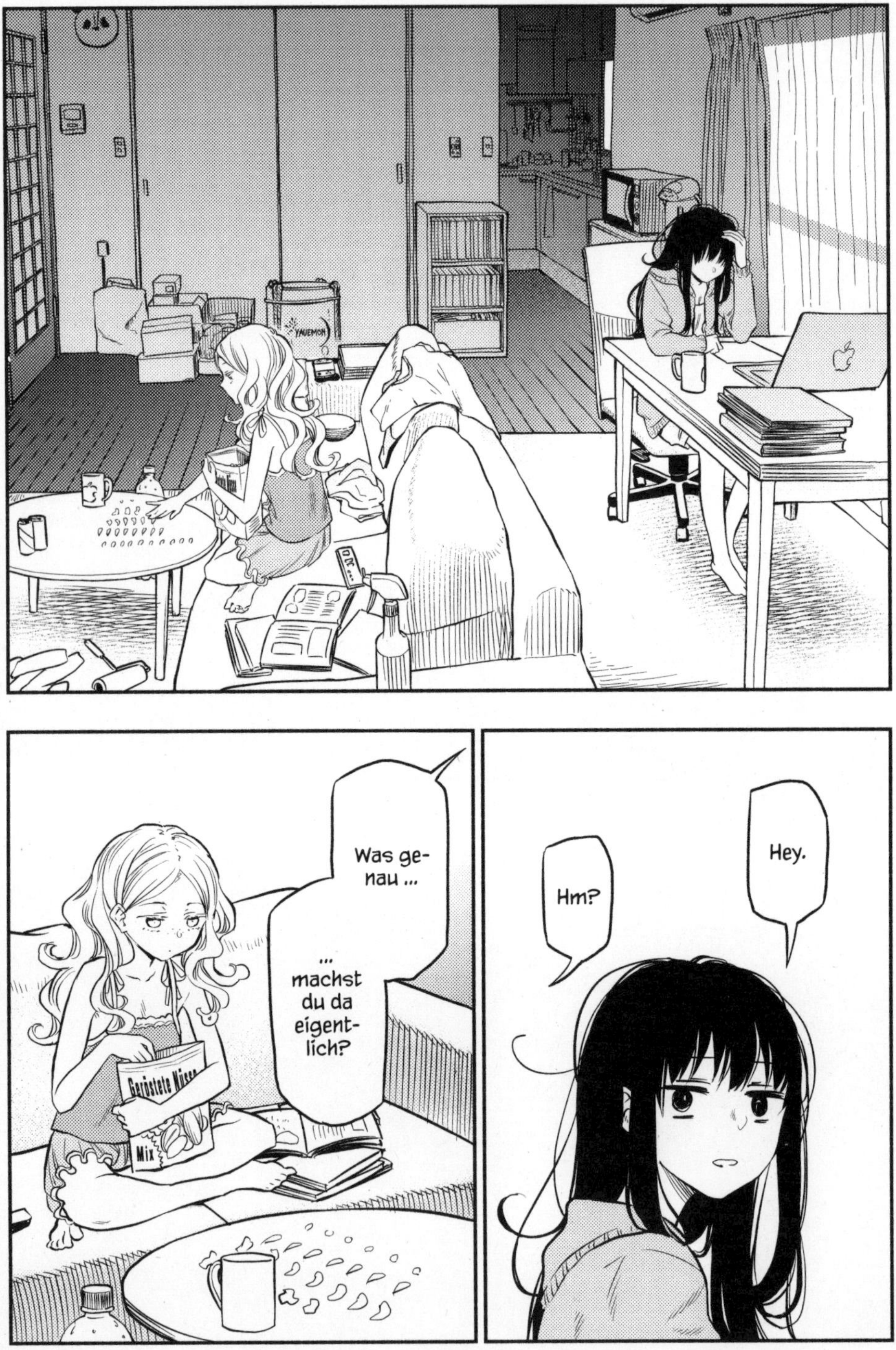
Hey.
Hm?
Was ge-
nau ...
... machst du da eigent-lich?
Geröstete Nüsse
Mix

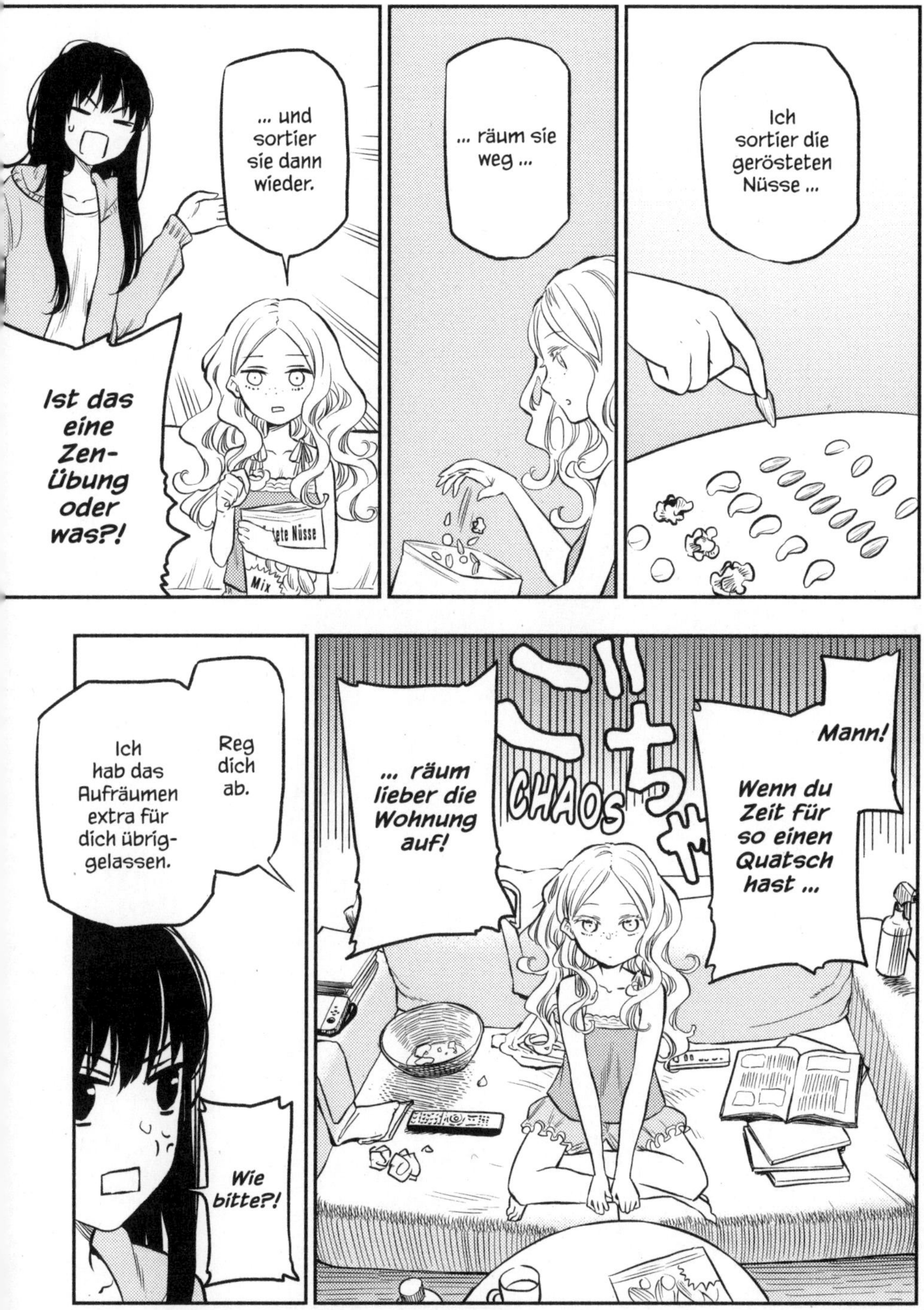
Ich sortier die gerösteten Nüsse ...
... räum sie weg ...
... und sortier sie dann wieder.
Ist das eine Zen-Übung oder was?!
Mix
Mann!
Wenn du Zeit für so einen Quatsch hast ...
CHAOS
... räum lieber die Wohnung auf!
Reg dich ab.
Ich hab das Aufräumen extra für dich übrig-gelassen.
Wie bitte?!

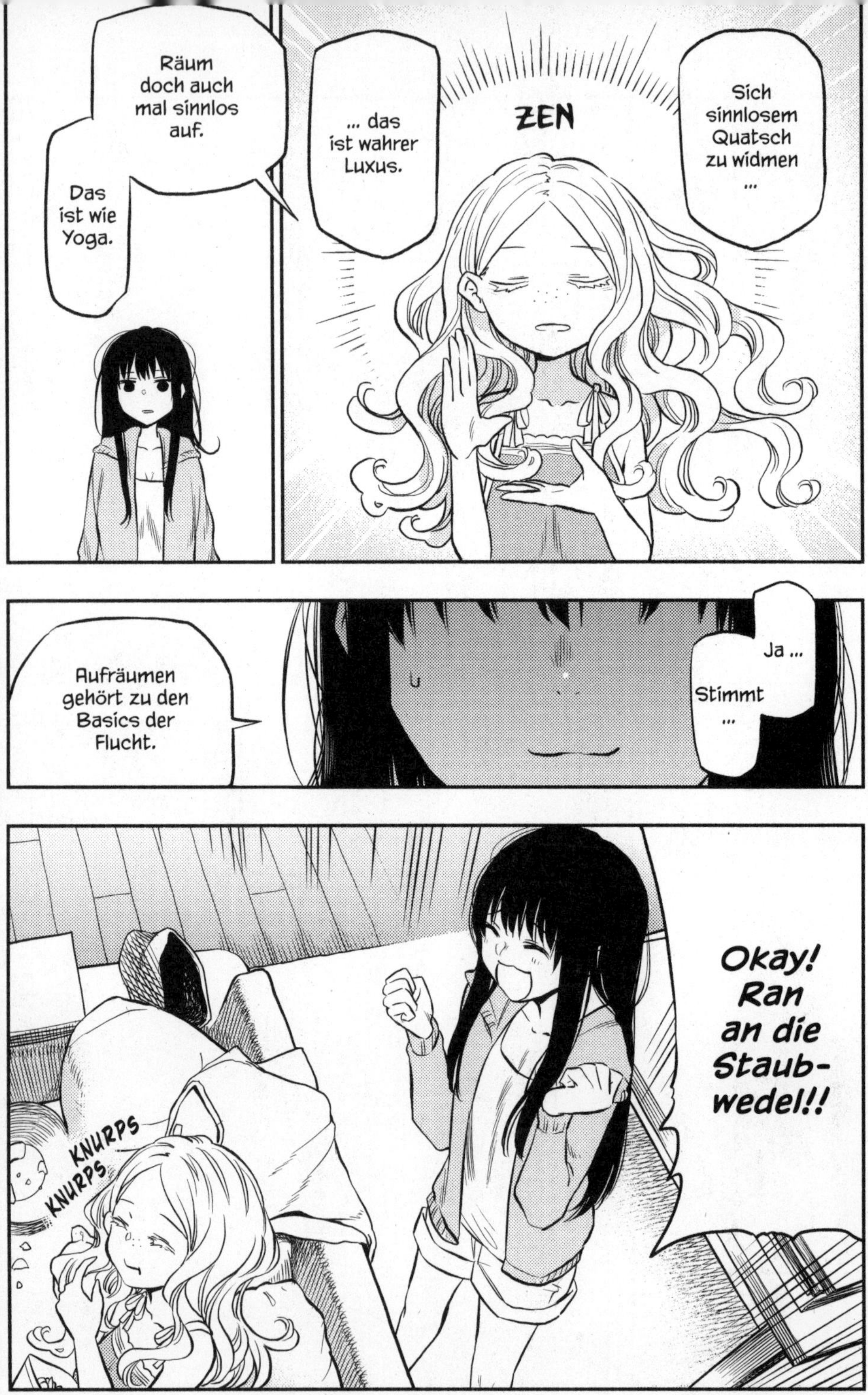
Sich sinnlosem Quatsch zu widmen ...
ZEN
... das ist wahrer Luxus.
Räum doch auch mal sinnlos auf.
Das ist wie Yoga.
Ja ...
Stimmt ...
Aufräumen gehört zu den Basics der Flucht.
Okay! Ran an die Staub-wedel!!
KNURPS
KNURPS

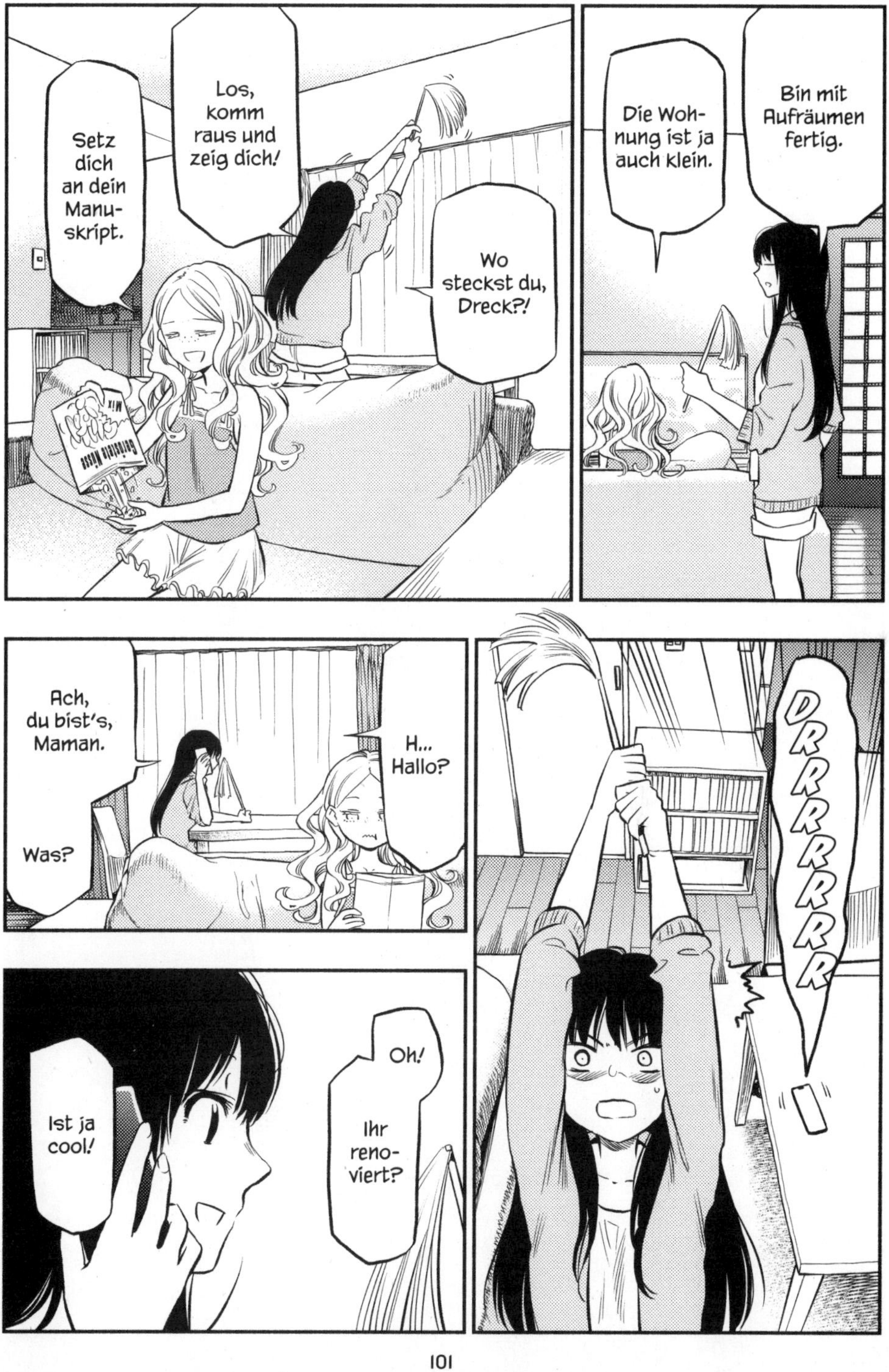
Bin mit Aufräumen fertig.
Die Wohnung ist ja auch klein.
Wo steckst du, Dreck?!
Los, komm raus und zeig dich!
Setz dich an dein Manuskript.
DRRRRRRR
H... Hallo?
Ach, du bist's, Maman.
Was?
Oh!
Ihr renoviert?
Ist ja cool!

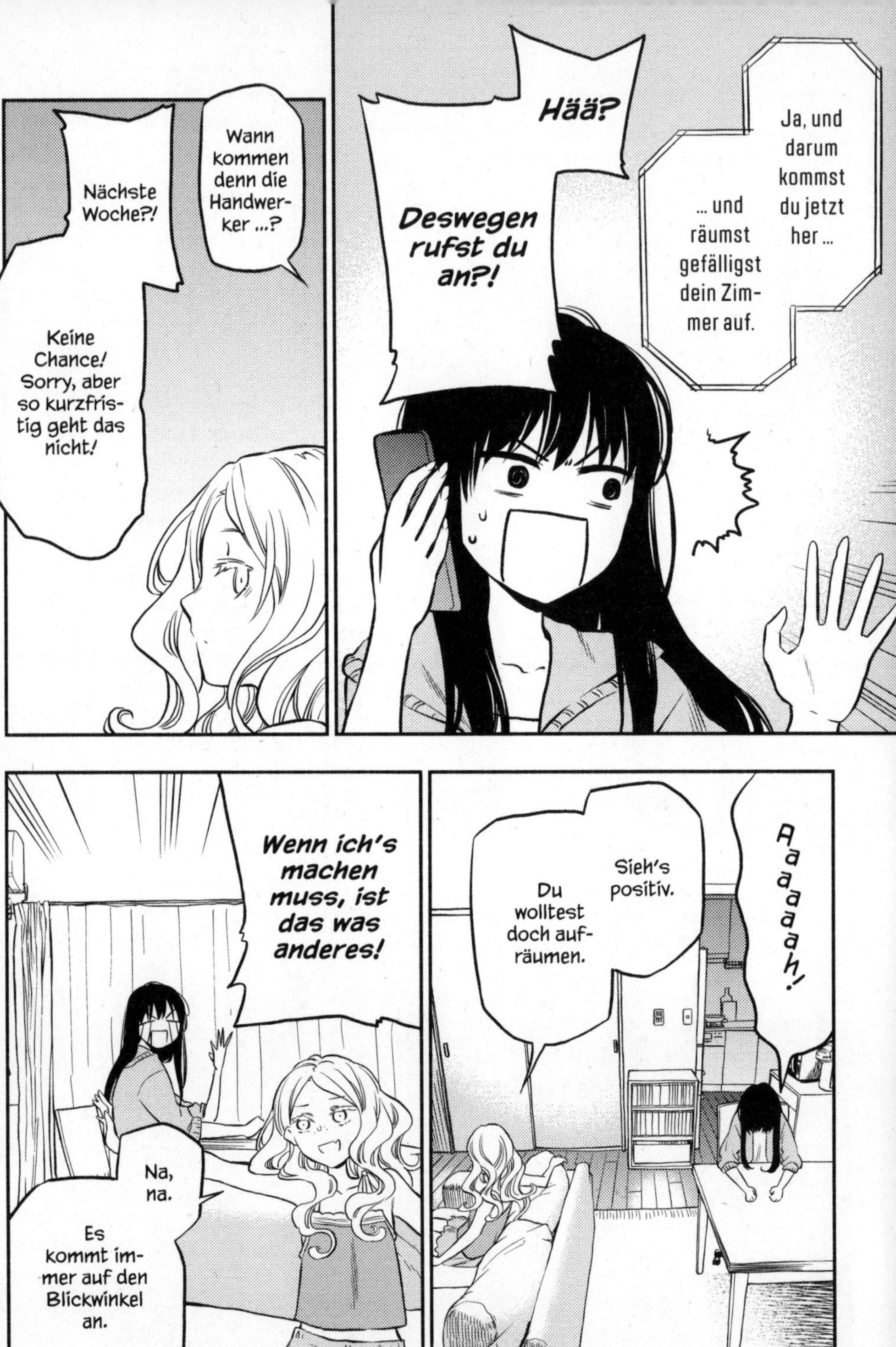
Ja, und darum kommst du jetzt her …
… und räumst gefälligst dein Zimmer auf.
Hää?
Deswegen rufst du an?!
Wann kommen denn die Handwerker …?
Nächste Woche?!
Keine Chance! Sorry, aber so kurzfristig geht das nicht!
Aaaaaah!
Sieh's positiv.
Du wolltest doch aufräumen.
Wenn ich's machen muss, ist das was anderes!
Na, na.
Es kommt immer auf den Blickwinkel an.

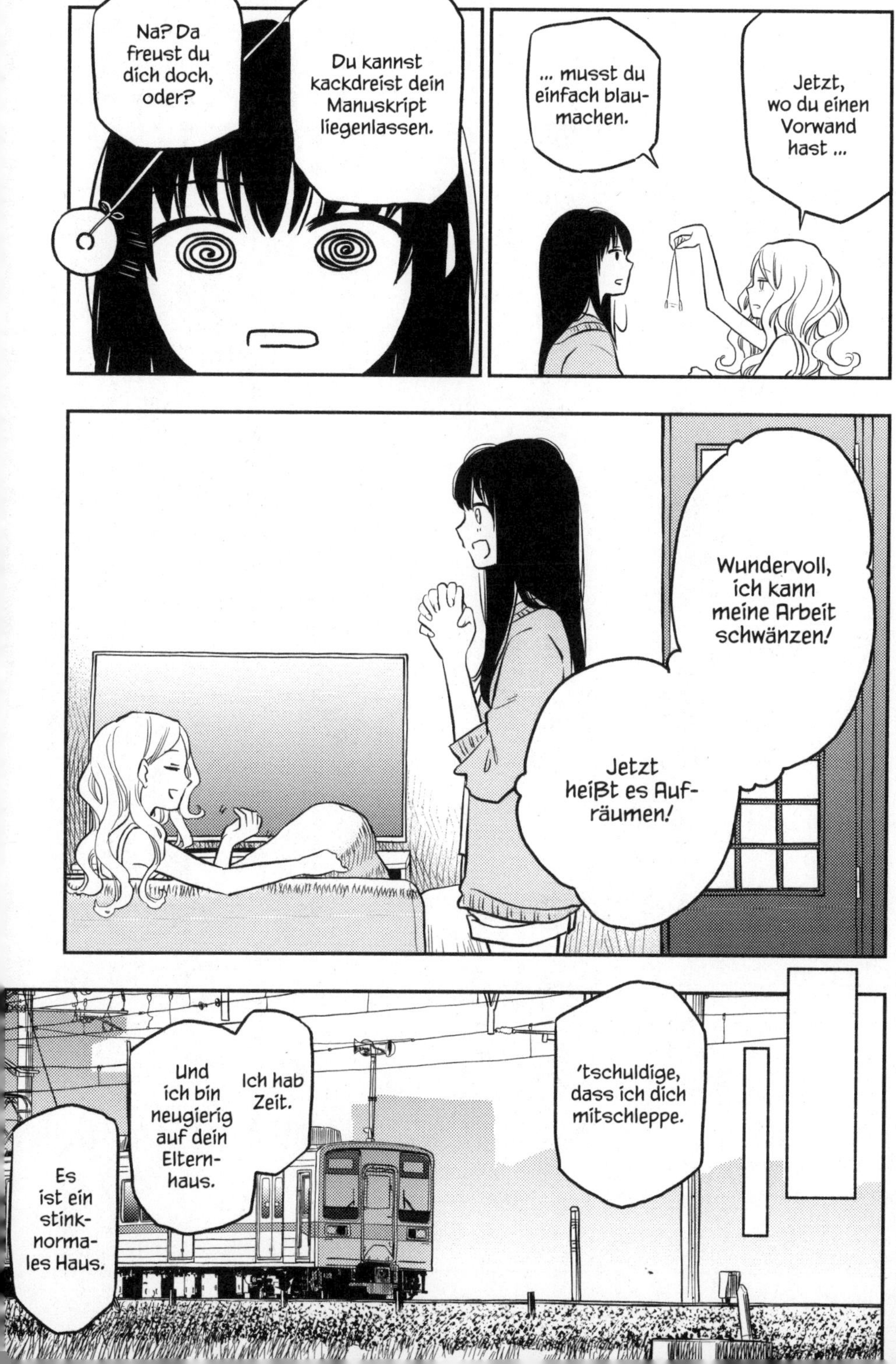
Jetzt, wo du einen Vorwand hast ...
... musst du einfach blaumachen.
Du kannst kackdreist dein Manuskript liegenlassen.
Na? Da freust du dich doch, oder?
Wundervoll, ich kann meine Arbeit schwänzen!
Jetzt heißt es Aufräumen!
'tschuldige, dass ich dich mitschleppe.
Ich hab Zeit.
Und ich bin neugierig auf dein Elternhaus.
Es ist ein stinknormales Haus.

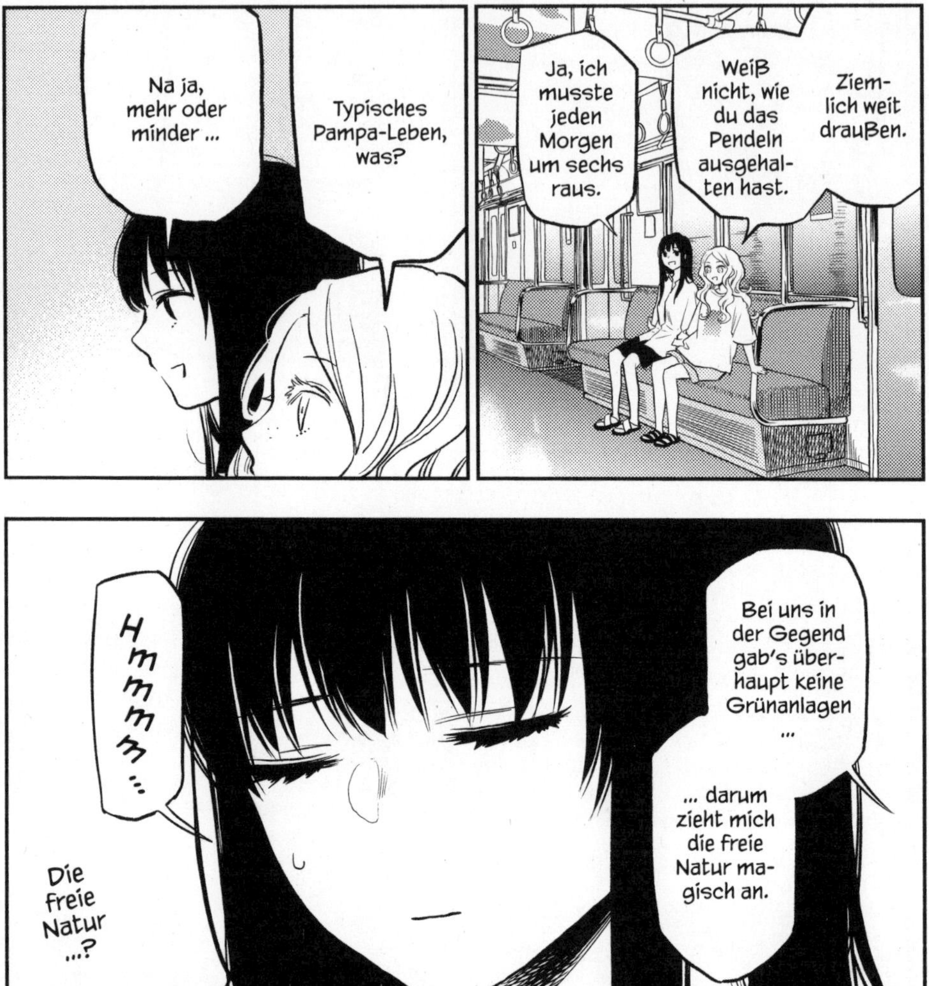

* Bohnenmus-Taschen aus Gyoda in der Präfektur Saitama

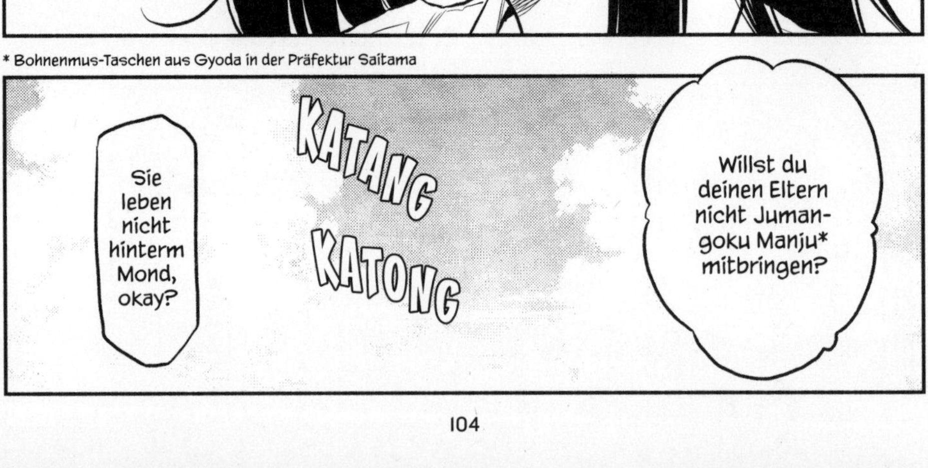

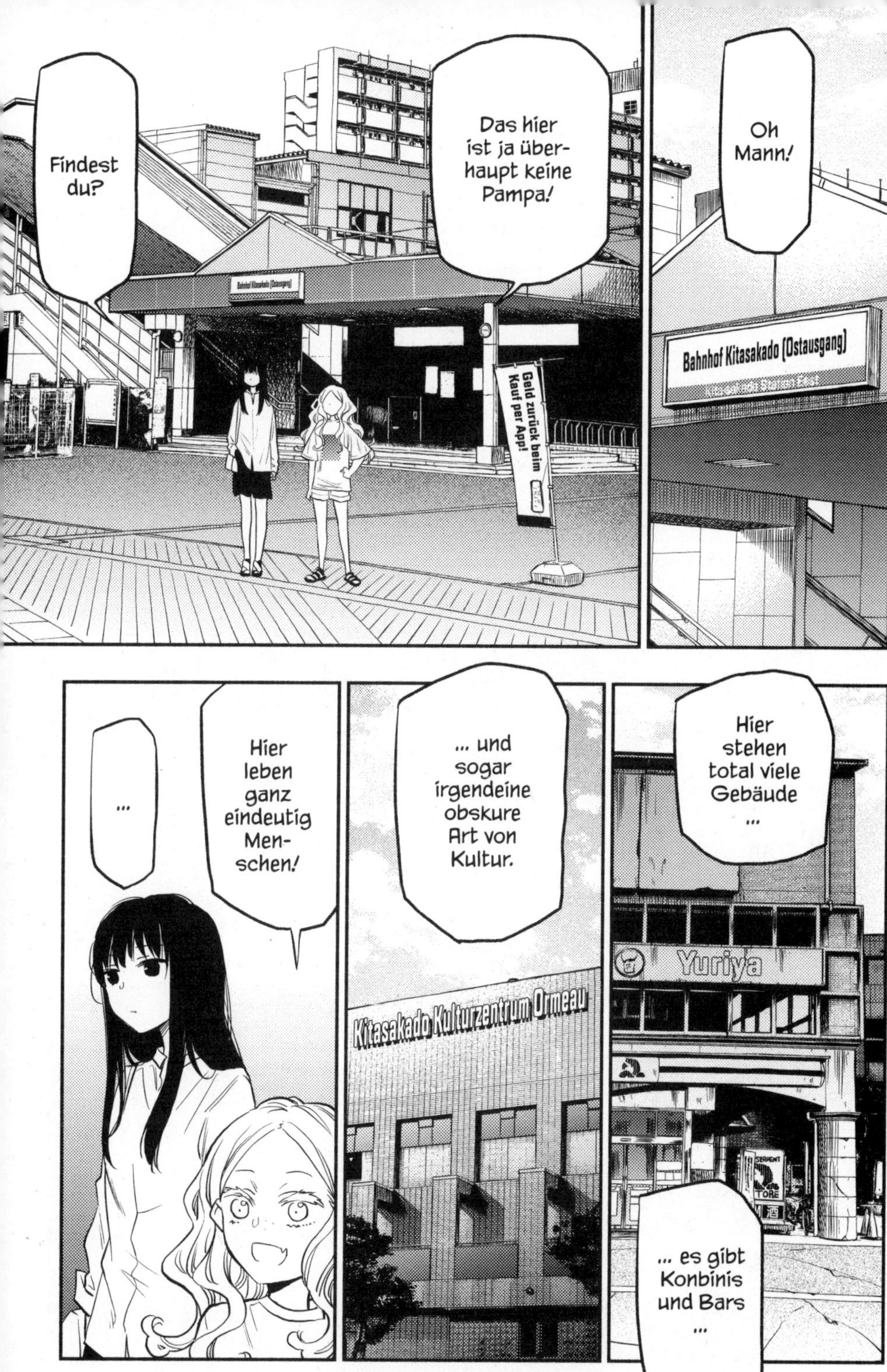
Oh Mann!
Bahnhof Kitasakado (Ostausgang)
Das hier ist ja überhaupt keine Pampa!
Findest du?
Bahnhof Kitasakado (Ostausgang)
Geld zurück beim Kauf per App!
Hier stehen total viele Gebäude ...
... es gibt Konbinis und Bars ...
Yuriya
... und sogar irgendeine obskure Art von Kultur.
Kitasakado Kulturzentrum Ormeau
Hier leben ganz eindeutig Menschen!
...

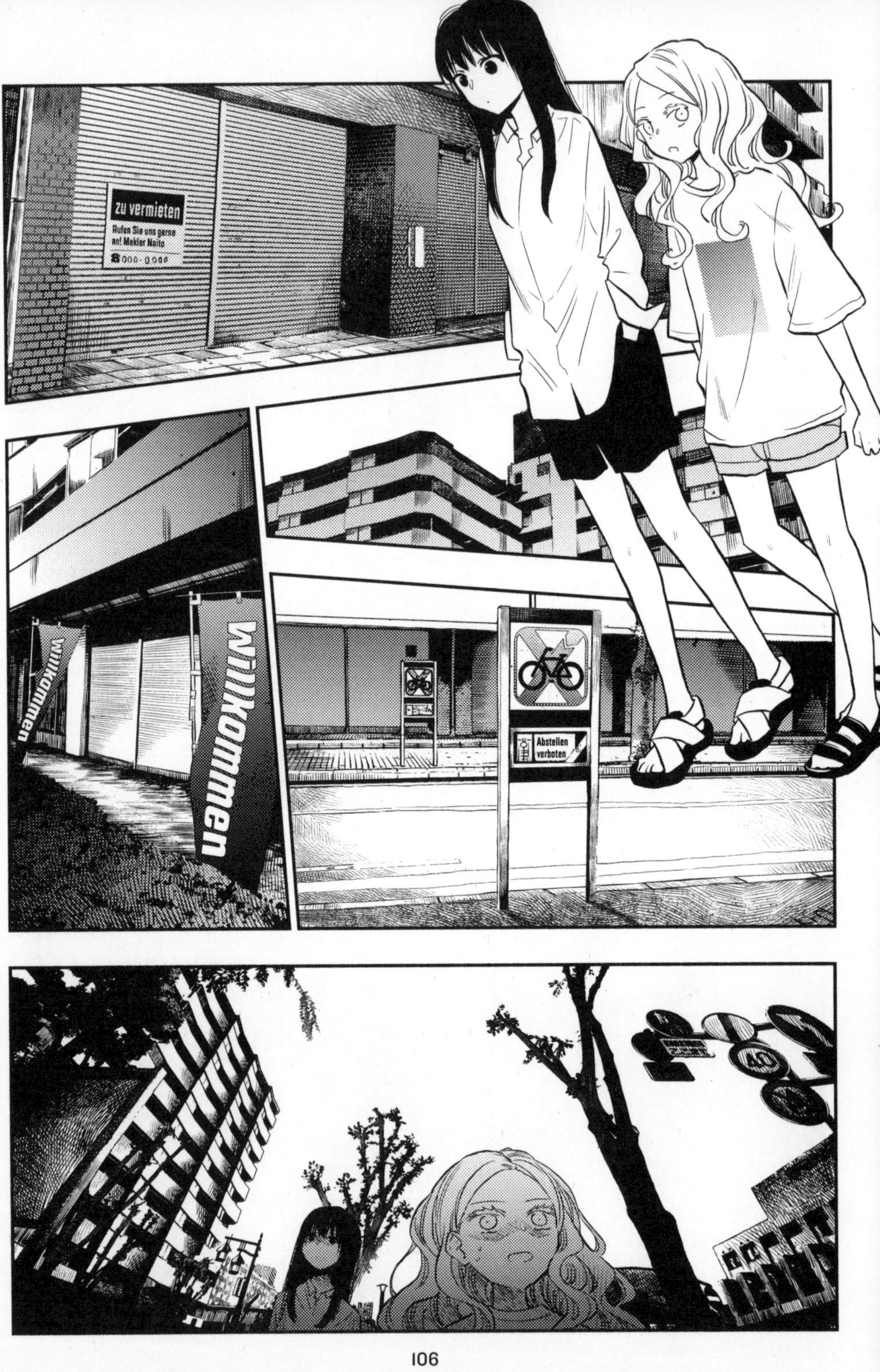
zu vermieten
Rufen Sie uns gerne an! Makler Naito
willkommen
willkommen
Abstellen verboten
40

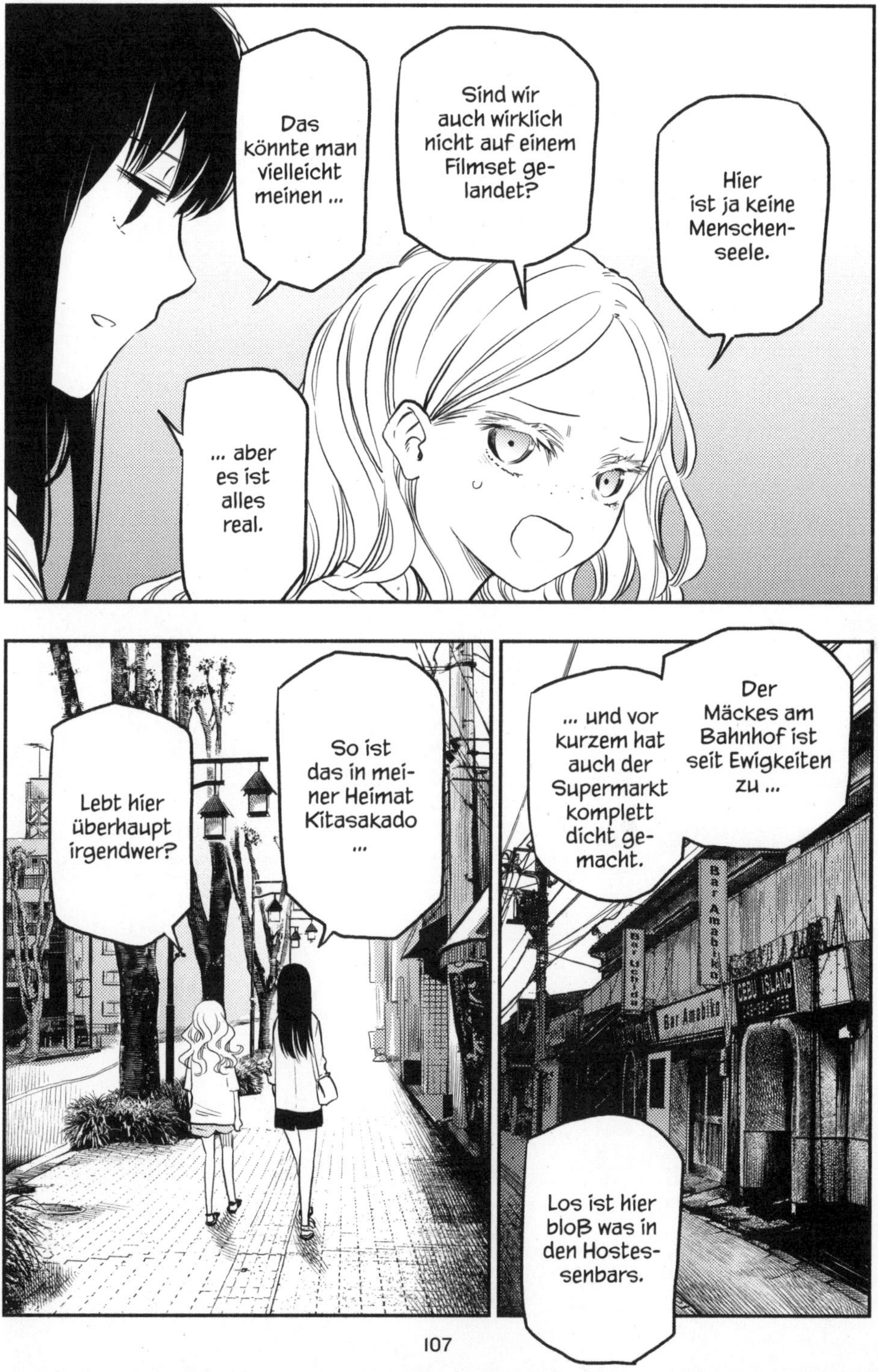
Hier ist ja keine Menschenseele.
Sind wir auch wirklich nicht auf einem Filmset gelandet?
Das könnte man vielleicht meinen ...
... aber es ist alles real.
Der Mäckes am Bahnhof ist seit Ewigkeiten zu ...
... und vor kurzem hat auch der Supermarkt komplett dicht gemacht.
Los ist hier bloß was in den Hostessenbars.
So ist das in meiner Heimat Kitasakado ...
Lebt hier überhaupt irgendwer?

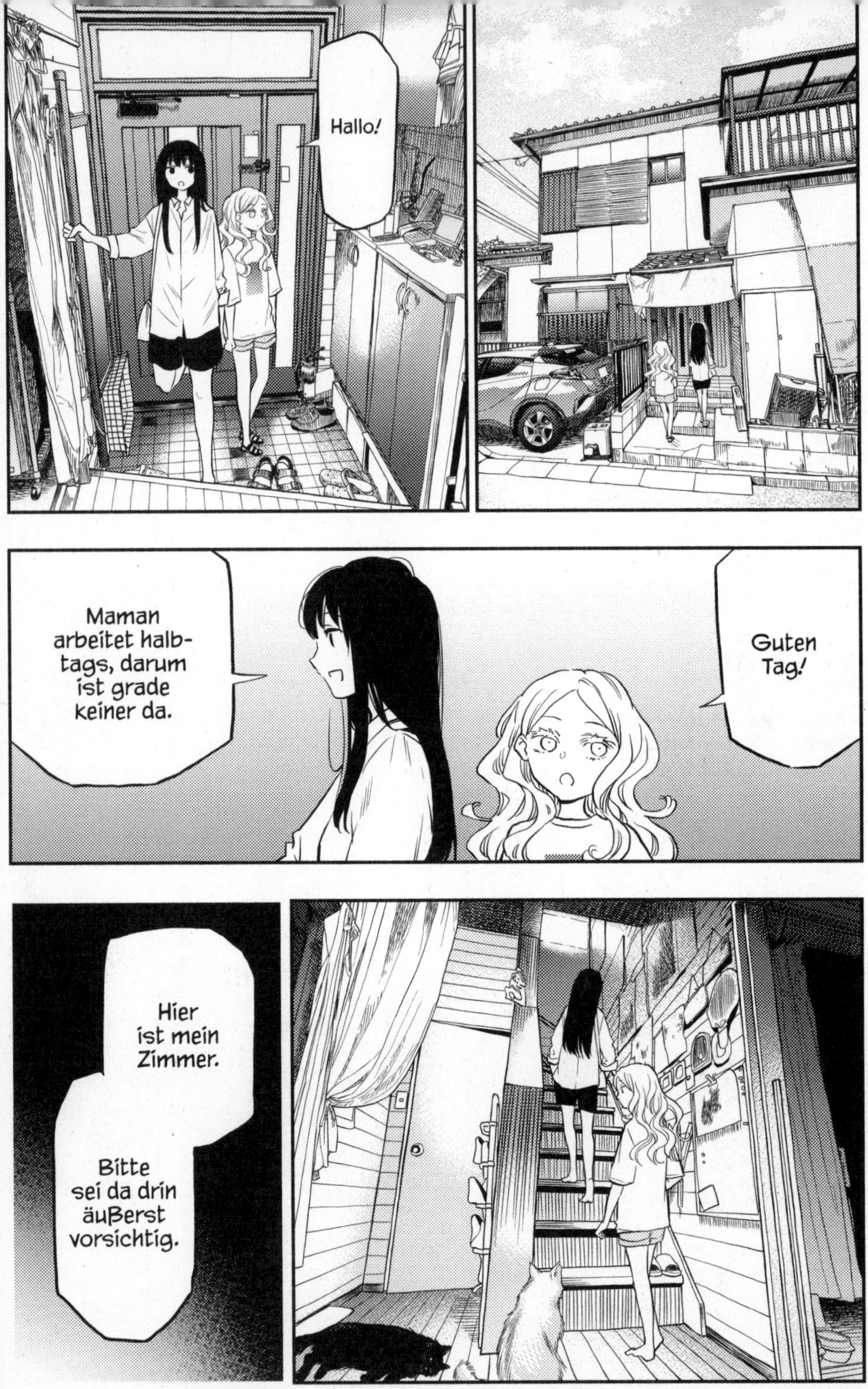
Hallo!
Guten Tag!
Maman arbeitet halbtags, darum ist grade keiner da.
Hier ist mein Zimmer.
Bitte sei da drin äußerst vorsichtig.

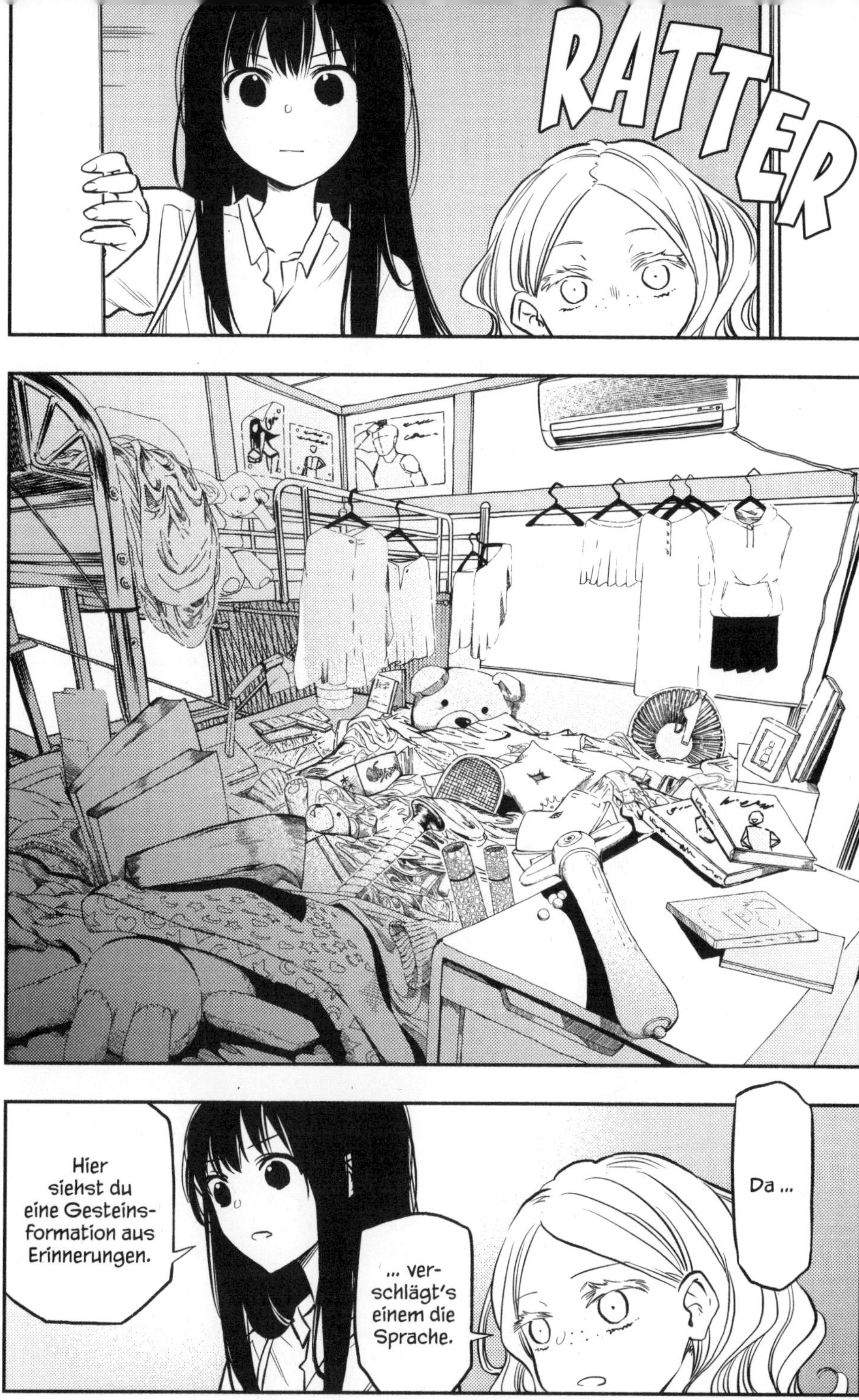
RATTER
Da ...
... verschlägt's einem die Sprache.
Hier siehst du eine Gesteinsformation aus Erinnerungen.

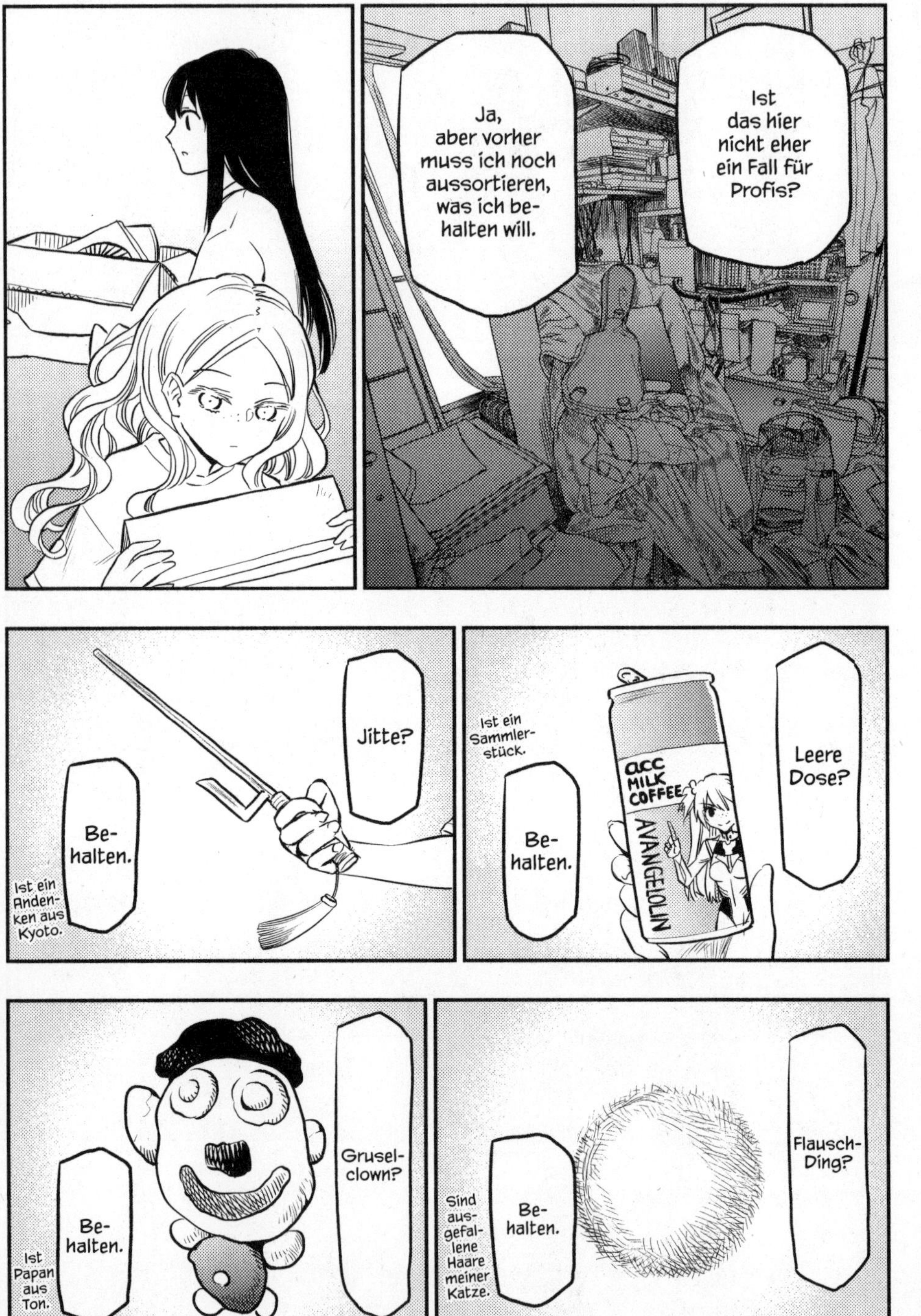
Ist das hier nicht eher ein Fall für Profis?
Ja, aber vorher muss ich noch aussortieren, was ich behalten will.
Leere Dose?
acc MILK COFFEE
AVANGELOLIN
Behalten.
Ist ein Sammlerstück.
Jitte?
Behalten.
Ist ein Andenken aus Kyoto.
Flausch-Ding?
Behalten.
Sind ausgefallene Haare meiner Katze.
Gruselclown?
Behalten.
Ist Papan aus Ton.

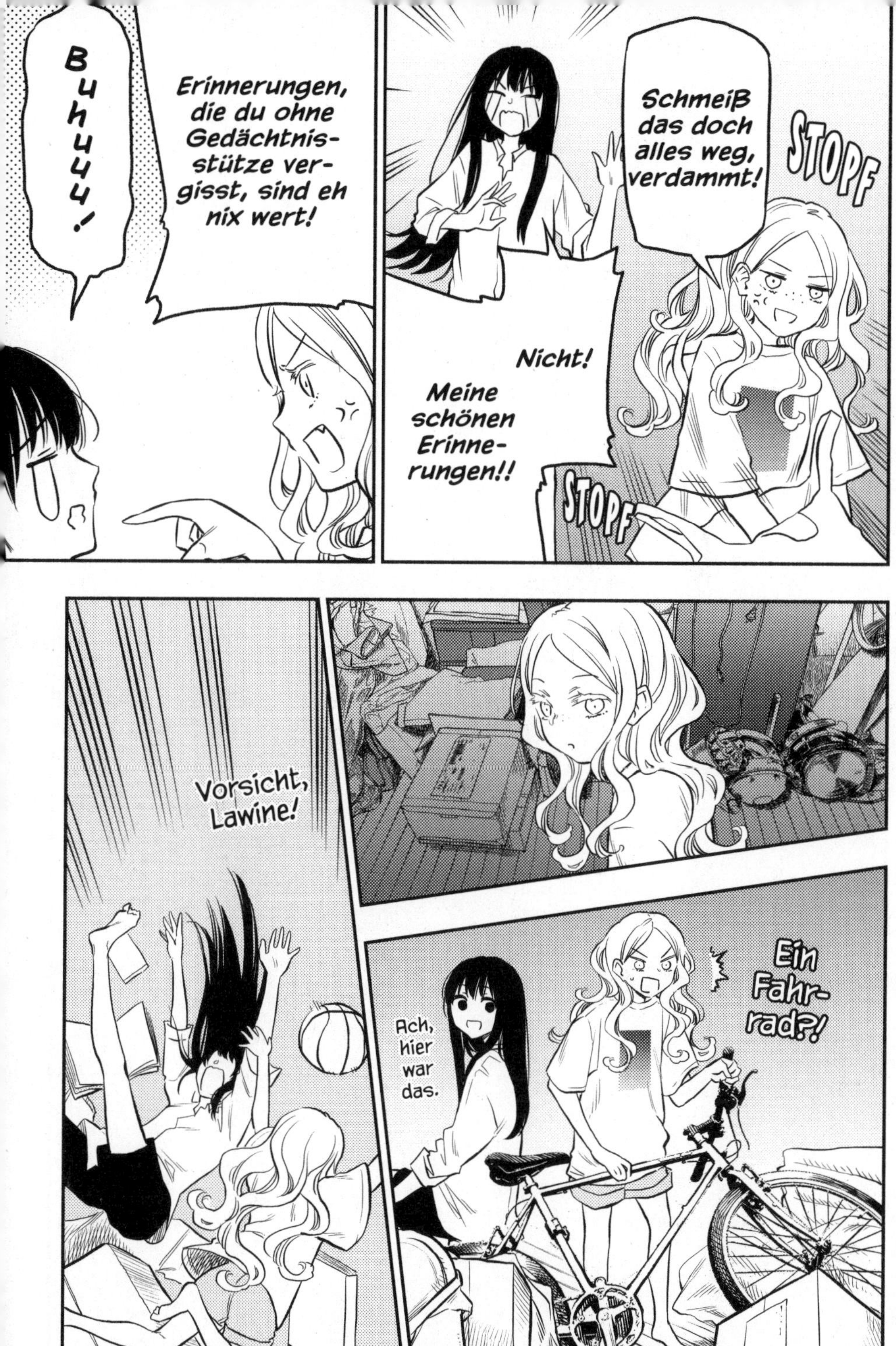
Schmeiß das doch alles weg, verdammt!
STOPF
Nicht!
Meine schönen Erinnerungen!!
STOPF
Erinnerungen, die du ohne Gedächtnisstütze vergisst, sind eh nix wert!
Buhuuu!
Vorsicht, Lawine!
Ein Fahrrad?!
Ach, hier war das.

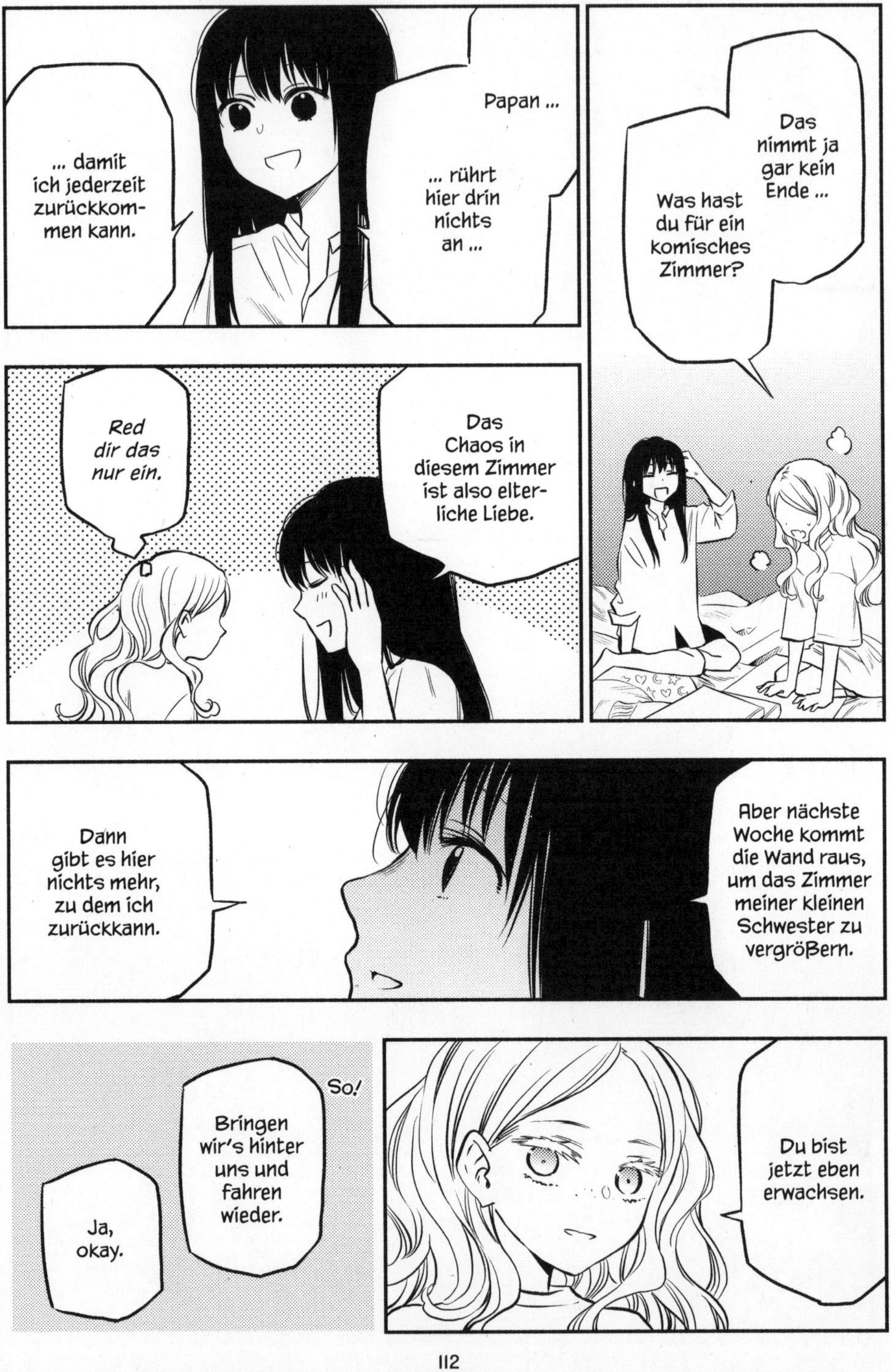
Das nimmt ja gar kein Ende ...
Was hast du für ein komisches Zimmer?
Papan ...
... rührt hier drin nichts an ...
... damit ich jederzeit zurückkommen kann.
Das Chaos in diesem Zimmer ist also elterliche Liebe.
Red dir das nur ein.
Aber nächste Woche kommt die Wand raus, um das Zimmer meiner kleinen Schwester zu vergrößern.
Dann gibt es hier nichts mehr, zu dem ich zurückkann.
Du bist jetzt eben erwachsen.
So!
Bringen wir's hinter uns und fahren wieder.
Ja, okay.

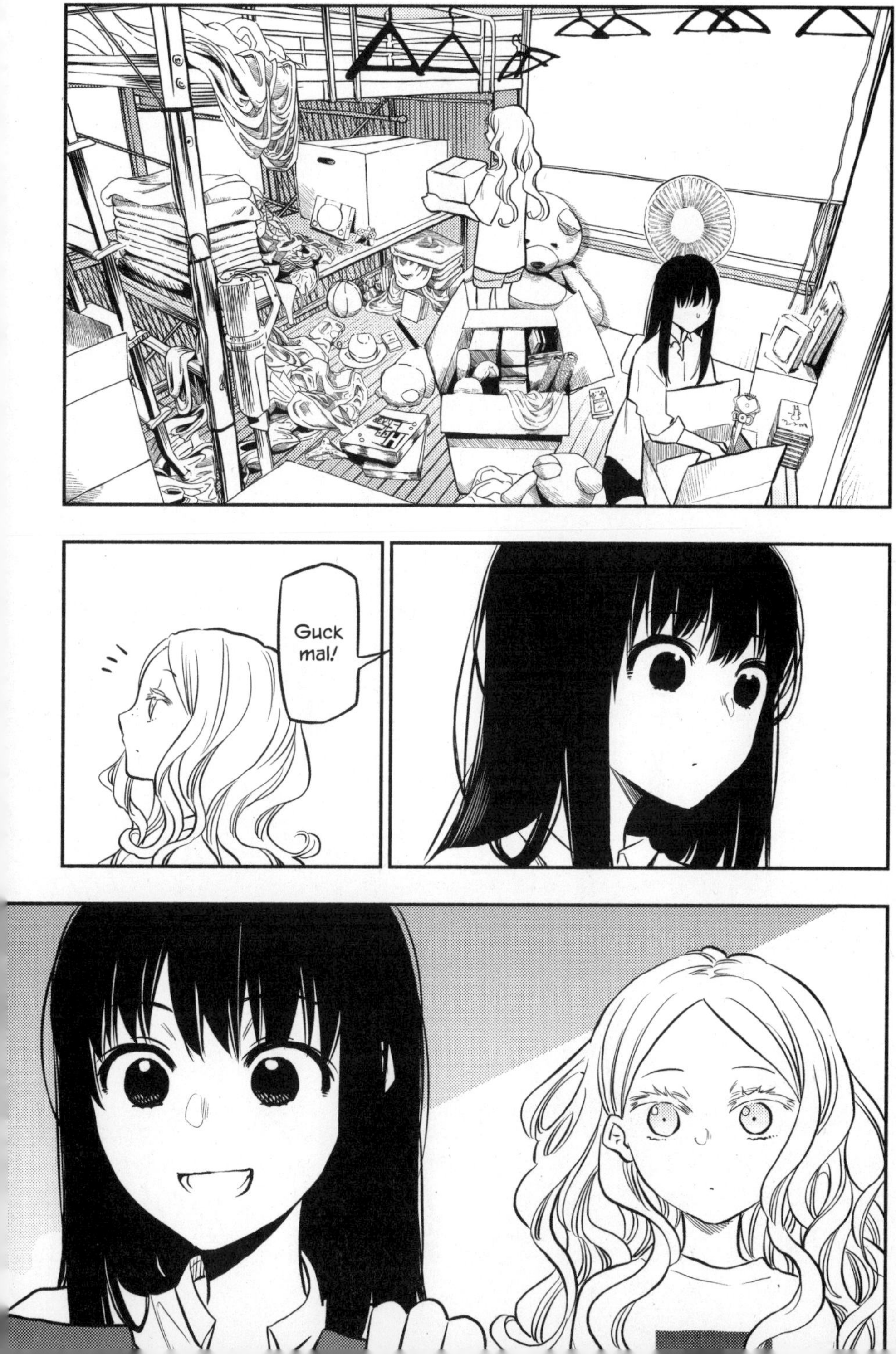
Guck mal!

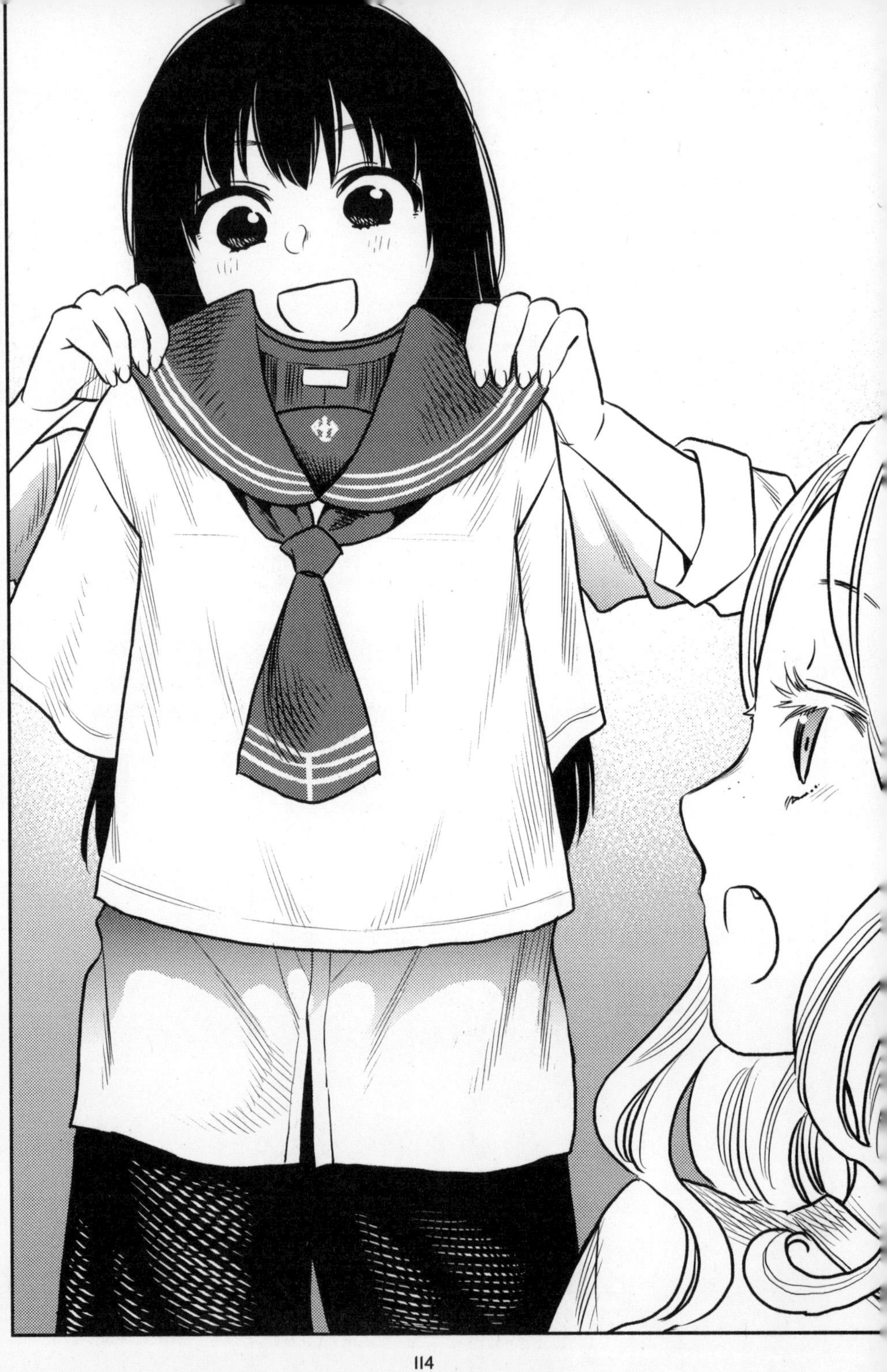

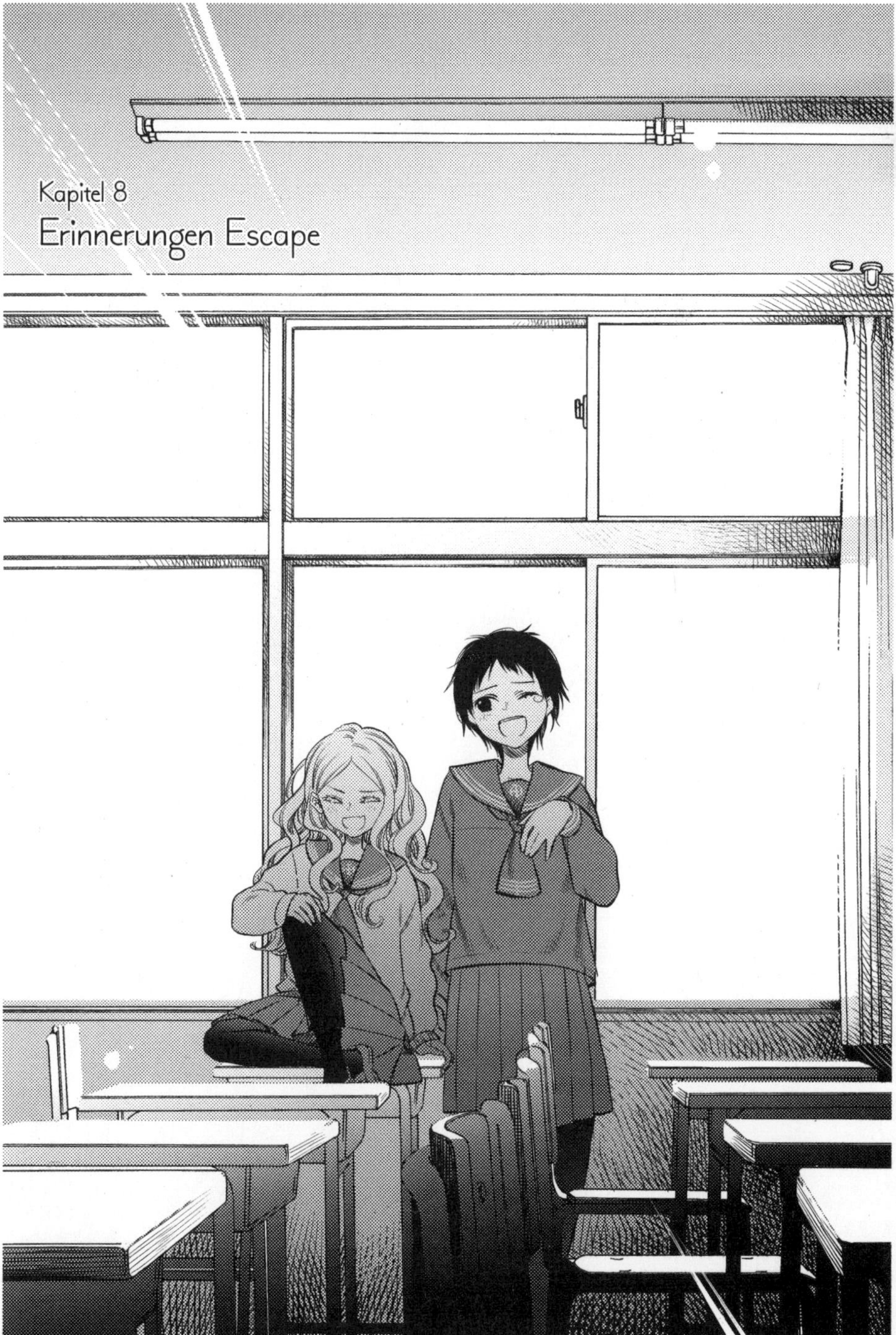
Kapitel 8
Erinnerungen Escape

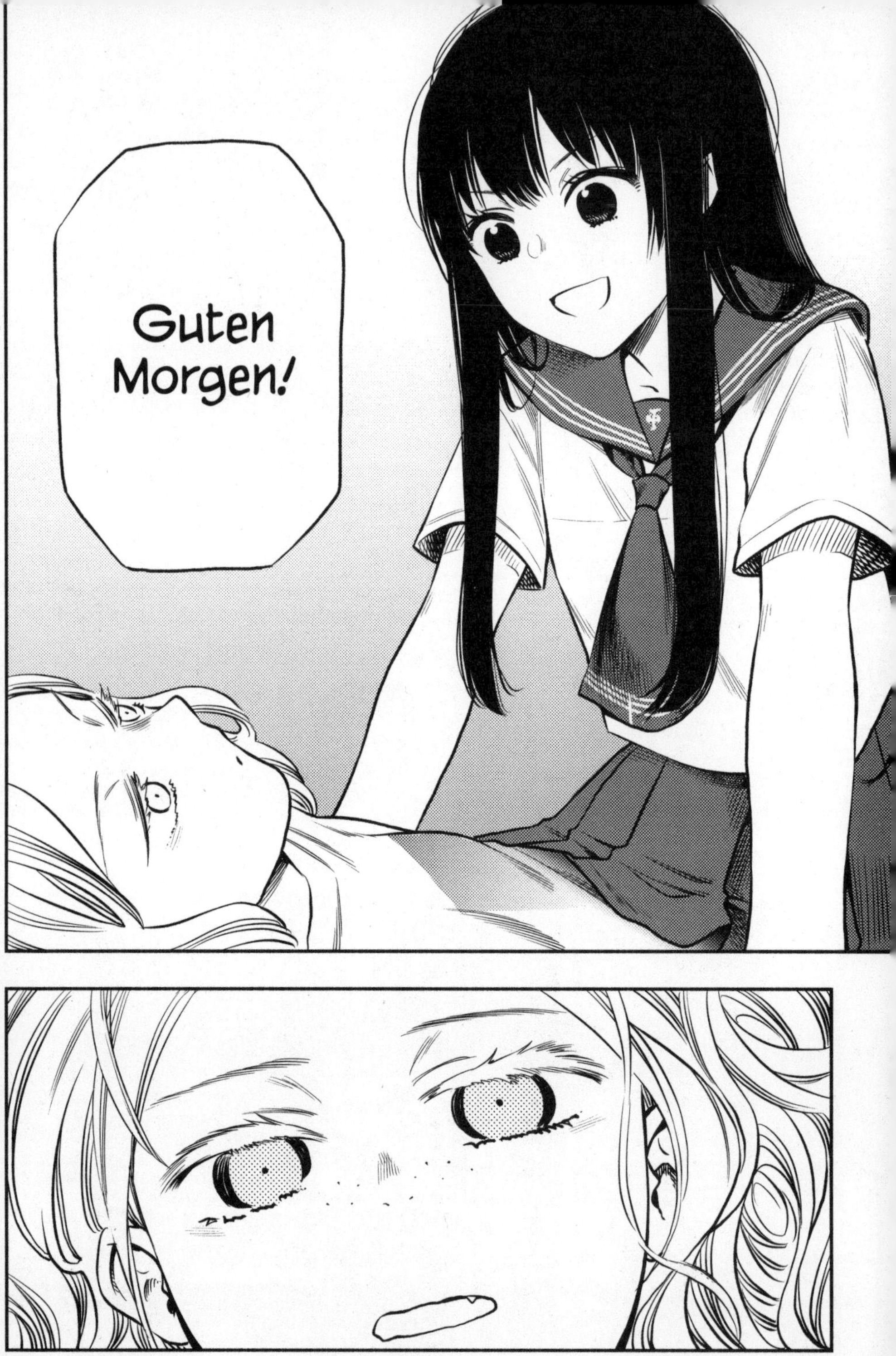
Guten Morgen!

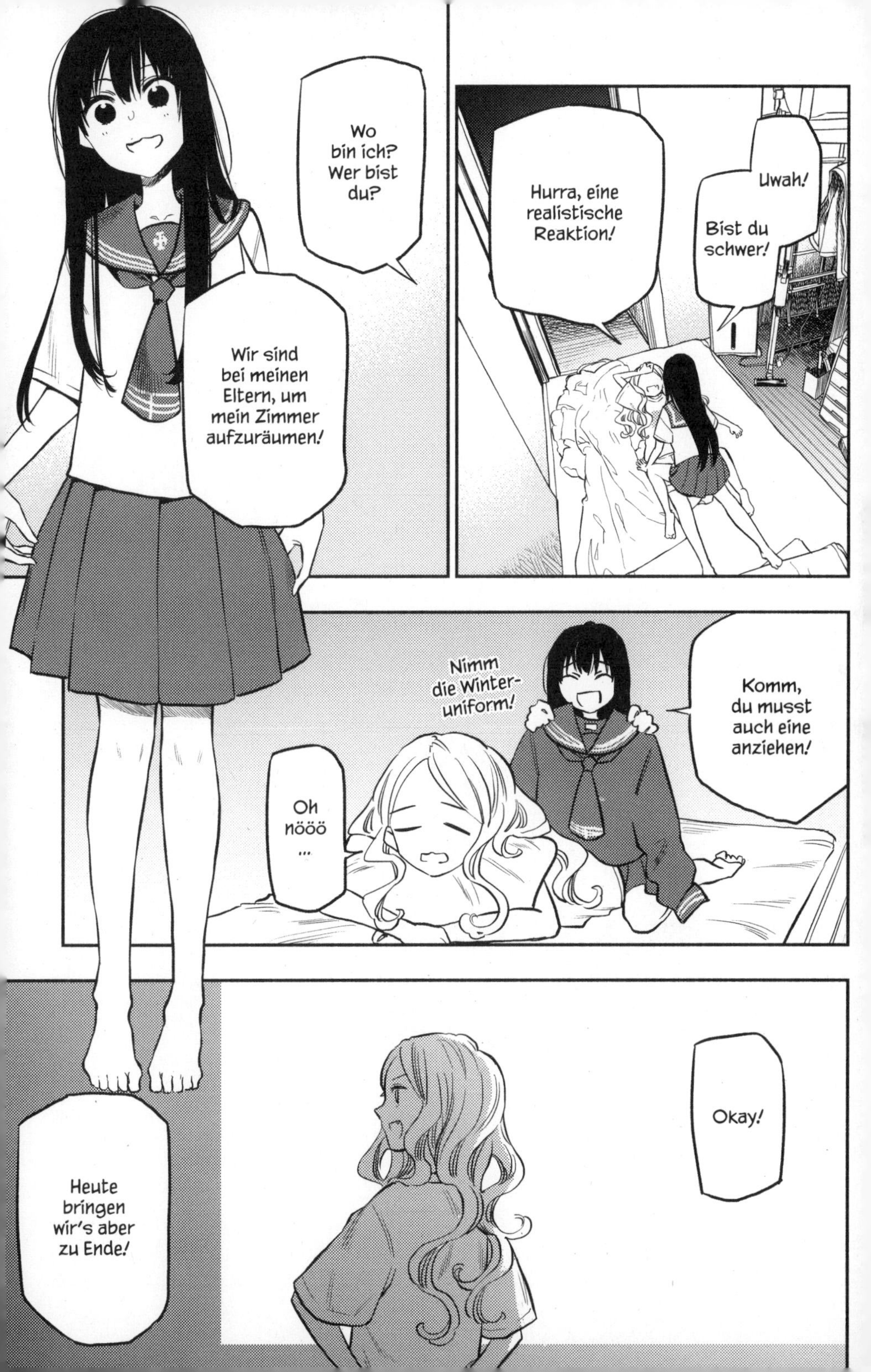
Uwah!
Bist du schwer!
Hurra, eine realistische Reaktion!
Wo bin ich? Wer bist du?
Wir sind bei meinen Eltern, um mein Zimmer aufzuräumen!
Komm, du musst auch eine anziehen!
Nimm die Winter-uniform!
Oh nööö ...
Okay!
Heute bringen wir's aber zu Ende!

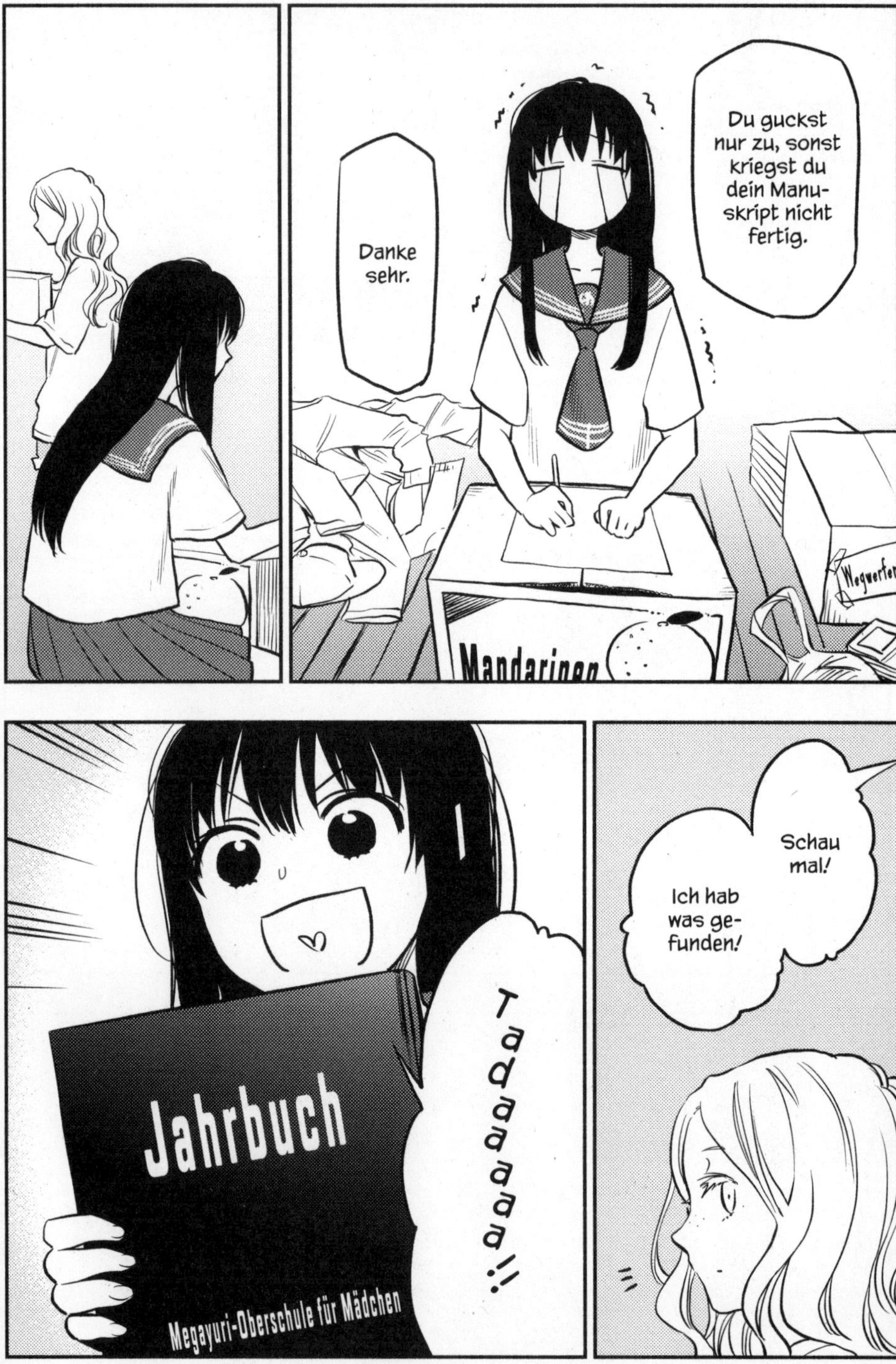
Du guckst nur zu, sonst kriegst du dein Manuskript nicht fertig.
Danke sehr.
Wegwerfen
Mandarinen
Schau mal!
Ich hab was gefunden!
Tadaaaaaa!!
Jahrbuch
Megayuri-Oberschule für Mädchen

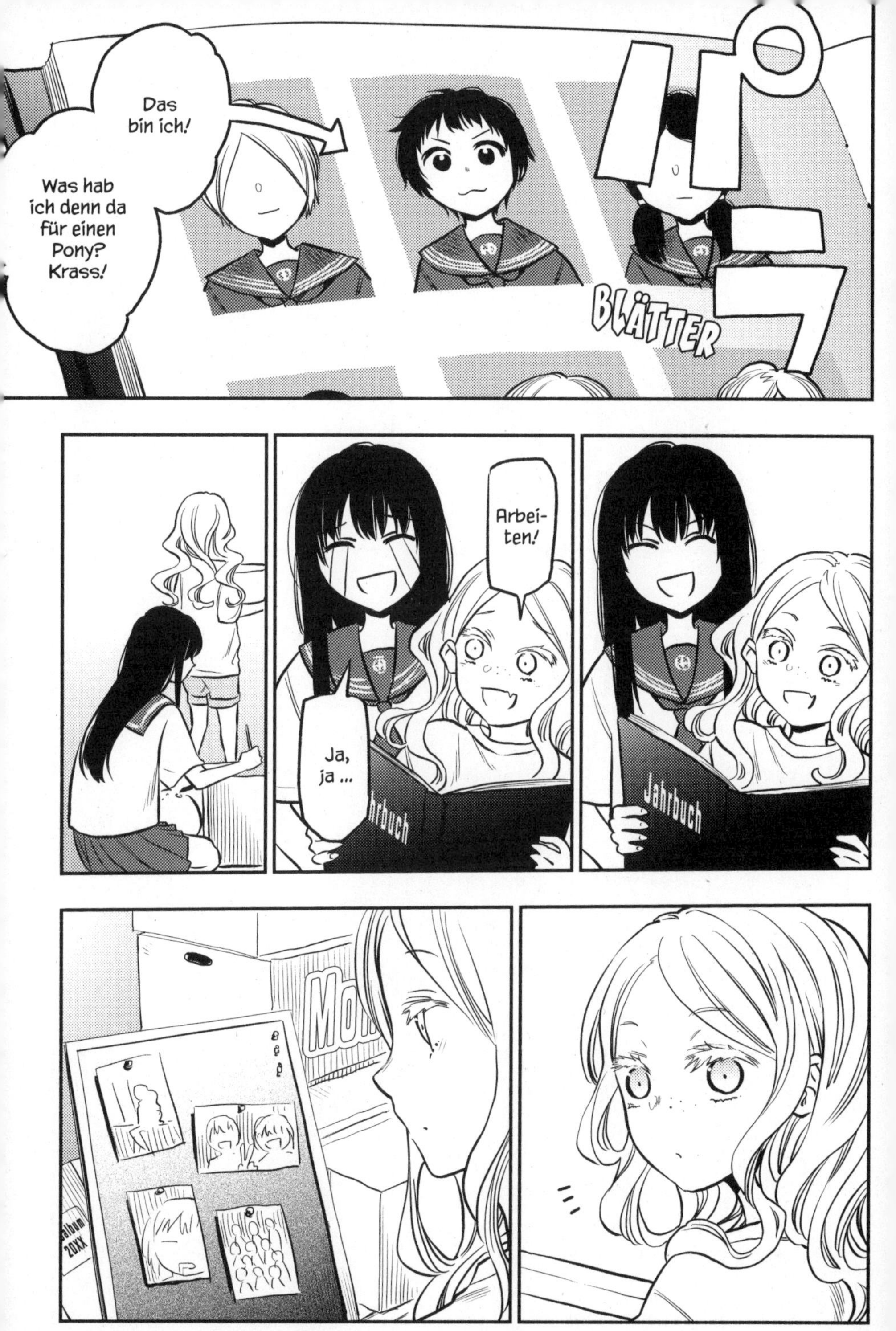

BLÄTTER
Das bin ich!
Was hab ich denn da für einen Pony? Krass!
Arbeiten!
Ja, ja …
Jahrbuch
Jahrbuch
album 20XX

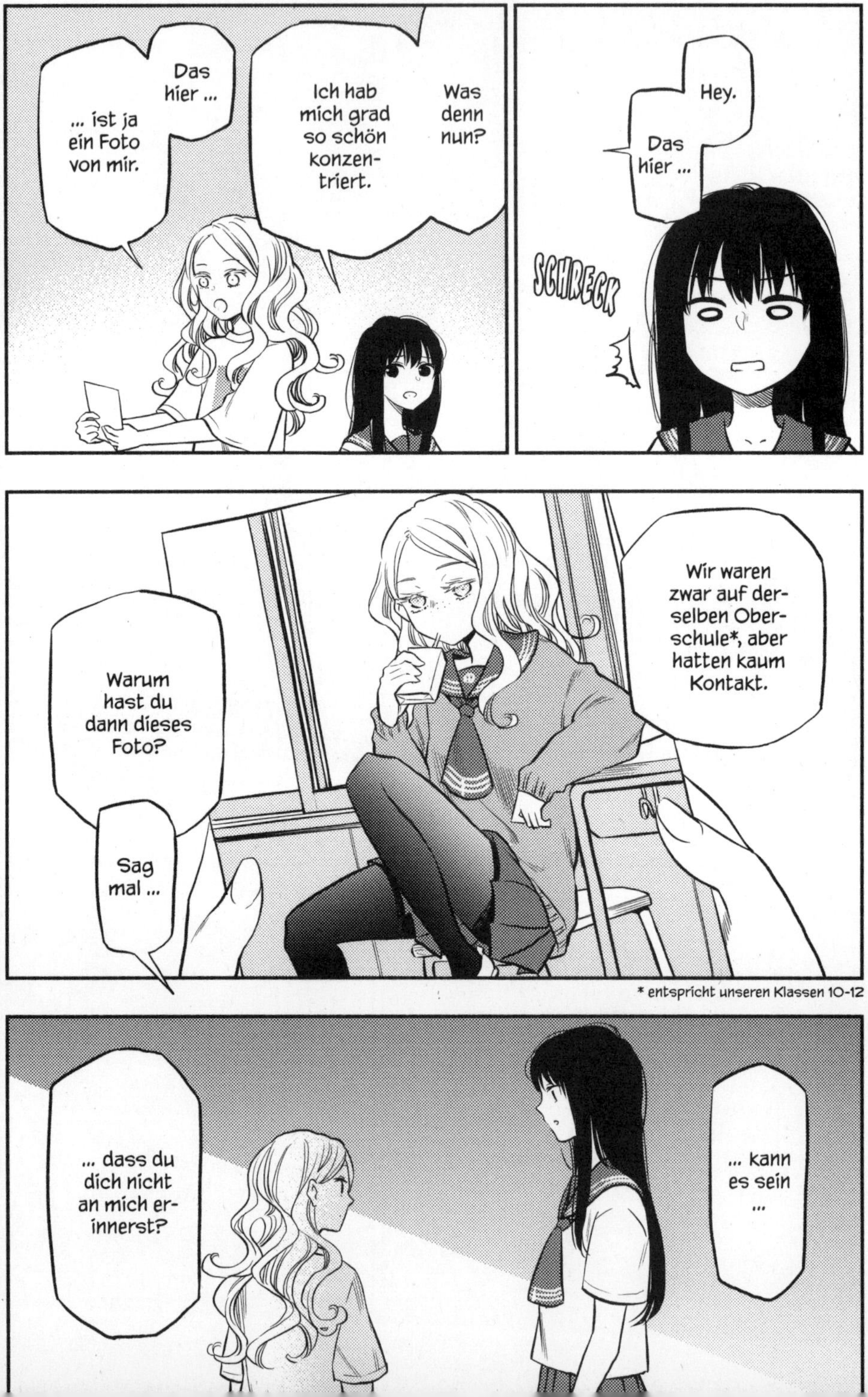

* entspricht unseren Klassen 10-12

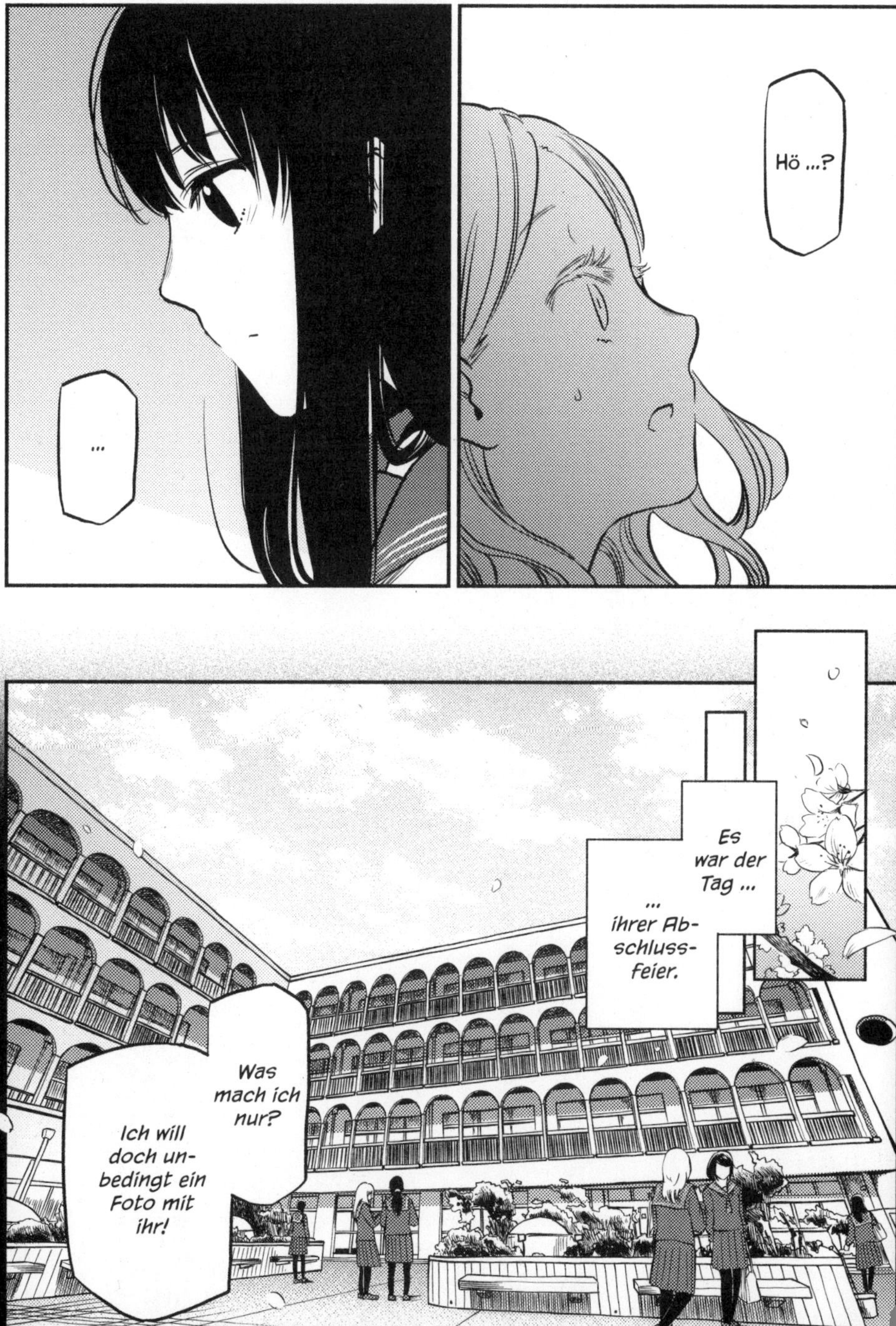
Hö ...?
...
Es war der Tag ...
... ihrer Abschlussfeier.
Was mach ich nur?
Ich will doch unbedingt ein Foto mit ihr!

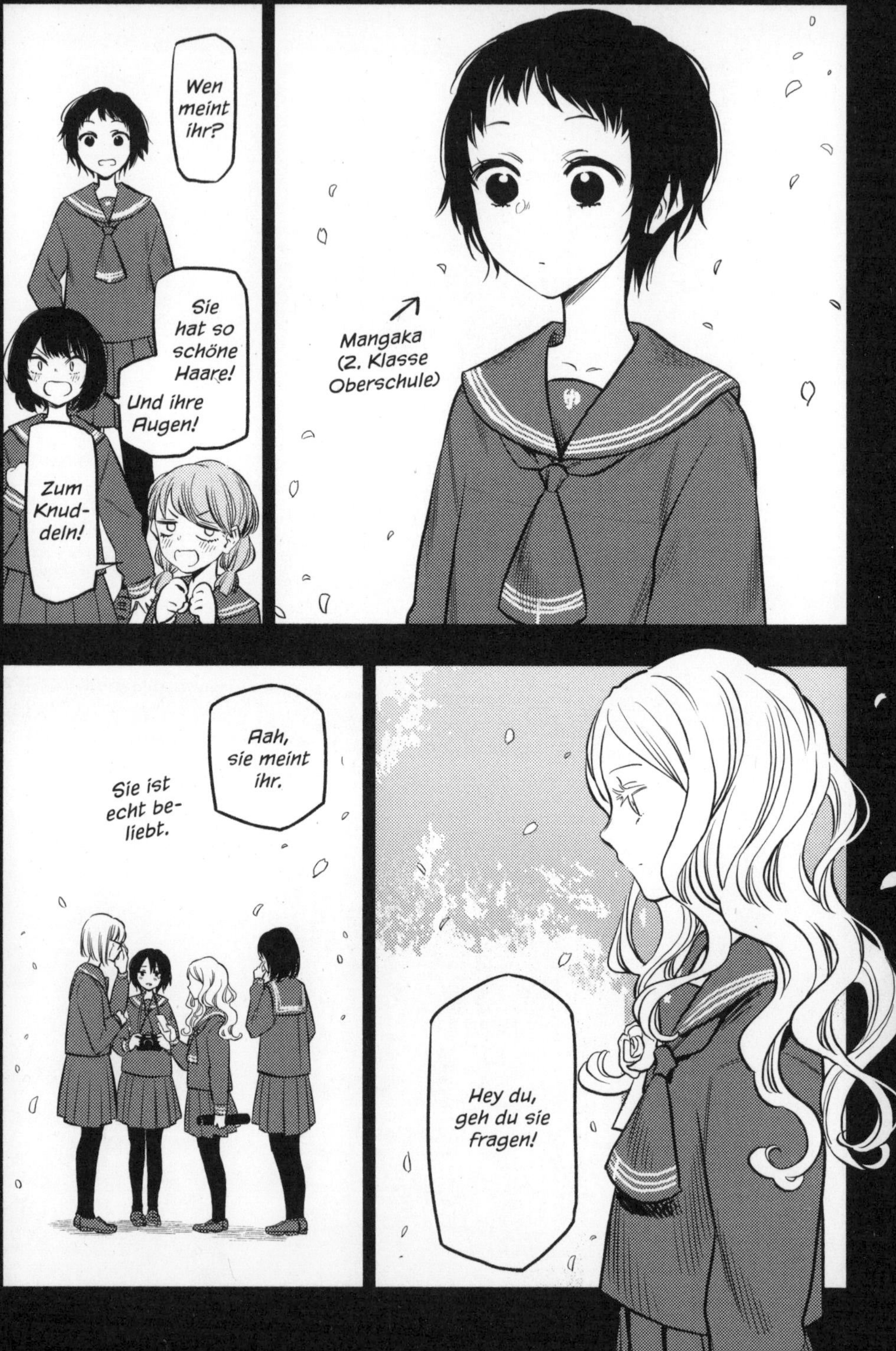
Mangaka (2. Klasse Oberschule)
Wen meint ihr?
Sie hat so schöne Haare!
Und ihre Augen!
Zum Knuddeln!
Hey du, geh du sie fragen!
Aah, sie meint ihr.
Sie ist echt beliebt.

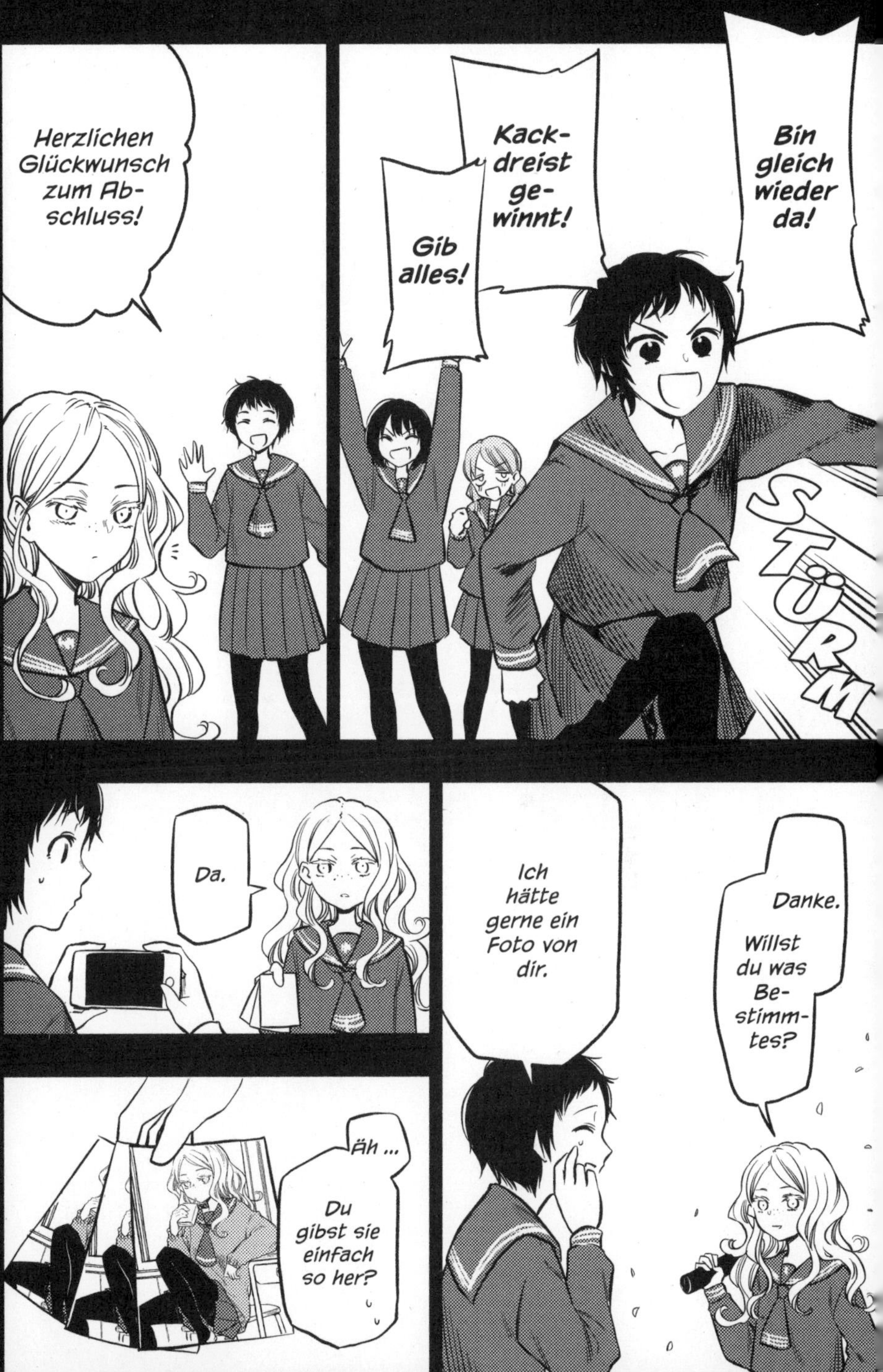
Bin gleich wieder da!
STÜRM
Kack-dreist ge-winnt!
Gib alles!
Herzlichen Glückwunsch zum Ab-schluss!
Danke. Willst du was Be-stimm-tes?
Ich hätte gerne ein Foto von dir.
Da.
Äh ...
Du gibst sie einfach so her?

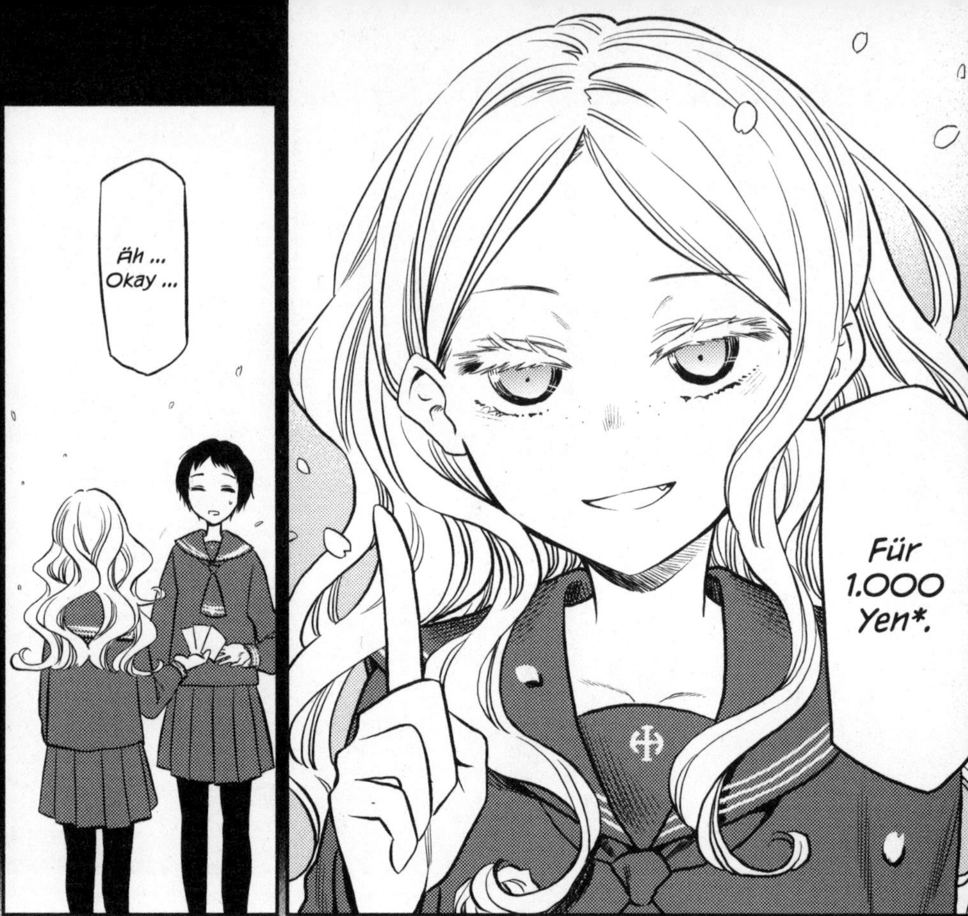
Für 1.000 Yen*.
Äh ... Okay ...

* ca. 7,50 Euro

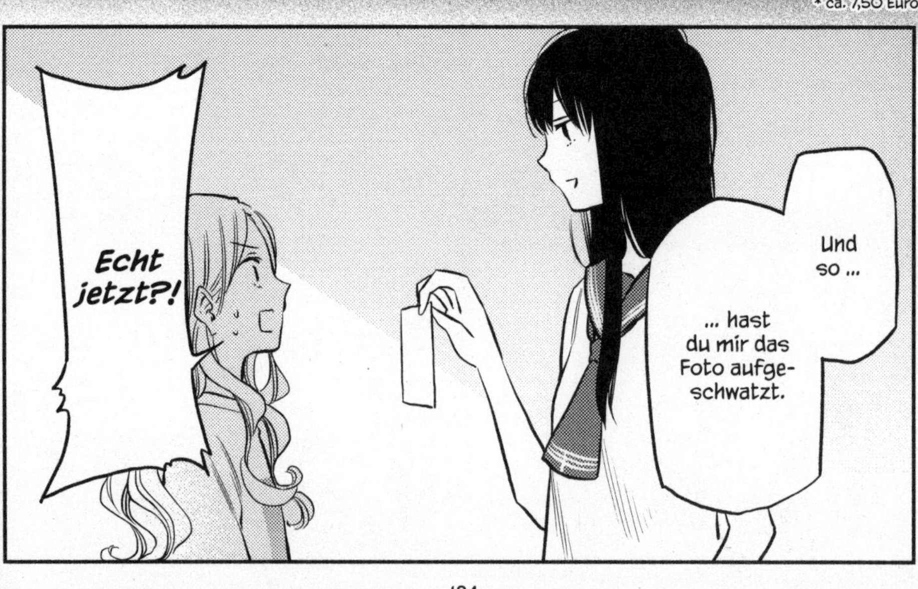
Und so ...
... hast du mir das Foto aufgeschwatzt.
Echt jetzt?!

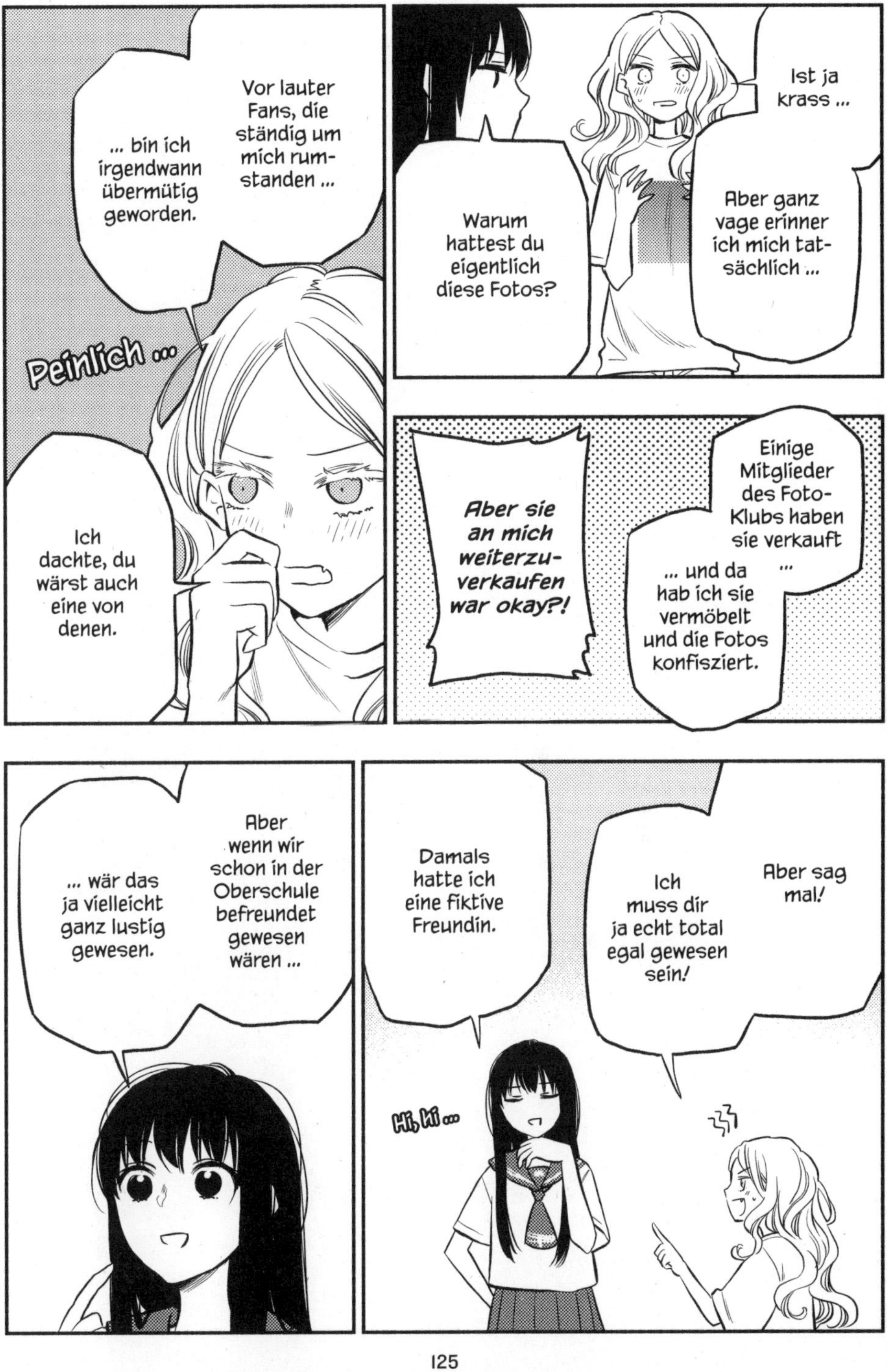
Ist ja krass ...
Aber ganz vage erinner ich mich tatsächlich ...
Warum hattest du eigentlich diese Fotos?
Einige Mitglieder des Foto-Klubs haben sie verkauft ...
... und da hab ich sie vermöbelt und die Fotos konfisziert.
Aber sie an mich weiterzuverkaufen war okay?!
Vor lauter Fans, die ständig um mich rumstanden ...
... bin ich irgendwann übermütig geworden.
Peinlich ...
Ich dachte, du wärst auch eine von denen.
Aber sag mal!
Ich muss dir ja echt total egal gewesen sein!
Damals hatte ich eine fiktive Freundin.
Hi, hi ...
Aber wenn wir schon in der Oberschule befreundet gewesen wären ...
... wär das ja vielleicht ganz lustig gewesen.

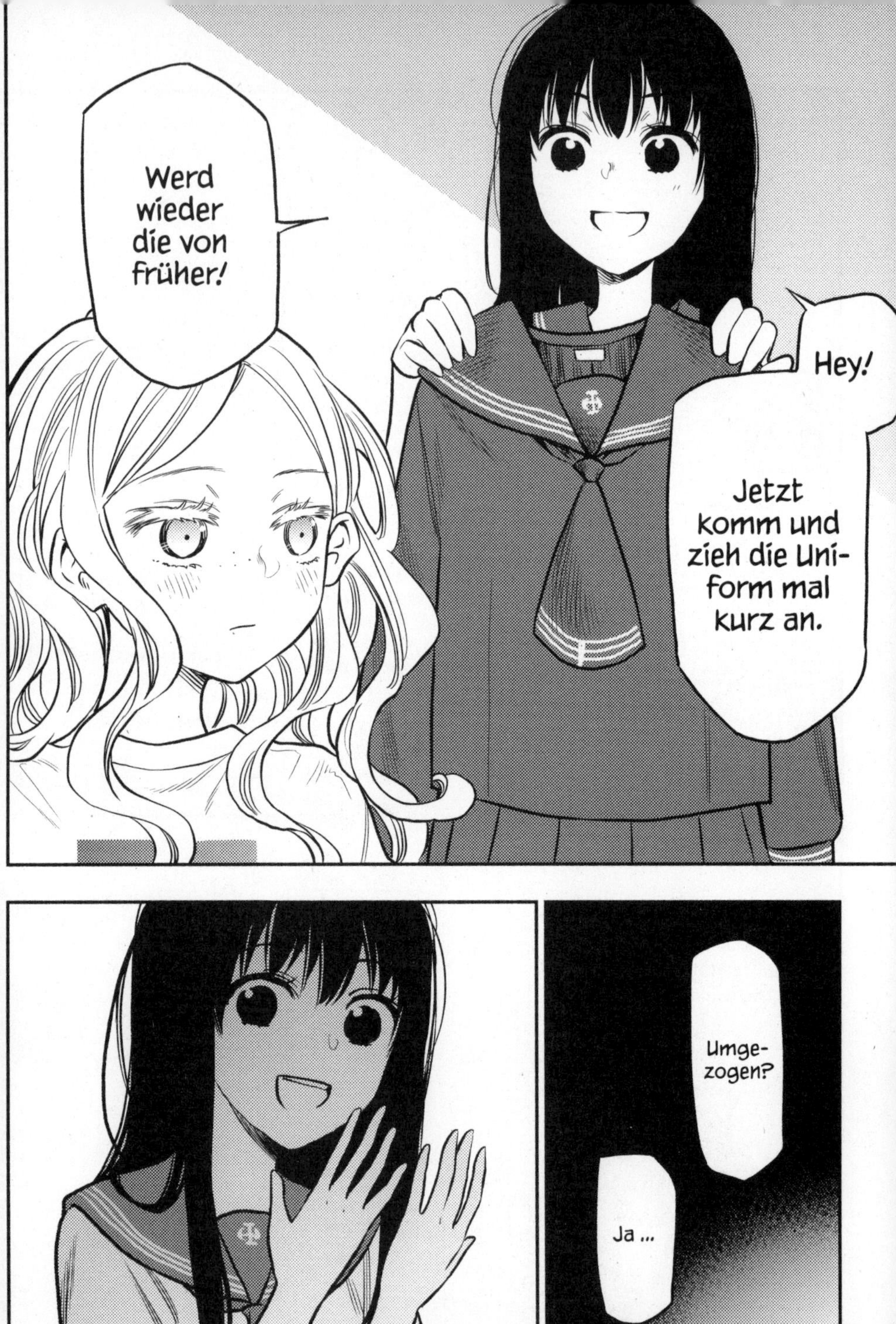
Hey!
Jetzt komm und zieh die Uniform mal kurz an.
Werd wieder die von früher!
Umgezogen?
Ja ...

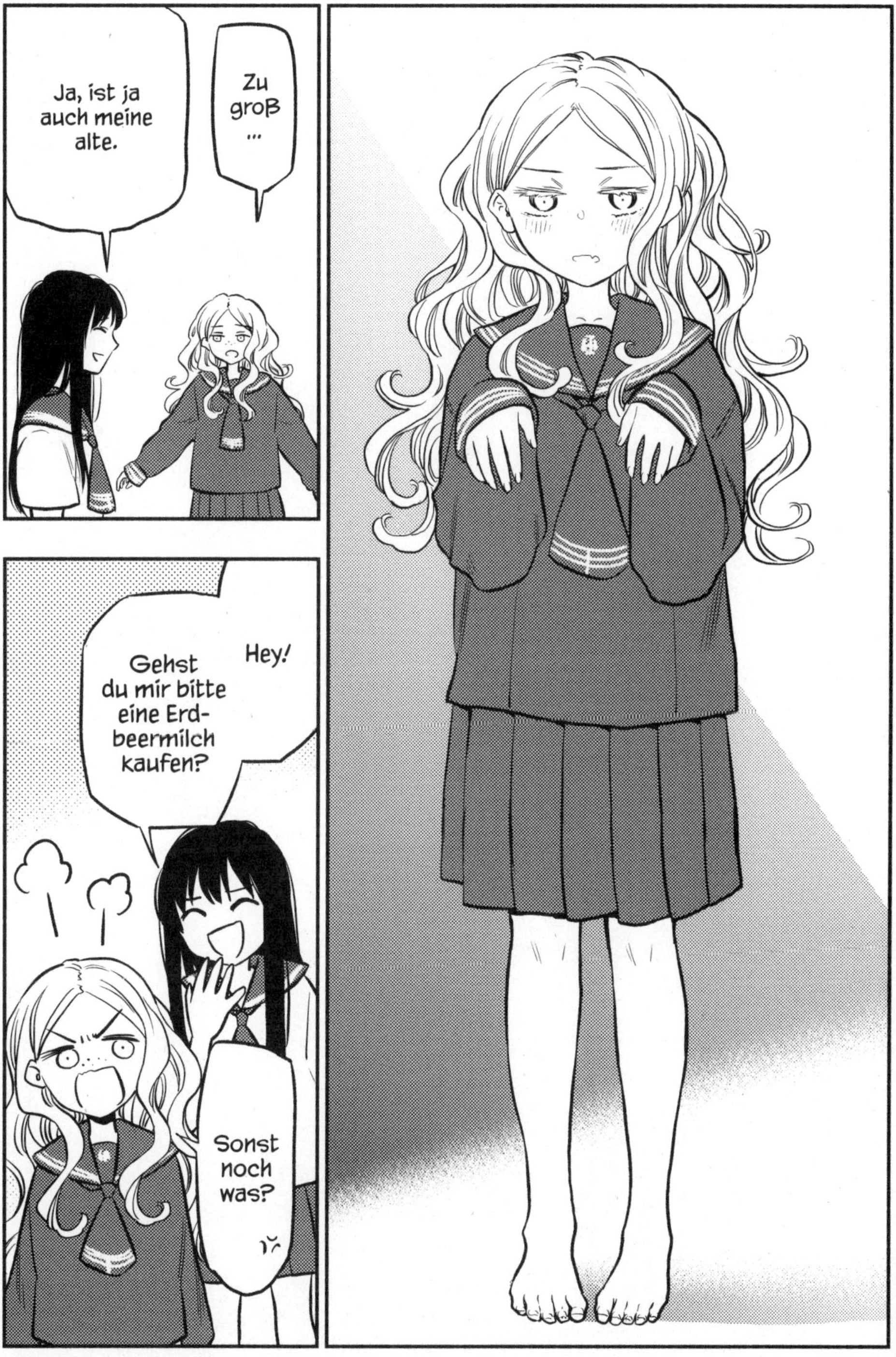

Zu groß ...
Ja, ist ja auch meine alte.
Hey!
Gehst du mir bitte eine Erdbeermilch kaufen?
Sonst noch was?

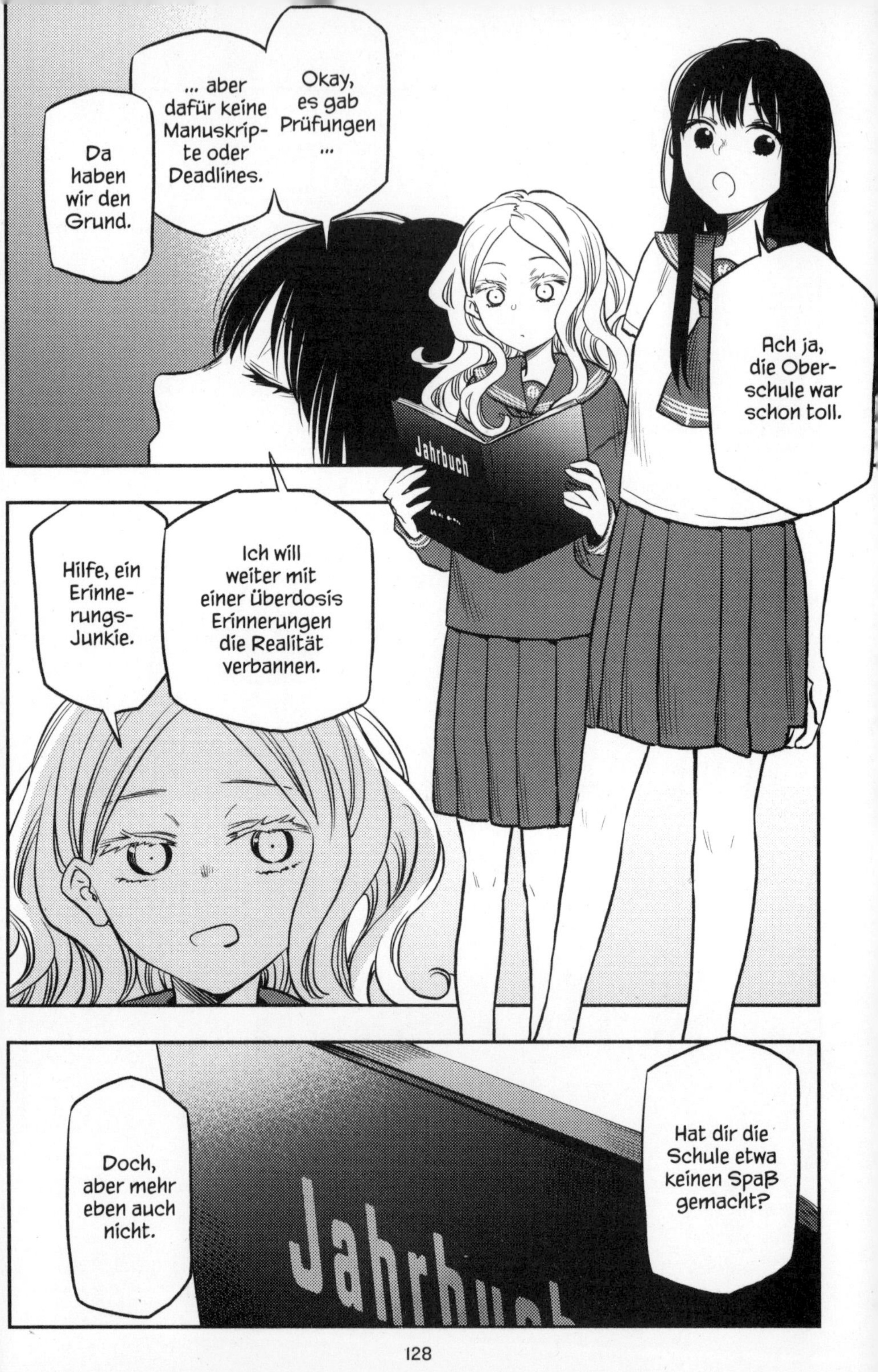
Ach ja, die Oberschule war schon toll.
Okay, es gab Prüfungen ...
... aber dafür keine Manuskripte oder Deadlines.
Da haben wir den Grund.
Jahrbuch
Ich will weiter mit einer überdosis Erinnerungen die Realität verbannen.
Hilfe, ein Erinnerungs-Junkie.
Hat dir die Schule etwa keinen Spaß gemacht?
Doch, aber mehr eben auch nicht.
Jahrbuch

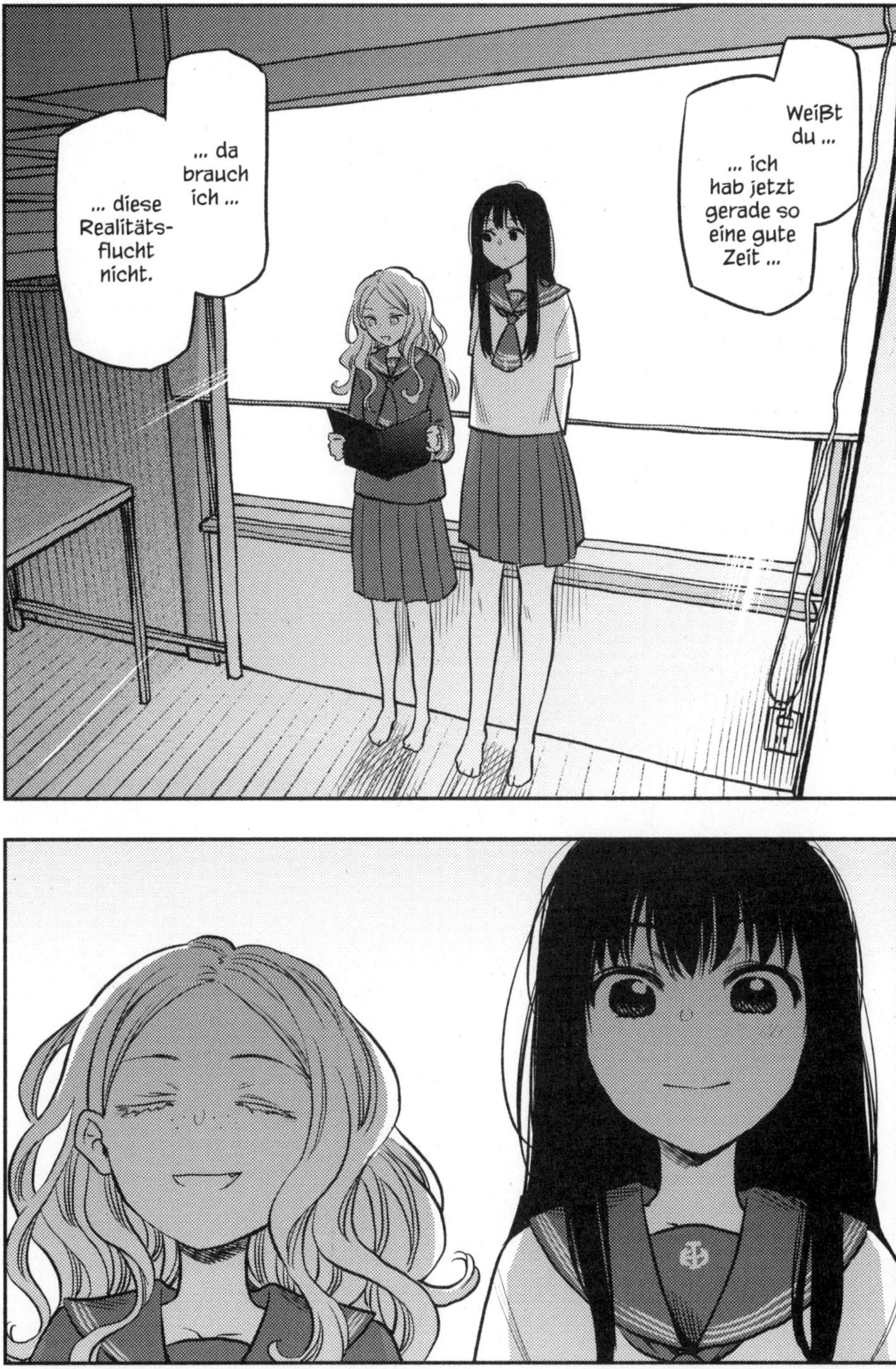
Weißt du ...
... ich hab jetzt gerade so eine gute Zeit ...
... da brauch ich ...
... diese Realitäts-flucht nicht.

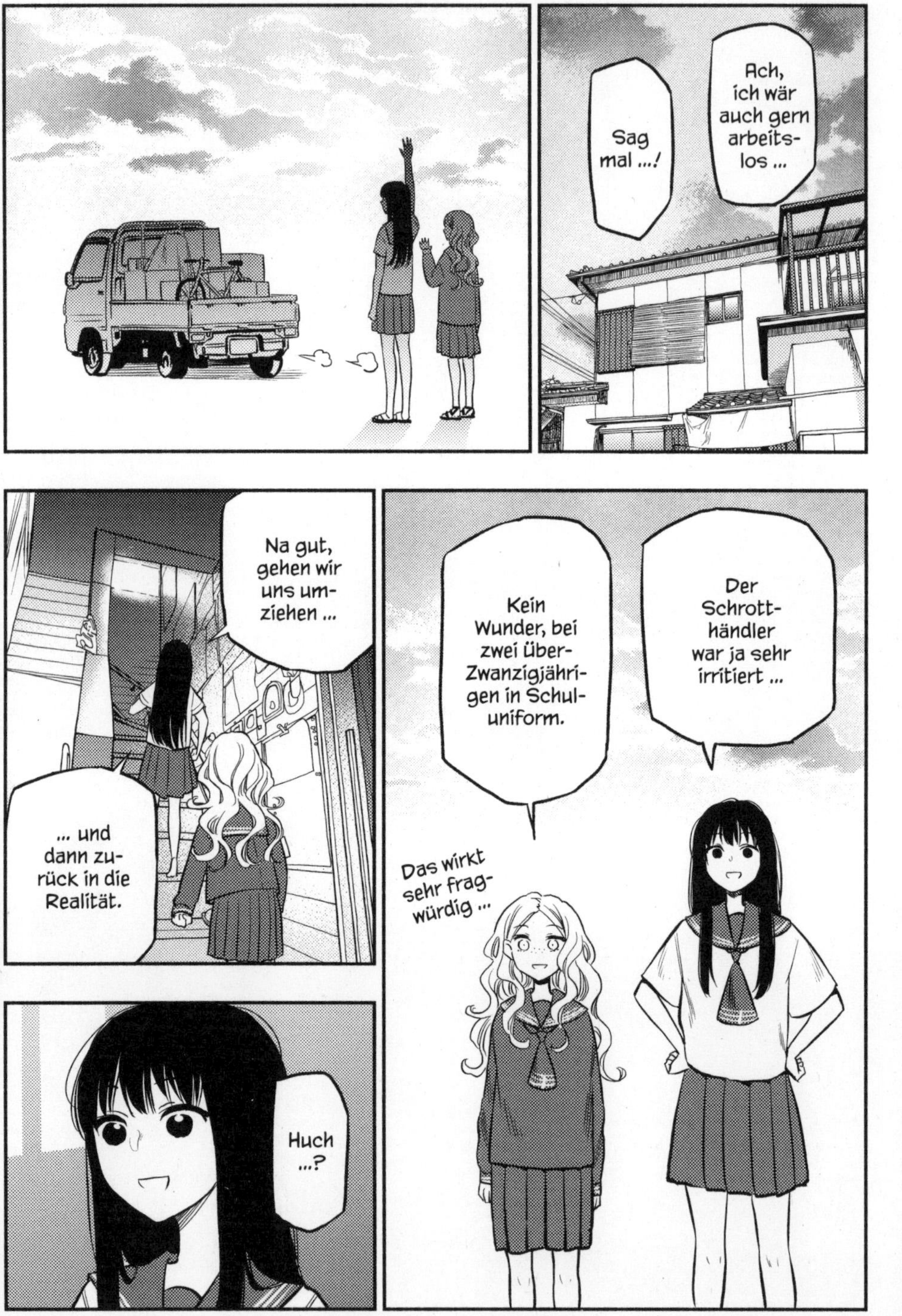
Ach, ich wär auch gern arbeitslos ...
Sag mal ...!
Der Schrotthändler war ja sehr irritiert ...
Kein Wunder, bei zwei Über-Zwanzigjährigen in Schuluniform.
Das wirkt sehr fragwürdig ...
Na gut, gehen wir uns umziehen ...
... und dann zurück in die Realität.
Huch ...?

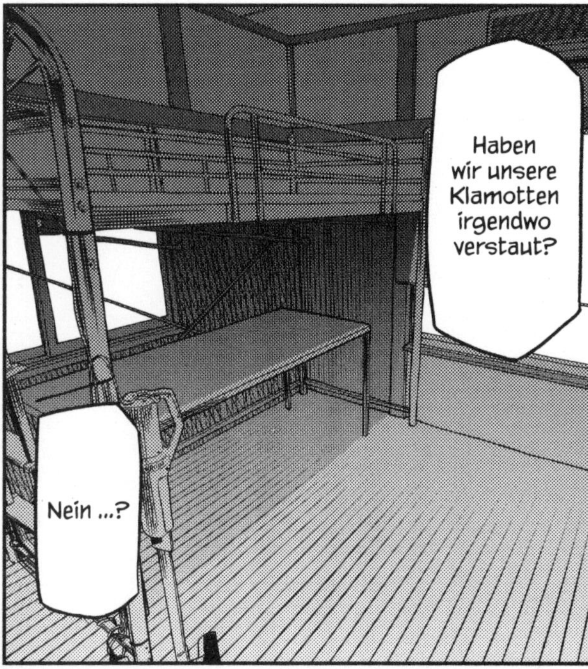

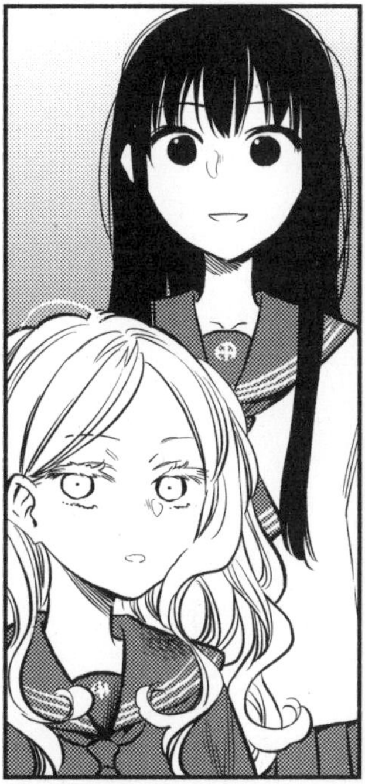

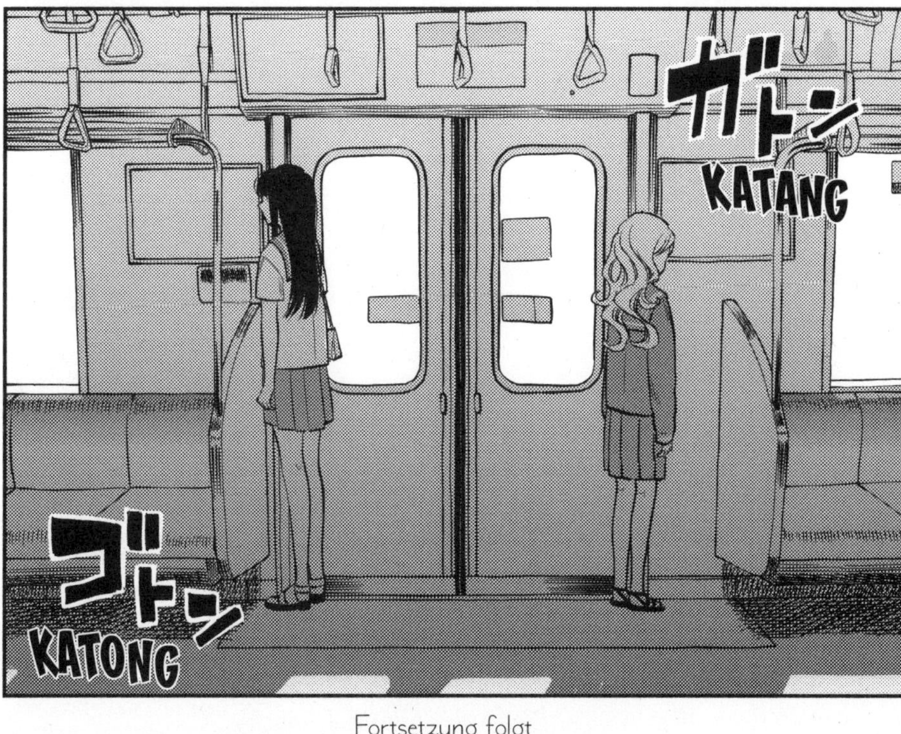

Fortsetzung folgt

Everyday Escape

Shouichi Taguchi

Escape alleine

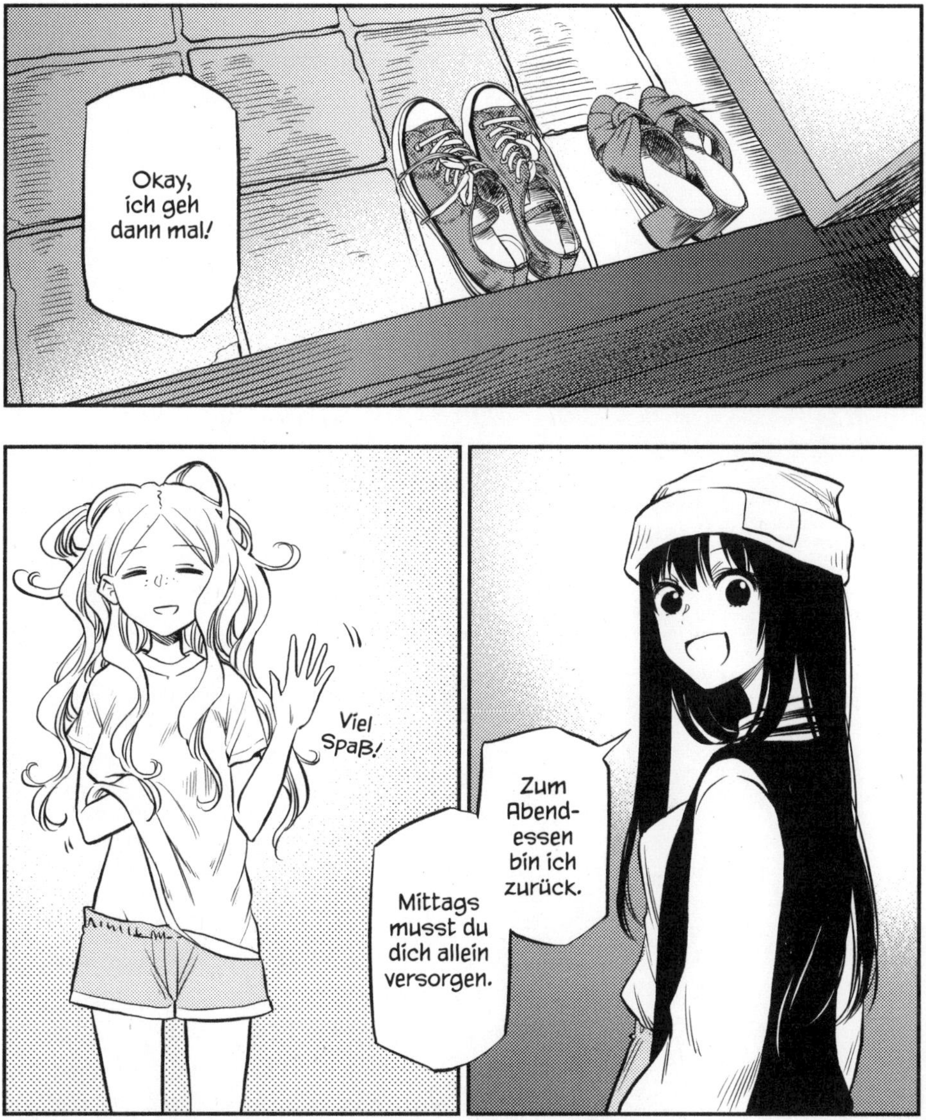

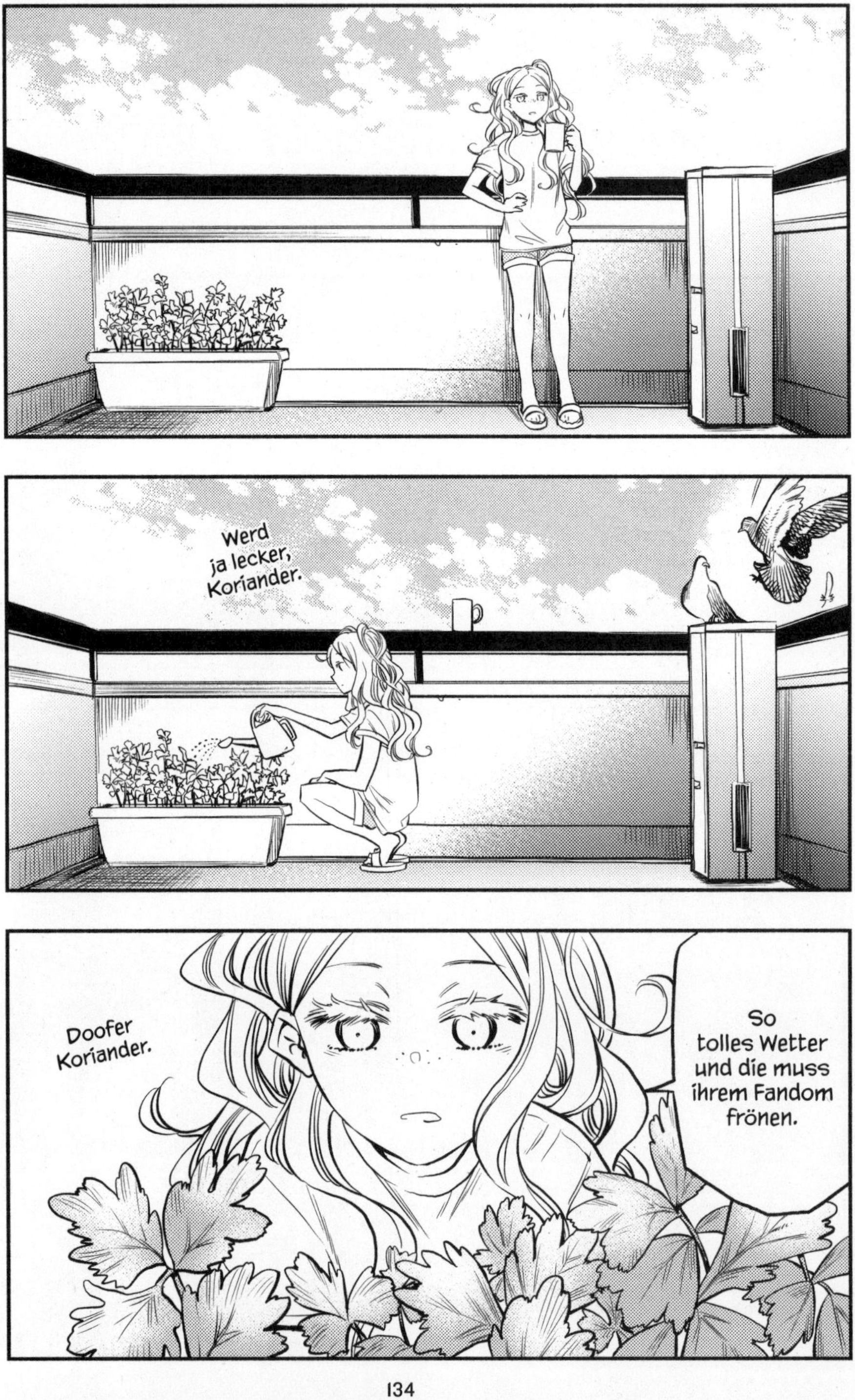
Werd ja lecker, Koriander.
So tolles Wetter und die muss ihrem Fandom frönen.
Doofer Koriander.

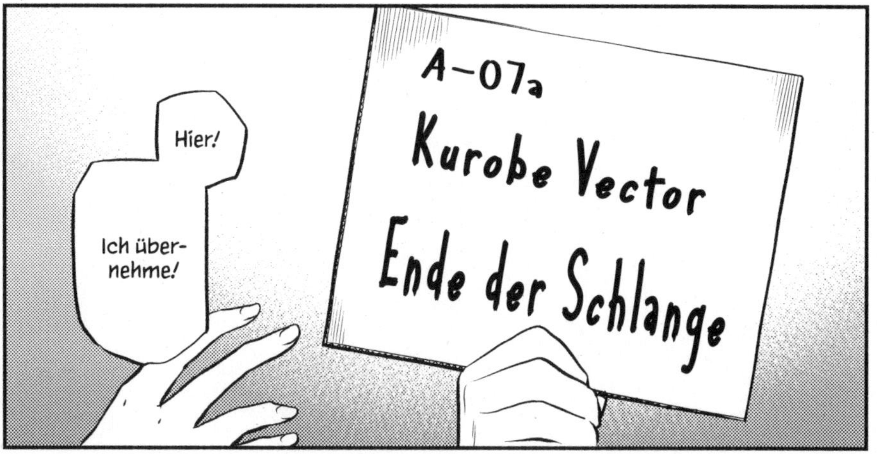
A–07a
Kurobe Vector
Ende der Schlange
Hier!
Ich übernehme!

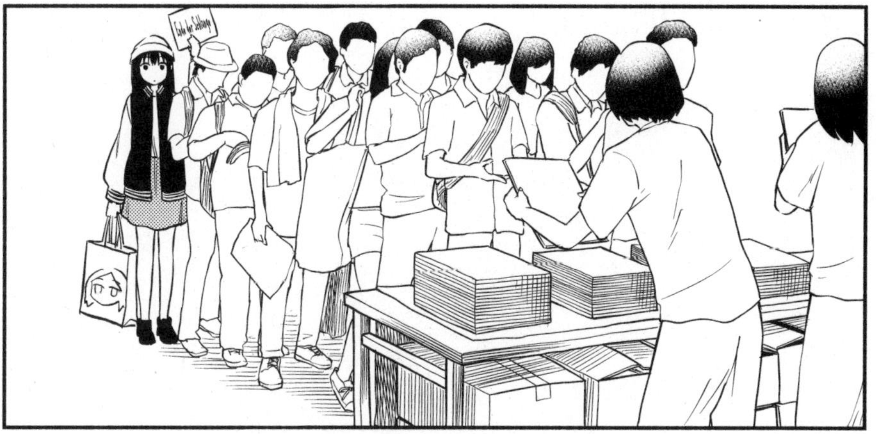

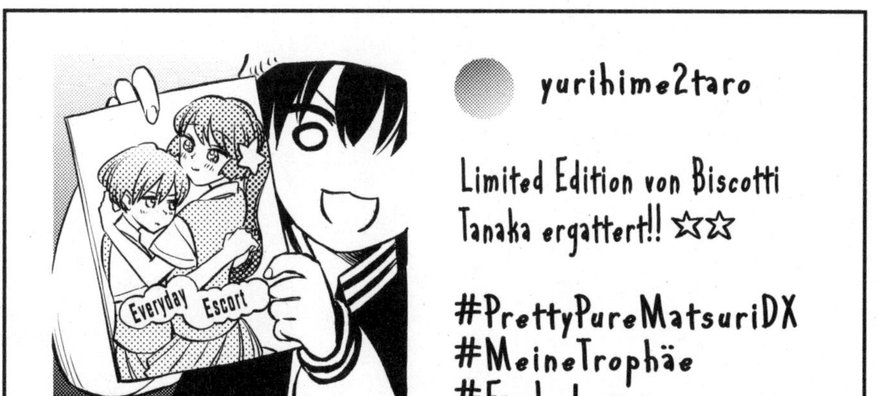
yurihime2taro
Limited Edition von Biscotti Tanaka ergattert!! ☆☆
#PrettyPureMatsuriDX
#MeineTrophäe
#FanLeben
Everyday Escort

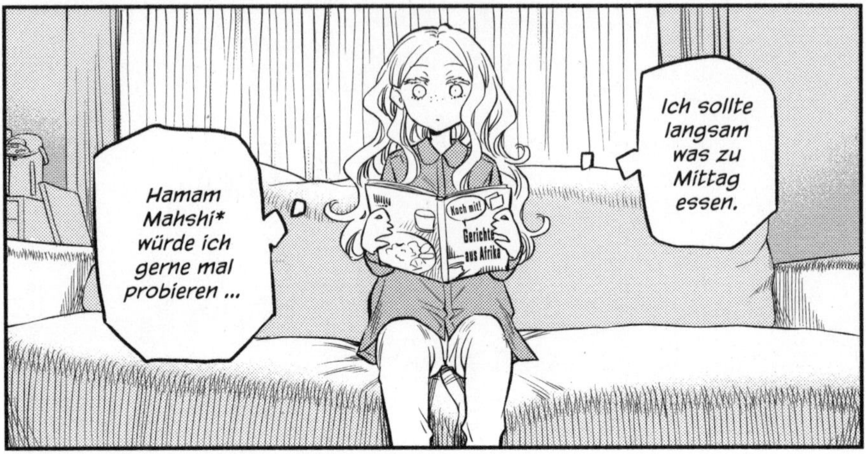

* Gebratene Taube mit einer Füllung aus Innereien und Gemüse

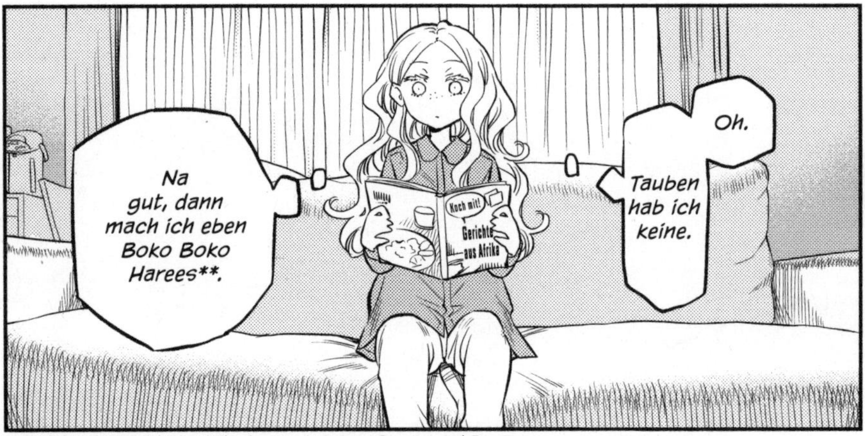

** Traditionelles Gericht aus Hühnchenbrust, Bulgur, Gemüse und Gewürzen

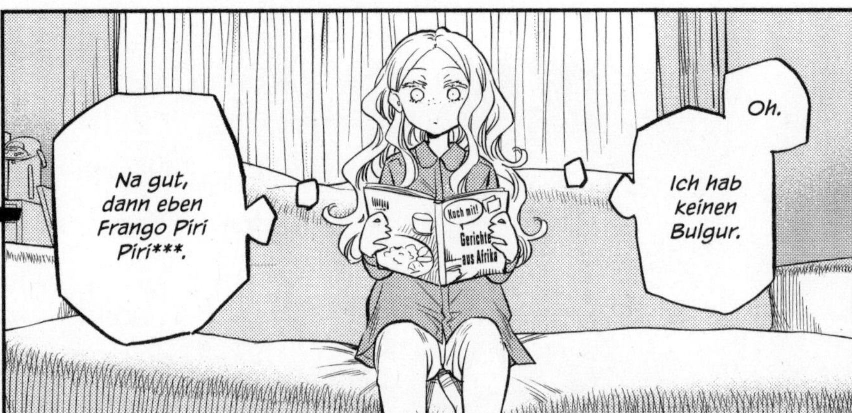

*** Scharfes Grillhähnchen aus Portugal

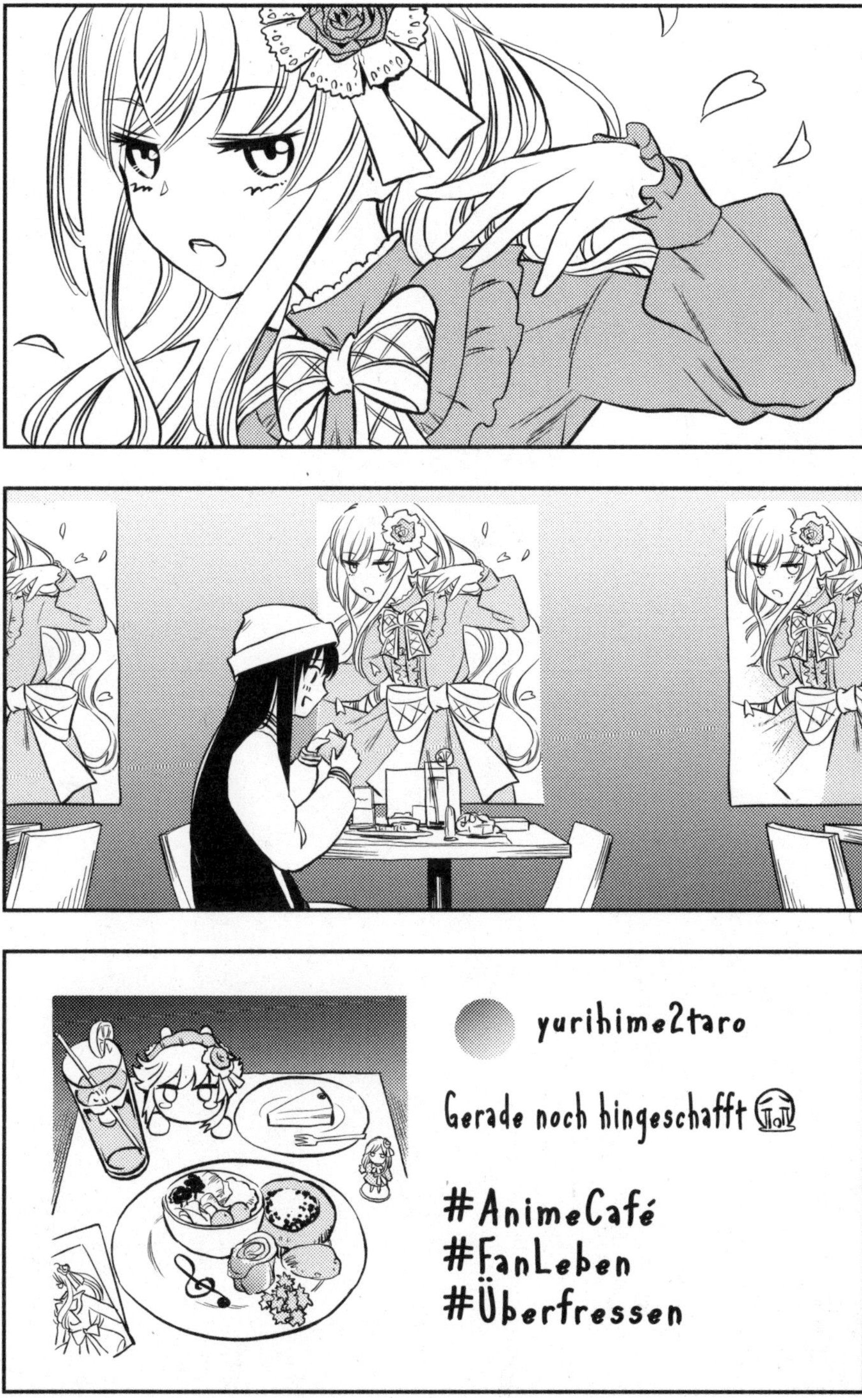
yurihime2taro
Gerade noch hingeschafft
#AnimeCafé
#FanLeben
#Überfressen

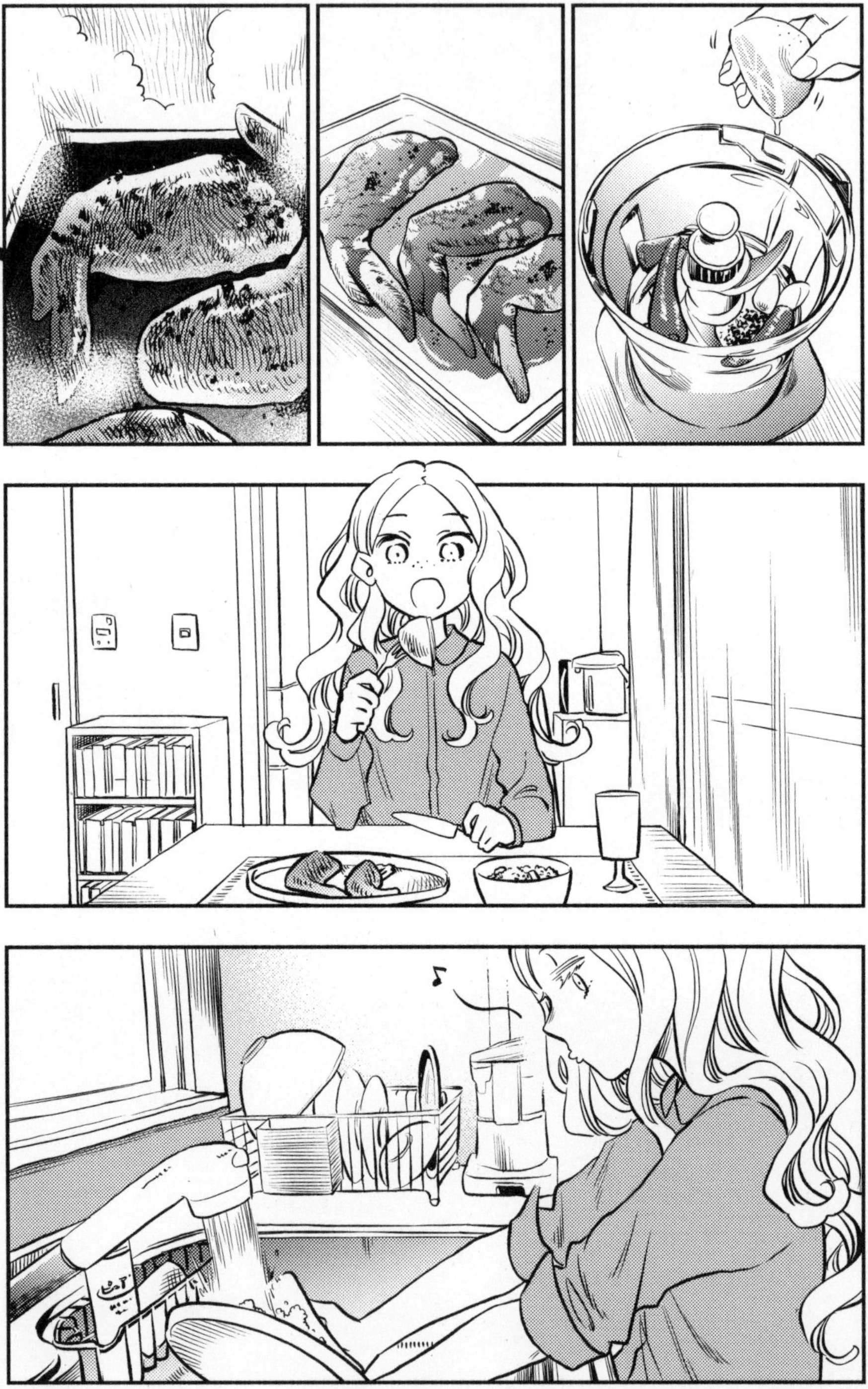

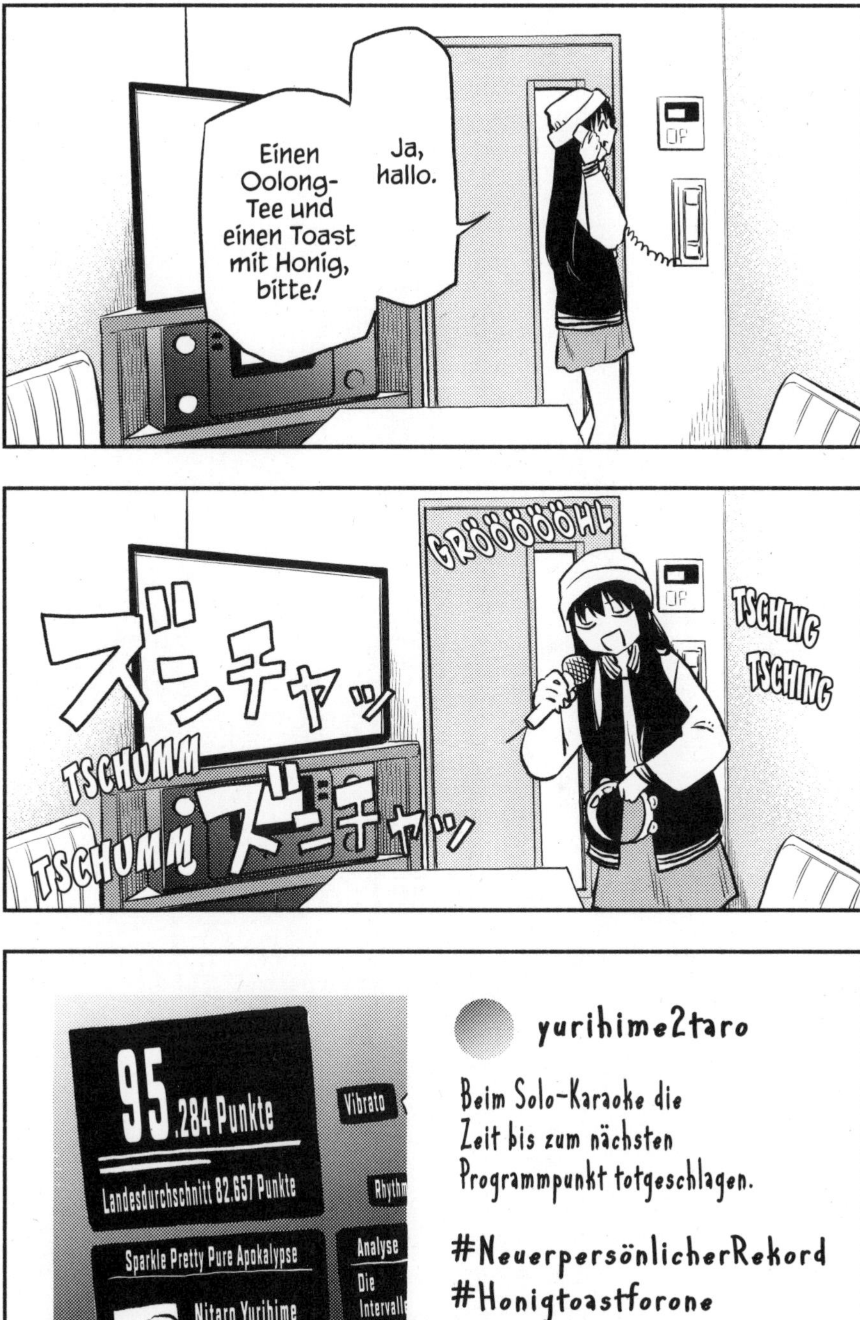
Ja, hallo.
Einen Oolong-Tee und einen Toast mit Honig, bitte!
GRÖÖÖÖÖHL
TSCHING TSCHING
ズンチャッ
TSCHUMM TSCHUMM
ズンチャッ
95.284 Punkte
Landesdurchschnitt 82.657 Punkte
Vibrato
Sparkle Pretty Pure Apokalypse
Nitaro Yurihime
Analyse
yurihime2taro
Beim Solo-Karaoke die Zeit bis zum nächsten Programmpunkt totgeschlagen.
#NeuerpersönlicherRekord
#Honigtoastforone
#FettklopsLeben

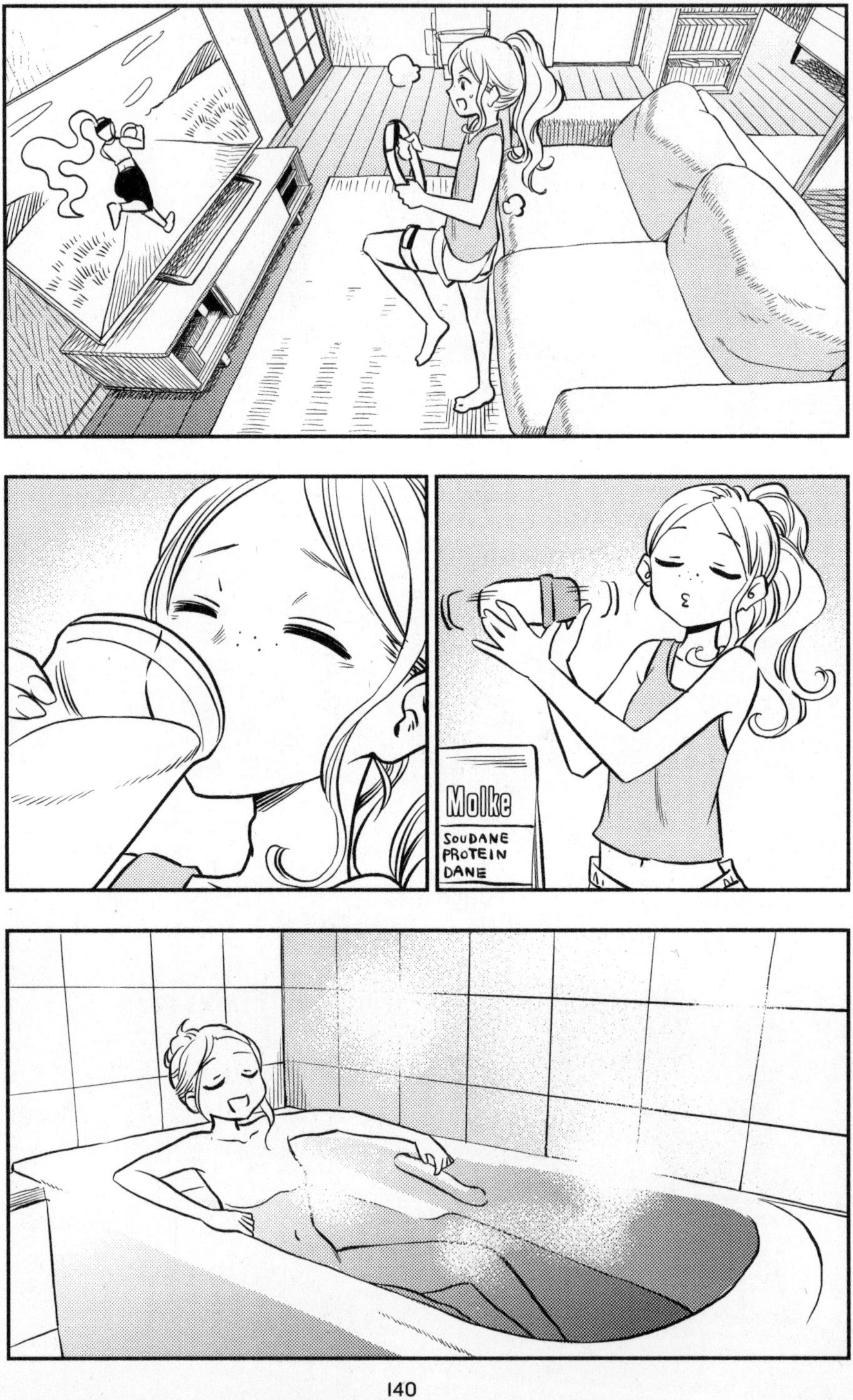
Molke
SOUDANE
PROTEIN
DANE

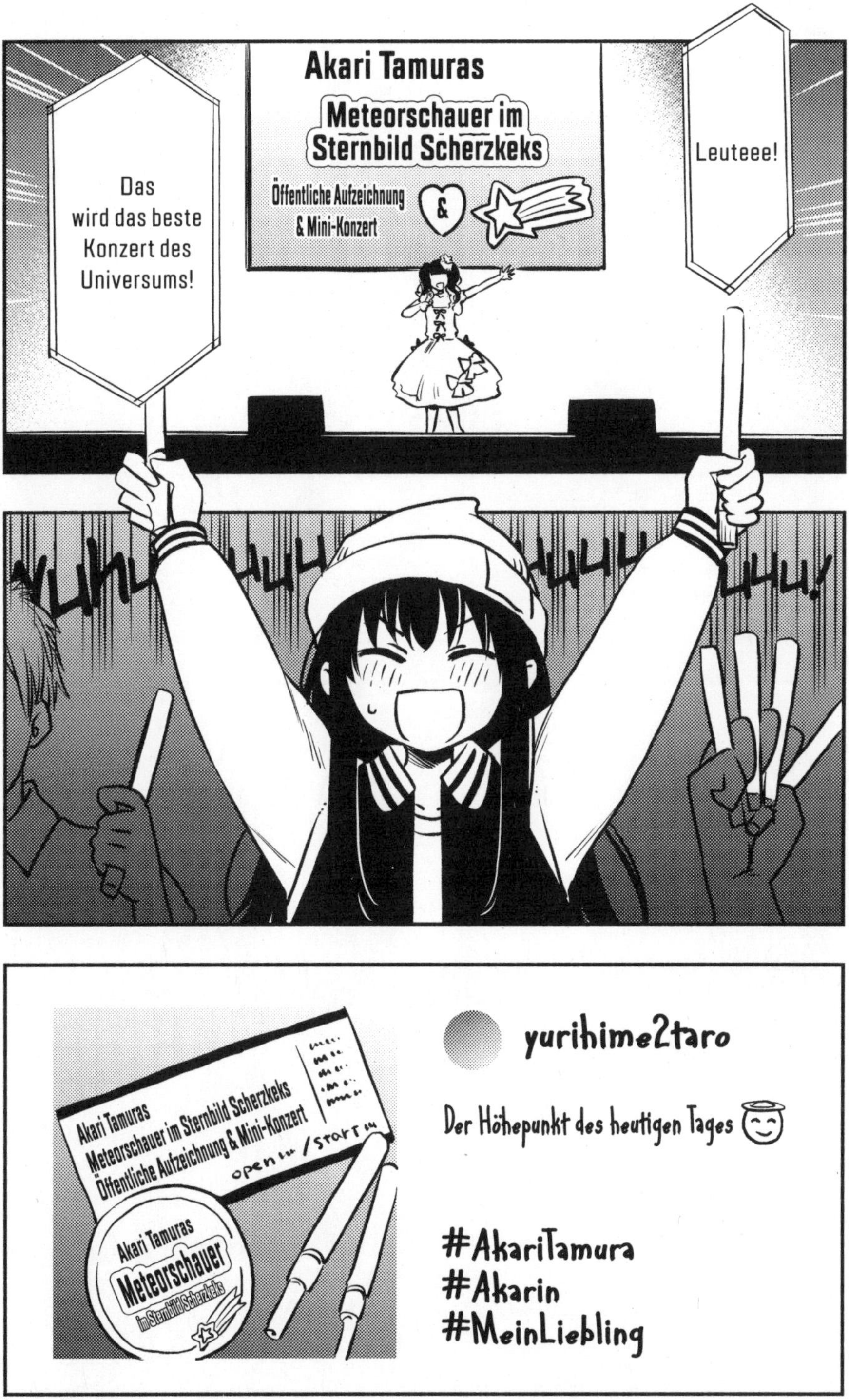
Akari Tamuras
Meteorschauer im Sternbild Scherzkeks
Öffentliche Aufzeichnung & Mini-Konzert
&
Leuteee!
Das wird das beste Konzert des Universums!
yurihime2taro
Der Höhepunkt des heutigen Tages
#AkariTamura
#Akarin
#MeinLiebling
Akari Tamuras
Meteorschauer im Sternbild Scherzkeks
Öffentliche Aufzeichnung & Mini-Konzert
Akari Tamuras
Meteorschauer
im Sternbild Scherzkeks

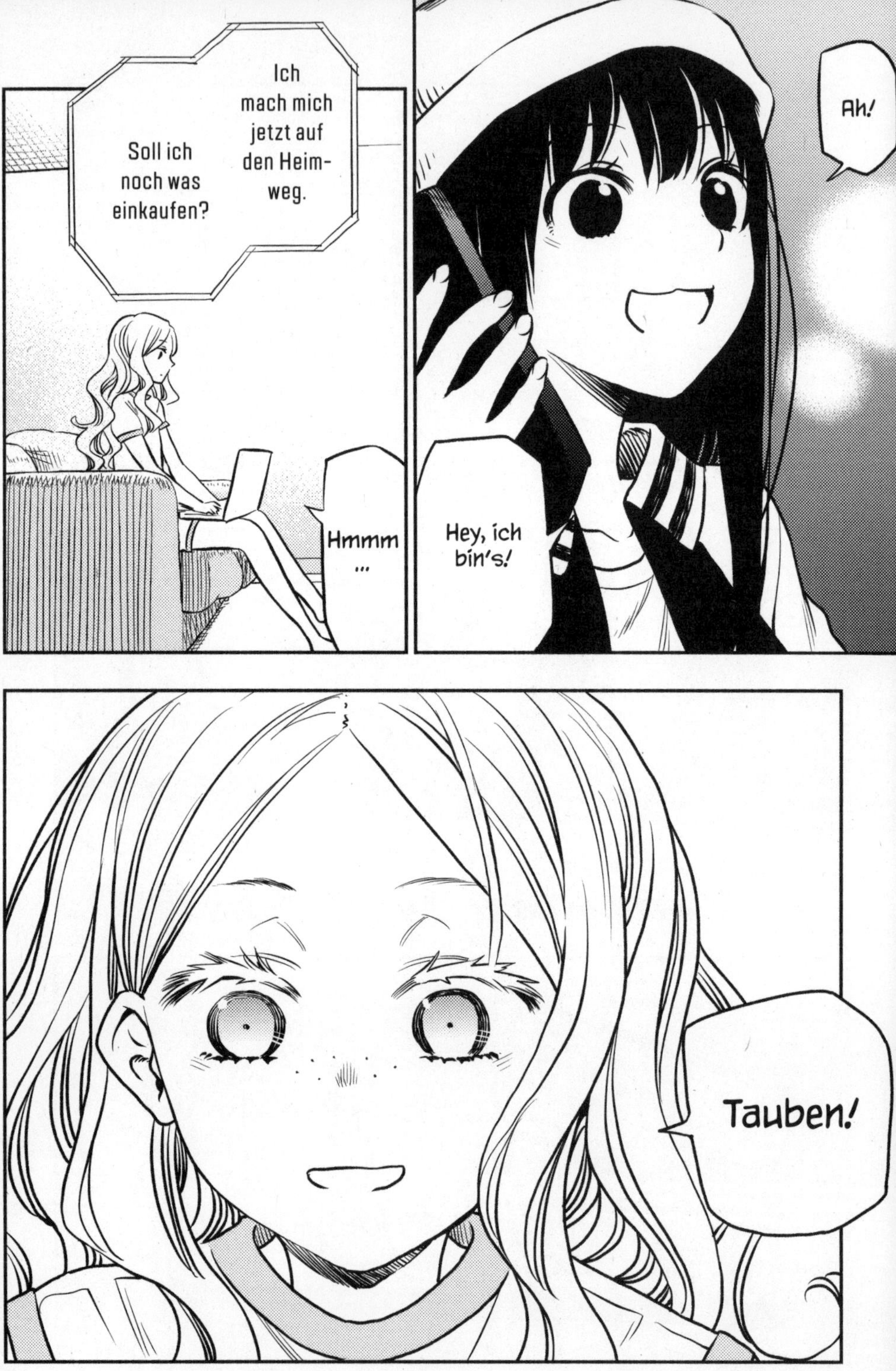
Ah!
Hey, ich bin's!
Ich mach mich jetzt auf den Heim-weg.
Soll ich noch was einkaufen?
Hmmm ...
Tauben!

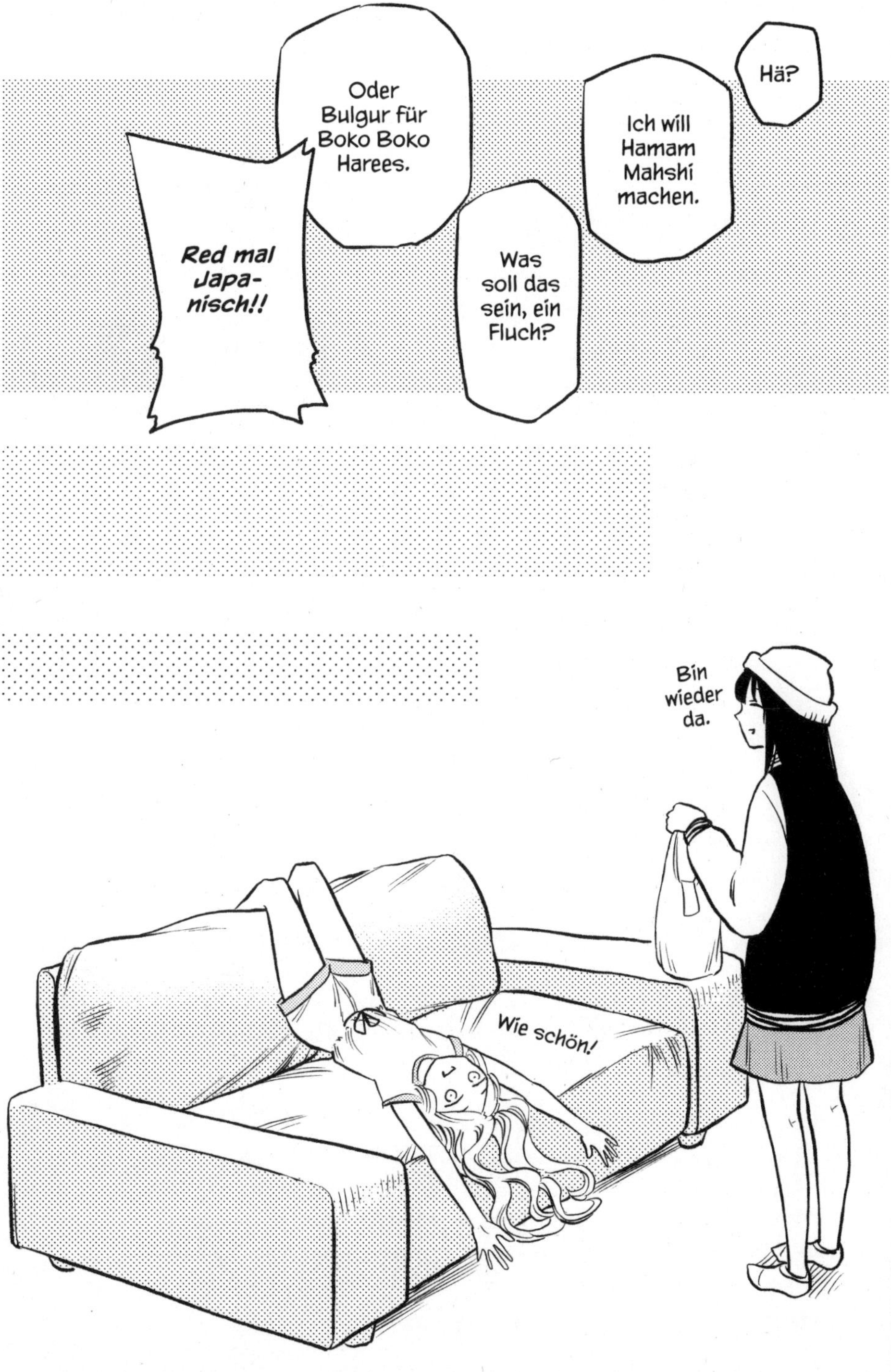
Hä?
Ich will Hamam Mahshi machen.
Was soll das sein, ein Fluch?
Oder Bulgur für Boko Boko Harees.
Red mal Japa-nisch!!
Bin wieder da.
Wie schön!

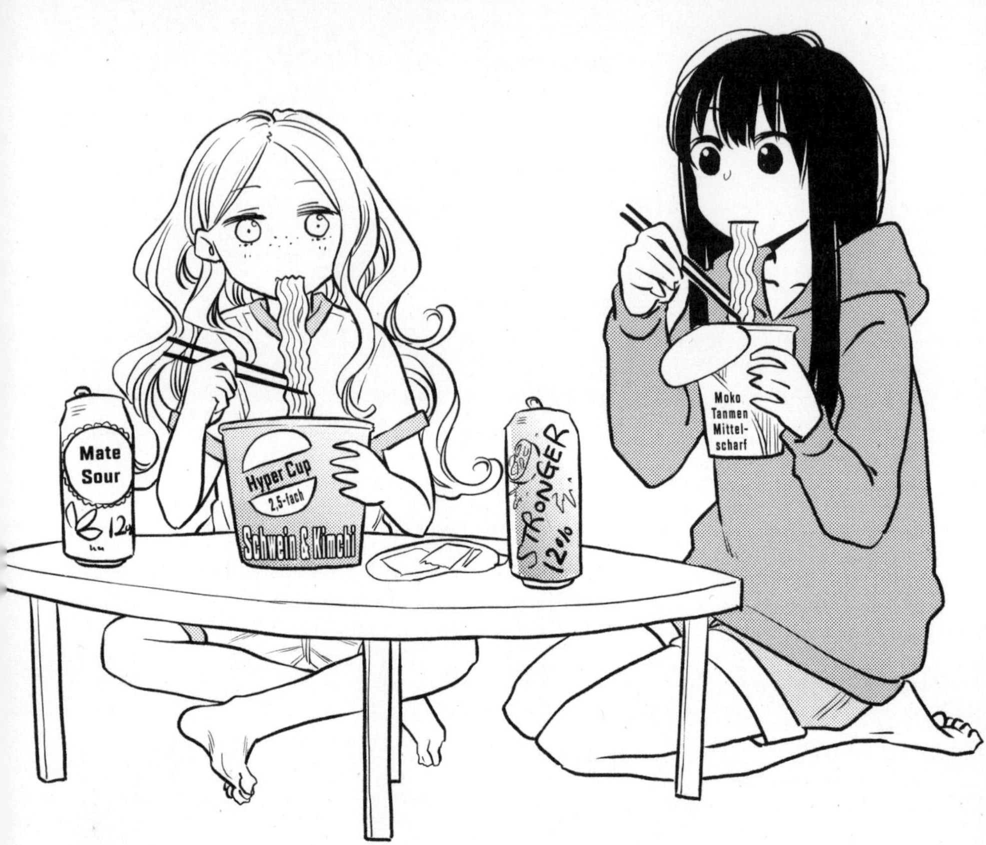

Nachwort

Vielen Dank, dass ihr Band 1 von „Everyday Escape" gelesen habt! Dieser Manga basiert auf einer Eigenpublikation, die ich auf dem Event Comitia im November 2019 veröffentlicht habe. Für die Taschenbücher habe ich einiges weiter ausgearbeitet und anderes wiederum gekürzt.

Eigentlich hab ich das Heft damals nur zur Ablenkung gemacht, weil meine damalige Serie ihren Höhepunkt erreicht hatte. Aber dann wurde ein halbes Jahr später eine Serie draus ... und ein Jahr später dann ein Taschenbuch ...

Ehe ich mich's versah, ist dieser Manga nun meine neue Realität ... und bringt mich auch heute wieder an den Rand der Verzweiflung. Quatsch! Ich liebe es, ihn zu zeichnen! Yay!!

Manchmal jammer ich rum wie die Arbeitslose, manchmal verleitet
mich die Mangaka zum Faulenzen. Ich werd einfach ganz locker weiterzeichnen und hoffe, dass ihr mit uns zusammen vor der Realität flieht. Blättert einfach mal zwischendurch wieder rein.

Shouichi Taguchi

Special Thanks

Satoru Yamazaki

Fuminori Yamaguchi

Annabel

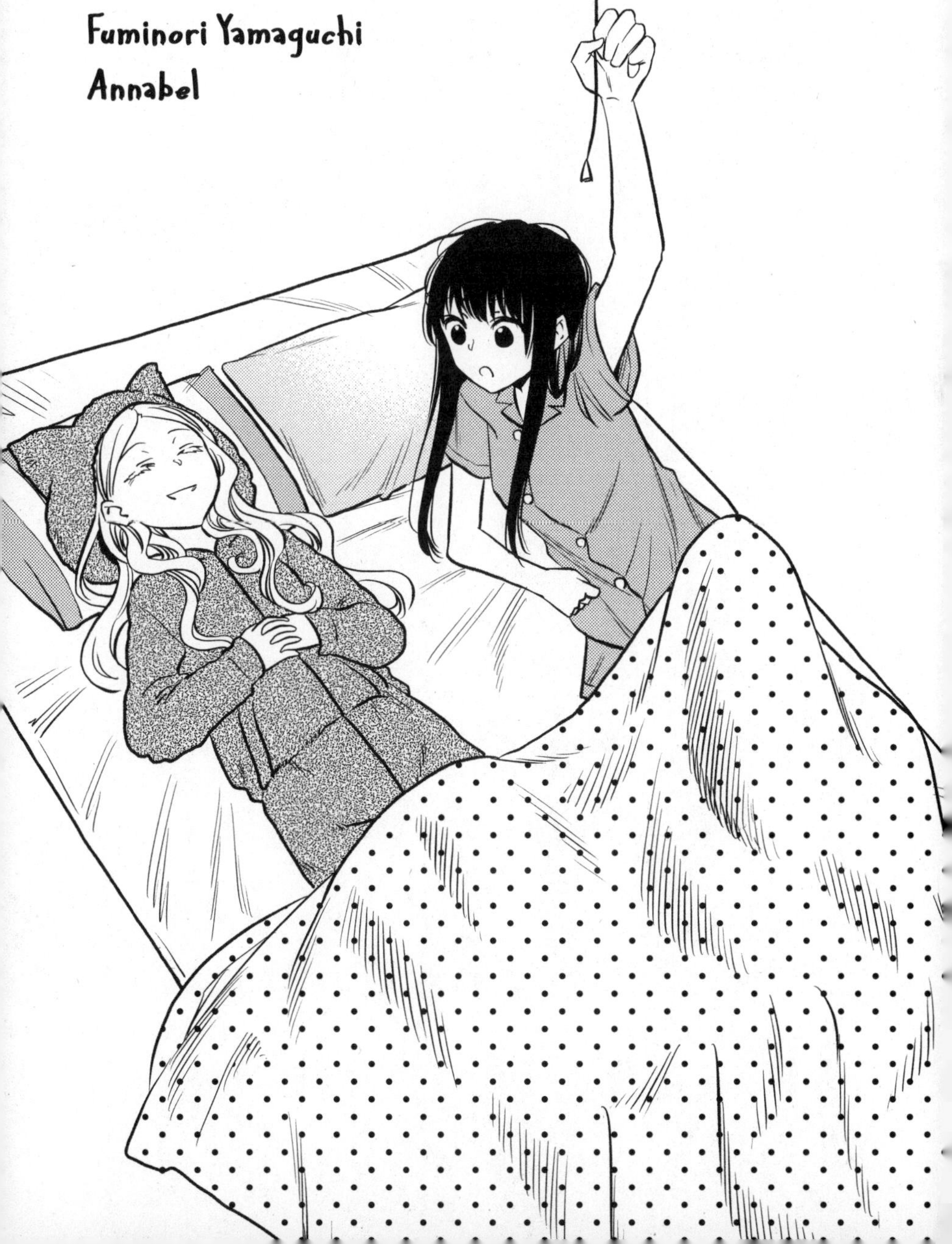

STOPP!

STOPP! DIES IST DIE LETZTE SEITE!

EVERYDAY ESCAPE ist ein Manga, und einen japanischen Comic liest man von hinten nach vorne. Auch die Lesereihenfolge der Bilder und Sprechblasen auf den Seiten ist anders als gewohnt: von rechts oben nach links unten.

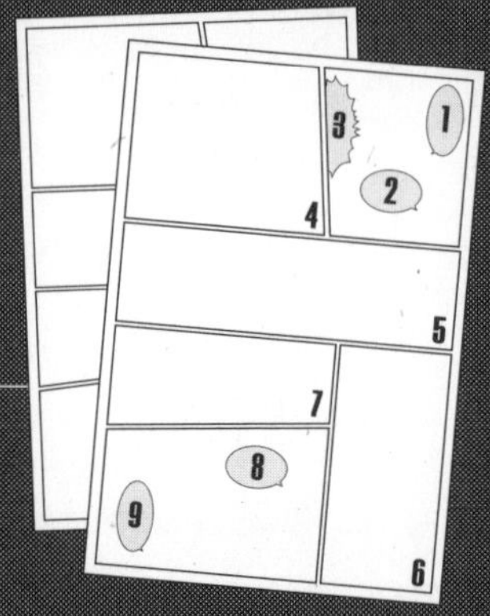

EVERYDAY ESCAPE 01

von
Shouichi Taguchi

1. Auflage, 2022
Deutsche Ausgabe/German Edition

Aus dem Japanischen von Verena Maser

First published in Japan in 2020 by Ichijinsha Inc., Tokyo.
Publication rights for this German edition arranged through KODANSHA LTD., Tokyo.
Original Cover Design: Yukinobu Itou

Programmleitung: Alexandra Grimsehl
Redaktion & Lektorat: Denise Hedrich
Layout und Lettering: Manga Cult, Datagrafix GSP GmbH, Berlin
Druck: GGP Media GmbH, Poessneck

Print-ISBN: 978-3-96433-602-6

www.manga-cult.de | September 2022